高等学校学前教育专业系列教材

幼儿园课程

主　编　王　怡
副主编　陈晓艳
参　编　张亚妮　田　方
　　　　刘嫄嫄　王春燕

南京大学出版社

图书在版编目(CIP)数据

幼儿园课程 / 王怡主编. — 南京：南京大学出版社，2019.8(2021.12重印)
ISBN 978-7-305-22204-7

Ⅰ.①幼… Ⅱ.①王… Ⅲ.①幼儿园—课程—教学研究—高等学校—教材 Ⅳ.①G612

中国版本图书馆 CIP 数据核字(2019)第 098505 号

出版发行	南京大学出版社		
社　　址	南京市汉口路 22 号	邮　编	210093
出 版 人	金鑫荣		

书　　名	幼儿园课程		
主　　编	王　怡		
责任编辑	曹　森	编辑热线	025-83592123

照　　排　南京南琳图文制作有限公司
印　　刷　盐城市华光印刷厂
开　　本　787×1092　1/16　印张 10.75　字数 229 千
版　　次　2019 年 8 月第 1 版　2021 年 12 月第 3 次印刷
ISBN　978-7-305-22204-7
定　　价　30.00 元

网址：http://www.njupco.com
官方微博：http://weibo.com/njupco
微信服务号：njuyuexue
销售咨询热线：(025) 83594756

* 版权所有，侵权必究
* 凡购买南大版图书，如有印装质量问题，请与所购图书销售部门联系调换

前　言

人生百年，立于幼学。随着我国学前教育事业的蓬勃发展，人们对于优质学前教育的需求也逐渐上升。事实上，优质的学前教育需要有优秀的幼儿园教师和一流的课程教学活动。有好的幼儿园教师，才会有优质的学前教育；有好的幼儿园教师，才会有高质量的幼儿园教育教学活动，才能够真正促进儿童的学习与发展。好的幼儿园教师需要具备正确的儿童观、学习观和发展观，需要有高尚的职业操守和良好的课程素养，这同时也影响着幼儿园教师的专业发展和园所的内涵式发展。为了顺应学前教育的发展趋向，满足幼儿园课程建设的现实需要，提高未来幼儿园教师的专业素质，结合幼儿园课程建设需求及专业实践的特点，我们编写了这本《幼儿园课程》。

作为学前教育专业基础课程的核心教材，《幼儿园课程》在编写过程中旨在实现理论与实践的有机结合，并着力于对未来的幼儿园教师的专业指导。本教材主要包括以下三个方面的特点：

第一，在专业理论层面，教材章节布局体现幼儿园课程相关专业理论的基础性与系统性，使学生领悟幼儿园课程的核心概念、理论基础、历史渊源以及主要的课程流派等；围绕幼儿园课程目标、内容、组织、实施与评价的教材主线，使得未来的幼儿园教师能够通晓幼儿园课程开发、教学设计以及课程教学评价的模式、原则、方法及其改革趋向等。

第二，在专业实践层面，通过学习建议模块和学习目标模块引导学生更好地开展幼儿园课程的相关专业学习，教学内容尽量呈现得务实、具体，并利用知海拾贝模块促进学生的自主学习与深层学习。

第三，针对本领域相关课程教材内容过于"学术化"表达的实际情况，力求用生动平实的语言阐释对专业理论的理解与领悟；教材的编写体例与语言体现通俗性，旨在帮助学生达成良好的专业学习效果。

本教材的主编王怡,副主编陈晓艳,参编教师田方、张亚妮、刘嫄嫄均为陕西学前师范学院的骨干教师,王春燕为海南师范大学教育与心理学院教师。教材编写团队成员长期从事幼儿园课程的理论研究与实践指导工作,在职前培养和职后培训过程中具有良好的相关专业背景与实践经验。本教材共七章,其中第一章"幼儿园课程概述"由陈晓艳编写,第二章"幼儿园课程的编制模式"由王怡编写,第三章"幼儿园课程目标"由王春燕编写,第四章"幼儿园课程内容"由田方编写,第五章"幼儿园课程的组织与实施"由王怡编写,第六章"幼儿园课程评价"由张亚妮编写,第七章"学前教育经典课程思想及方案"由王怡和刘嫄嫄编写。

　　由于时间和精力所限,在教材编写的过程中存有许多疏漏和不足,尤其是教材中引用了专家、同行的学术成果和专业智慧,在此一并表示诚挚的感谢,也欢迎各位专家、同行批评指正,以便再版时修正。

编　者
2019 年 6 月

目 录

第一章 幼儿园课程概述 ... 1
- 第一节 课程概述 ... 2
- 第二节 幼儿园课程概述 ... 14
- 第三节 幼儿园课程的理论基础 ... 26

第二章 幼儿园课程的编制模式 ... 38
- 第一节 目标模式 ... 39
- 第二节 过程模式 ... 43
- 第三节 实践模式 ... 47
- 第四节 批判模式 ... 52

第三章 幼儿园课程目标 ... 56
- 第一节 课程目标概述 ... 57
- 第二节 幼儿园课程目标制定的依据及其层次结构 ... 61
- 第三节 幼儿园课程目标的取向 ... 72

第四章 幼儿园课程内容 ... 76
- 第一节 幼儿园课程内容的界定 ... 77
- 第二节 幼儿园课程内容的选择 ... 84
- 第三节 幼儿园课程内容的组织 ... 93

第五章 幼儿园课程的组织与实施 ... 99
- 第一节 幼儿园课程组织内涵及影响因素 ... 100
- 第二节 幼儿园课程的组织原则 ... 102
- 第三节 幼儿园课程实施 ... 109
- 第四节 课程实施的策略 ... 113

第六章　幼儿园课程评价 …… 116
第一节　幼儿园课程评价的含义与作用 …… 117
第二节　幼儿园课程评价的依据与原则 …… 119
第三节　幼儿园课程评价的过程与要素 …… 122
第四节　课程评价的模式 …… 131

第七章　学前教育经典课程思想及方案 …… 135
第一节　西方学前教育经典课程思想及方案 …… 136
第二节　我国学前教育经典课程方案 …… 153

参考文献 …… 163

第一章　幼儿园课程概述

获取本章拓展资源

导言

当你作为在校学生时，你知道自己通过哪种渠道以及用什么样的方式学到了知识、技能，发展了能力、态度或情感、价值观吗？当你作为幼儿园教师时，你准备给幼儿教什么以及用什么样的方式引导幼儿发展呢？你又如何确保将自己所教的内容转化为幼儿所学呢？

当我们思考这些问题时，其实就是在思考"课程"的问题。课程是教育教学活动的核心，幼儿园课程是幼儿园教育的核心，它着重回答"教什么"与"学什么"的问题。但这个看似简单的问题实质上是一个价值选择的问题，它会受到很多因素的影响，如时间、空间、主体、文化等，这也决定了这个问题永远不会有唯一不变的答案，而是需要我们根据具体的历史时期、社会背景、教育对象以及学科文化发展等进行理解。

本章包含三节内容，第一节以"课程"为核心，梳理了古今中外关于课程内涵的不同界定，介绍了课程的类型以及不同的课程理论流派；第二节以"幼儿园课程"为核心，在分析内涵的基础上，重点阐释幼儿园课程的价值取向，分析其与其他学段课程的差异；第三节以"幼儿园课程的理论基础"为核心，主要分析了心理学、社会学以及哲学在幼儿园课程产生以及发展变化上的作用。

学习建议

1. 大量阅读与"课程"相关的资料，在已有认知基础上进行批判性思考，建构自己的"课程观"、思考不同课程类型的特点及意义，梳理"课程"与"教学"的关系。

2. 回忆前期《教育学》《心理学》和《教育心理学》的核心知识，理解不同的课程理论流派以及幼儿园课程产生、发展变化的基础。

3. 结合在幼儿园见习的观察及经历，理解幼儿园课程的内涵、表现形式及特殊性，在此基础上思考幼儿园课程的价值取向。

4. 尝试用列举、对比分析的方式对所学内容进行细化和内化，并通过同伴间的交流讨论，反思、改进、丰富自己的认识。

学习目标

1. 建构自己的课程观,理解课程的层次以及课程与教学之间的关系。
2. 理解幼儿园课程的价值取向,能说出幼儿园课程的具体表现形式。
3. 理解幼儿园课程与心理学、社会学、哲学之间的关系。

第一节 课程概述

一提到课程,似乎所有人的第一反应都是"知道",因为这是一个在生活中经常被应用的概念;但另一方面,当我们再继续追问课程的定义时,它又是一个较难清晰表述或表述存在明显差异的概念,这不禁让人产生迷惑,到底什么是课程?

> **知海拾贝**
>
> 人类经历了漫长的进化史,不断劳动,不断经验,不断探求,累积了人类生活中各方面所需的关于自然、社会和人类的种种经验与知识。今天,这些经验和知识作为科学技术、艺术的各种科学的体系,被继承了下来。我们只有掌握了这些科学中某一领域的知识素材,才能从事社会的、经济的、政治的、文化的各种活动。
>
> 但是,如果不发展、不掌握观察、思考、判断、想象、表达、鉴赏、创作、创造、操作这一连串的心智技巧和能力,便不能掌握知识。不发展运用业已掌握的知识以解决多元课题的技巧和能力,知识也不能在实际生活活动中发挥作用。
>
> ——[日]佐藤正夫.教学原理[M].钟启泉,译.北京:教育科学出版社,2001:60-61.

一、课程的概念

(一)关于课程概念的不同认识

关于课程的内涵界定,有很多不同的观点。我国知名课程论专家施良方教授将课程的各种定义归纳为6个种类:课程即教学科目、有计划的教学活动、预期的学习结果、学习经验、社会文化的再生产、社会改造。① 奥利瓦(P. E. Oliva)将对课程本质的各种不同探讨总结为13个种类:①课程是在学校中所传授的东西;②课程是学科;③课程是教材内容;④课程是学习计划;⑤课程是一系列的材料;⑥课程是科

---

① 施良方.课程理论——课程的基础、原理与问题[M].钟启泉,译.北京:教育科学出版社,1996:3-7.

目顺序;⑦课程是一系列的行为目标;⑧课程是学生的学习进程;⑨课程是在学校中进行的各种活动;⑩课程是在学校指导下,在校内外传授的东西;⑪课程是学校全体职工设计的所有事情;⑫课程是学习者在学校经历的经验;⑬课程是个体学习者在学校教育中获得的经验。① 研究者对课程内涵认识产生众多差异的根本原因在于课程本身的复杂性,当然,还有可能源于研究者的出发点和角度不同。如美国著名课程论专家古德莱德(J. I. Goodlad)将课程划分为五个层次:理想的课程(ideological curriculum)、正式的课程(formal curriculum)、领悟的课程(perceived curriculum)、运作的课程(operational curriculum)以及经验的课程(experiential curriculum)。② 这五个层次的划分告诉我们,从课程的构想、规划、设计到实施,从课程决策者、编制者到课程实施者、接受者之间,经历了多层转换,我们在交流探讨时,既要注意保持"课程层次"的一致,也要注意不能仅关注某一层次的课程而忽略了课程的全貌。

事实上,对各种课程定义的辨析,有利于我们对课程的深入理解和把握。

1. 课程即教学科目

这种观点在历史上由来已久。如我国古代的课程有礼、乐、射、御、书、数,俗称"六艺";欧洲中世纪初的课程有文法、修辞、辩证法、算术、几何、音乐、天文学,俗称"七艺",现代学校的课程体系就是在"七艺"基础上增加其他学科而形成的。目前我国的《辞海》《中国大百科全书》以及众多教育学教材也认为,课程即学科,或者指学生学习的全部学科——广义的课程,或者指某一门学科——狭义的课程③。

这种界定的实质是强调知识、学科内容是课程的核心,学校应向学生传授学科的知识体系,这是一种典型的"教程"。然而,只关注教学科目,往往容易忽略受教育者的"内心及生命需求",如学生的心智发展、情感陶冶、创造性表现、个性培养以及师生互动等一些对学生成长有重大影响的维度。这种界定把课程等同于教学科目是不周全的,它导致了实践中的很多误区。

2. 课程即预期的学习结果

有学者认为,课程不应指向活动或内容,而应直接关注学习结果或目标,应将课程的重心从关注内容、手段转向关注结果。因此,这一观点要求课程设计者首先要编制一套结构完整、序列清晰的学习目标,以此来指导教学活动,而所有教学活动都将直接指向这些目标,为达到目标服务。

然而,预期发生的事情与实际发生的事情之间往往存有差异。尤其在课程领域,教师是课程的实施者,并非预期目标的制定者,因此只能根据自己的理解来组织课堂教学活动。这种目标制定与实施过程的分离,使两者很难完全一致。另外,课程预期

---

① OLIVA P E. Developing the curriculum [M]. 3rd ed. New York: Harpercollins Publishers, 1992:5.
② 施良方. 课程理论——课程的基础、原理与问题[M]. 北京:教育科学出版社,1996:9.
③ 上海师范大学《教育学》编写组. 教育学[M]. 北京:人民教育出版社,1979:97.

目标由成人确定,它与具体的、活生生的学习者的兴趣与需求之间的吻合度难以保障,把焦点放在预期的学习结果上,容易忽略学习者具体、真实的需求以及非预期的学习结果。而且,即使从表面上看,学生都达到了预期的学习结果,但这种结果对不同学生来说可能意味着不同的东西。

3. 课程即学习经验

经验,可简单界定为"经历之后的体验",我们在生活中会经历很多事情,形成很多经验,如交友的经验、劳动的经验,每位经历过"学习"的个体都会有学习经验,但问题在于大家的学习经验是不同的、有差异的。因此,将课程界定为学习经验,是试图强调、关注学生在教育过程中实际获得了什么,课程成为学生在教育过程中实际体验到的意义,而不是外在的、需要所有个体统一再现的事实或要学生演示的行为。需要强调的是,虽然活动是经验产生的前提,但活动本身在此并非关键因素,每个学生都是独特的学习者,即使参与同一活动,所获得的经验也会存有差异。可见,学生的学习取决于他自己做了些什么,而不是教师做了些什么。也就是说,唯有学习经验才是学生实际认识到的或学习到的课程。这种课程定义的核心是把课程的重点从教材转向学习者。

从理论上讲,把课程界定为学生个人的经验很有吸引力,在实践操作中却存有一定的难度。首先,这一界定在一定程度上使课程变得模糊不清,甚至当我们只关注经验或结果时,课程内容自身的价值、教育的目的性都在一定程度上被弱化;其次,这一界定使得各类评价难以展开,各级各类学校是否需要制定相对统一的考核及课程标准;最后,教师将面临更大的挑战,如在实际教学情境中,教师难以同时把握几十名学生的已有经验以及独特的生长需求,难以为每一名学生制订适宜的课程计划。另外,这种课程定义过于宽泛,将学生的个人经验都包含在内,增加了课程研究的难度。

4. 课程即社会改造

一些较为激进的研究者认为,不应通过学校课程使学生适应或顺从当下的社会文化,而是要帮助学生认识现存社会制度的问题或摆脱社会制度的束缚。他们认为:学生,即未来社会的主人,不应对当前的价值观盲目依从,而应具有批判的精神,因此他们提出"学校要敢于建立一种新的社会秩序"的口号。他们认为,课程的重点应放在当代社会的问题、主要弊端以及学生所关心的社会现象等方面,要让学生通过认识、参与真实的社会生活而形成从事社会规划和社会行动的能力,以达到改造社会的目的。但通过古今中外大量的历史及社会事件来看,仅仅试图通过学校教育或者课程来改造社会,是行不通的。

此外,还有学者认为课程即有计划的教学活动、课程即社会文化的再生产等。不可否认的是,这些阐释都从某一个角度揭示了课程的应有意义,也因指向特定的历史时期而具备合理性,但同时也都存在着局限性。

(二)课程及其相关概念辨析

从词源学分析来看,在中国,宋代教育家朱熹曾在其《朱子全书·论学》中多次提到"课程",如"宽著期限,紧著课程""小立课程,大作功夫"等,这里的"课程"主要指"功课及其进程",①含有学习范围和进程的意思。

在西方,"课程"一词的英文是 Curriculum,来源于拉丁文 currere,意为"跑道"(race-course),原指赛马场上的跑道。它用在教育上,专指学校的课程,意思是学校学生所应学习的学科总和及其进程和安排。随着近代学校的发展,课程具有广义和狭义之分,一般而言,广义的课程指为了实现学校培养目标而规定的所有学科(即教学科目)的总和,或指学生在教师指导下所进行的各种活动的总和,如中学课程、小学课程;狭义的课程特指某一门学科,如数学课程、历史课程等。

课程与课、学科、教材等概念有密切联系,但又不完全相同。课(lesson)是在规定的时间内,组织学生学习规定教学内容的一种形式,课是教学活动的基本单位,也有学者认为课是课程的基本单位;在实践中,有时"课"又指某一门课程,如语文课、化学课。学科(subject)是根据教学目标、教学内容的差异而划分的具体教学科目,有时和狭义的课程混用。教材(subject-matter)又称课本,是依据课程标准编制的、系统反映学科内容的教学用书;也有学者将其界定为根据教学要求而编写或选定的教科书、讲义、讲授提纲等的统称。在实践中,中小学的语文、数学、外语等皆为学科,各门学科的具体内容则为教材。广义的课程包括以上所有内容。

根据以上分析及国内外对课程的各种界定,我们可以从广义和狭义两个层面来理解课程。从广义来看,课程指学生在学校获得的全部经验,包括有目的、有计划的教学活动、教学进程,包括各种学科设置,还包括课外活动以及学校环境和氛围的影响等。也就是说,广义的课程除了学校的课程表所示的正式课程之外,还包括学生的课外活动及对学生整个学校生活中潜移默化的非制度层面校园文化;不仅包含有书本的知识内容,还应该对学生各种课内外的活动做出明确的安排,不断地促进学生知识与经验的结合。狭义的课程是指各级各类学校为了实现培养目标而开设的学科及其目的、内容、范围、活动、进程等的总和,它主要体现在课程计划、课程标准和教材之中。②

此外,我们还需要思考课程与教学的关系。张华教授认为,在 20 世纪,二者是以课程与教学的分离为特征的。同时指出造成这种分离的根源,从认识论上来讲,主要是二元论的思维方式,包括内容与过程的二元对立以及目标与手段的二元对立,在课程与教学中表现为将课程作为内容和目标,教学则为内容传授的过程和达成目标的手段;从社会背景来说,主要受"技术理性"支配并追求"技术兴趣",以"控制"为核心,以"效率"为取向,反映在课程上,追求一种普适化的课程开发模式,在结果上表现为一种单一的"官方课程""制度课程",而教学就在于忠实有效的执行、传递课程。③ 但随着国际间交流、研究的深入以及对教育实践的探讨和反思,开始形成对课程与教学

---

① 张华.课程与教学论[M].上海:上海教育出版社,2000:66.
② 栗洪武.学校教育学[M].西安:陕西师范大学出版社,2007:59.
③ 张华.课程与教学论[M].上海:上海教育出版社,2000:77-79.

不同关系的认识及实践。

国外学者奥利瓦(P. E. Oliva)很早就对课程与教学的关系进行了梳理,归纳为四类:课程与教学的相互独立模式、相互交叉模式、相互包含模式以及循环互动模式。① 从实践层面看,在课程与教学的关系上,我国一直传承苏联的观点,更倾向于将教学看作一个上位概念,视课程为教学内容,这是一种教学包含课程的大教学观;而欧美一些国家的研究者则更倾向于将课程看作上位概念,视教学为课程实施,这是一种课程包含教学的大课程观。进入21世纪后,随着我国基础教育课程改革深化,在课程与教学的关系上,我国学者的认识显现出一定程度的转移和趋同,更多地开始集中探讨课程与教学的整合,这可以说是对课程与教学关系的第五种认识。但课程与教学是否可以整合、如何整合,还有待进一步的研究和实践探索。

二、课程的类型

对课程类型的划分及探讨,有助于深化对课程内涵的认识,还可以厘清不同类型课程之间的关系,把握其内在联系,是确立理想课程结构的基本前提。

(一)分科课程与综合课程

根据课程内容涵盖范围及组织方式的不同,可将课程划分为分科课程与综合课程。

分科课程是一种单学科(single-subject)的课程组织模式,强调不同学科门类之间的清晰划分与独立,强调一门学科逻辑体系的完整。有学者认为分科课程就是学科课程,也有学者认为分科课程属于学科课程,只是分科课程更强调单一的知识系列,即在分科课程中只能涵盖某一领域或学科的知识,不能交叉其他学科的知识。分科课程的倡导者认为教学内容的清晰划分有助于教学的深度及教学效果的提升。

综合课程是一种多学科(multi-subject)的课程组织模式,强调学科之间的联系与整合,其倡导者认为孤立的、割裂的教育内容不利于完整人格的培养,且当今世界及社会生活中很多问题的解决都绝非某一种学科知识能完成的,因此割裂地进行教育不利于受教育者解决实际问题能力的培养。有学者认为综合课程也可称为整合课程,它来自英语中的"integrated curriculum",从涉及的内容、领域或学科等方面来看强调综合。

整合课程与分科课程相对应,但在具体的整合形式或思路上,还存有较多差异,如有学科本位的整合课程、社会本位的整合课程以及儿童本位的整合课程。典型的相关课程(correlated curriculum)就属于学科本位的整合,是指两种或两种以上的学科在某一些主题或观点上,既相互联系又保持各学科的相对独立性,如物理、化学、数学在某些内容上相互联系或交叉;而以社会问题为核心的社会本位整合课程,如"环境教育课程",就打破了某一学科的逻辑体系,融合了多个学科的内容,以致力于受教

---

① OLIVA P E. Developing the curriculum [M]. 3rd ed. New York: Harpercollins Publishers, 1992: 11.

育者在理解、改进社会环境方面的能力提升。

(二) 学科课程与活动课程

学科课程与活动课程是从课程内容所固有的属性来区分的。

学科课程(subject curriculum)以对人类知识经验的科学划分为基础,从不同的分支科学中按一定标准进行知识经验的选择,组织成教学内容相对规范和系统的学科。这一主张在中外有着悠久的发展历史,如中国的孔子、古希腊的亚里士多德、捷克的夸美纽斯、德国的赫尔巴特、英国的斯宾塞、美国的巴比特和卡特斯等都力主学科课程。学科课程论主张课程要分科设置,并进行分科教学,同时每门学科的教材要根据学科的逻辑性、系统性、连贯性进行编制。学科课程强调学生对知识的系统学习,这种课程编制方式有利于学生对知识的系统掌握以及人类文化的传承,但这里的"课程"是先于学习者而存在的,这种既定的、外在的课程必然会出现忽视儿童的兴趣和需要的现象。

活动课程(activity curriculum)与经验课程(experience curriculum)或儿童中心课程(child-centered curriculum)一致,是以儿童的活动、经验或兴趣需求为中心组织的课程,课程围绕的中心是学生而不是学科知识或学科体系,课程内容也不是既定不变的,而是会随着学习者的活动、经验以及需求发生变化。这是一种与学科课程相对应的课程理念,其主要倡导者是美国实用主义教育家杜威和克伯屈,他们反对分科教学,认为分科编制的课程是把一堆孤立的、无意义的死知识分门别类地教给学生,既忽视了受教育者的经验和兴趣,也与真实的社会生活相割裂;他们主张课程内容不仅要适合学习者的需要和接受能力,更要贴合真实的社会与生活,"教育即生活""学校即社会"等理念应切实体现在课程及教学活动中。游戏、活动作业、手工、烹调、缝纫、表演、实验等都是活动,通过这样的活动获得经验,可以与社会生活相适应,克服知识的孤立性,为儿童提供完整的世界景象。

活动课程论强调课程要满足儿童的兴趣、需要,适合教材的心理组织结构,重视从活动中进行教学和教育,确实有利于儿童学习的积极性以及鲜活经验的获取;但片面夸大了儿童个人的经验而忽视知识、学科本身的逻辑顺序,也是一种"非此即彼"的对立性思维。这种打破、切割学科逻辑体系的做法,造成学科知识在纵深联系上的中断,使得学生只能在活动中获得片段的、零碎的知识,不可避免地降低了教学质量。

知海拾贝

我们通过1930年美国加利福尼亚州课程委员会所颁布的活动课程中一天(星期一)的安排,可以更好地认识活动课程。

9:00 非正式问候,报告,诗歌,音乐,时事,用以创造心境获得愉快有益的一天的非正式活动;

9:15 小商店、银行活动,学校用品处理等,通过团体及个别活动,培养儿童的积极性、责任感和合作精神;

> 10:00　健康活动,包括体育、自由游戏、营养教学,适当地放松,使儿童知晓健康活动至关重要,并提供情境以培养学生的社会及公民态度;
>
> 10:15　语言艺术,即通过有表达的活动,如编写剧本、表演、学校新闻编辑等,发展儿童的口头表达、书面写作能力,这段时间安排较长,便于学生集中精力按自身兴趣与需要开展活动;
>
> 12:00　午餐,休息及有指导的操场活动;
>
> 13:00　业余活动,合唱、口琴、音乐欣赏、节奏练习、管弦乐队等;
>
> 13:50　娱乐活动及休息;
>
> 14:00　小组阅读,图书馆活动,按学生阅读能力分组,给阅读困难的学生提供补救机会,为阅读能力强的学生提供图书馆指导,通过这段静静地阅读,拓展与课堂活动相关的社会科学、业余、健康或其他方面的知识;
>
> 14:50　娱乐活动及休息;
>
> 15:00　社会研究活动。
>
> ——杨亮功.云五社会科学大辞典·教育学[M].台北:台湾商务印书馆,1970:137.

(三) 必修课程与选修课程

从课程实施的角度来看,可将课程可划分为必修课程与选修课程。

必修课程(compulsory curriculum),即所有学生都必须学习的课程,是一个教育系统或教育机构法定性地要求全体学生或某一学科专业学生必须学习的课程,其根本特性是强制性,是社会权威在课程中的体现。在各级各类学校教育中,因教育目标、培养目标的差异,存在着不同的必修课程。如在高等教育中,必修课程分为公共必修课程和专业必修课程,公共必修课程是对所有大学生基本素养的统一要求,专业必修课程是针对不同专业及从业者所应掌握的专业知识与技能、形成的专业品质及态度等而设置的;在基础教育中,必修课程可分为国家必修课程、地方规定必修课程和学校规定必修课程。

选修课程(selected curriculum),是一种可供学生在一定程度上自由选择修习的课程,一般也由某一教育系统或教育机构进行设计与规定,学生可以按照一定规则自由地选择并学习的课程,它体现了对受教育者兴趣、需求的关注与尊重。选修课程一般分为限定选修课程与任意选修课程,其中限定选修课程指在规定的范围内,学生必须选择指定数量的课程;而任意选修课程则不加任何限制,完全由学生自由选择学习。

在当前世界各国的学校教育中,必修课程似乎是一种必然的存在,而选修课程存在的范围也在不断扩大,事实上,更重要的问题是二者之间的比例关系,在各国、各级、各类教育中,都要结合自身实际需求灵活分配。

(四) 国家课程、地方课程、校本课程

依据课程设计、开发和管理主体的不同，可将课程划分为国家课程、地方课程和校本课程。

国家课程(national curriculum)的主导价值在于通过课程体现国家的教育意志，一般是国家根据民族利益及对公民的基本素质要求而设计开发的课程。它是一个国家课程的主体，体现了国家对学生发展的基本要求和共同质量标准，在基础教育课程体系中占有绝对数量的比重。

地方课程(state-based curriculum)的主导价值在于通过课程满足地方社会发展的现实需求，一般是由地方根据国家课程标准及各地发展需要而开发的课程。地方课程开发以开发和合理利用地方丰富的课程资源为基础，强调因地制宜，具有鲜明的地域性特征。

校本课程(school-based curriculum)的主导价值在于通过课程展示学校的办学宗旨和特色，一般是由学校参照国家课程标准、地方课程框架、本校学生发展兴趣及需要、现有师资情况等开发的，旨在体现学校办学特色的课程。校本课程可以是对国家课程和地方课程的再加工和再改造，也可以是学校自行设计的新课程。

(五) 显性课程与隐性课程

从课程的表现形式或影响学生的方式来看，课程可划分为显性课程和隐性课程。简单来说，显性课程(formal curriculum)是学校教育中有目的、有计划、有组织实施的所有课程，显性课程主要通过课堂教学进行知识传递，学生在显性课程中获得的主要是学术性知识。

隐性课程(hidden curriculum)一般指学生在学习环境(包括物质环境、社会环境、心理环境及文化体系)中所学习到的非预期、非计划内的知识、价值观念、规范和态度。[①] 对隐性课程的研究，最早可以追溯到孔子和柏拉图的时代，起初主要将其称为"附带学习"，指在学习过程中自发的、自然产生的情感、态度或价值。随着研究的深入，人们认识到隐性课程是以学生的自我体验为根本途径，在学校校园里主要存在三类隐性课程：① 物质性隐性课程。如学校建筑及其结构和内涵，校园人造自然环境及其结构和内涵，校园生活水平及其结构和内涵等。② 制度性隐性课程。如人际关系准则，包括教师、学生、职工、领导相互之间的关系准则，学术交往准则，朋友交往准则，恋爱交往准则等。③ 心理性隐性课程。如师生特有的心态、行为方式和价值观念等。[②]

实际上，显性课程与隐性课程的区分是相对的，因为在显性课程的实施中，总会伴随着隐性课程的产生，而随着研究及人类认知的发展，隐性课程也在不断转化为显性课程，可以说，二者之间的动态转化过程是永恒的、无止境的。

---

① 张华.课程与教学论[M].上海:上海教育出版社,2000:310.
② 栗洪武.学校教育学[M].西安:陕西师范大学出版社,2007:76.

三、课程的理论流派

教育与人类社会共生共在,课程与教育共生共在。因此,关于课程的理论与实践探讨很早就有,但直到1918年,美国著名教育学者博比特(F. Bobbitt)《课程》一书的出版,标志着课程正式成为一门独立的学科,形成其独立的研究内容和研究领域。在漫长的课程实践发展过程中,积累了丰富的与课程相关的知识与经验,但因探讨课程的基础存在差异或因对课程有不同的认识及价值定位,最终构建出不同的课程体系,形成不同的课程理论流派。

所谓课程理论,是研究课程设计、课程编制和课程改革的理论。2000年,丛立新教授在其《课程论问题》一书中对与课程相关的研究进行了梳理,将课程理论的发展划分为四个阶段:前科学时期、形成系统理论时期、成为独立的专门学科时期以及当代课程理论的发展时期,其中涵盖了中西方十几种不同的课程理念,如夸美纽斯、赫尔巴特、斯宾塞、杜威等教育家的课程观,博比特、查特斯、泰勒的课程论,还有要素主义、结构主义、人本主义的课程论,以及施瓦布、斯滕豪斯的课程论等,[①]这些理念,与美国教育家小威廉姆·E.多尔提出的"后现代课程观"相比[②],却又分属不同阵营。

以下将对几种在教育实践中影响较大的课程理论流派进行简要的介绍与分析。

(一)形式教育论与实质教育论

一般而言,关于教育理念我们更多探讨"形式教育"与"实质教育",因这两种理念影响深远,所以很多不同的课程流派都以其为基础产生并发展,因此首先阐释这两种理念并说明其对课程产生的影响。

1. 形式教育论

形式教育论有着悠久的发展历史,早在古希腊、古罗马时代就已经产生,在柏拉图、昆体良的论述中均有体现,如昆体良认为教学不在于使学生掌握关于事物的知识,而在于"能力""口才"和"形式"的训练。[③]

形式教育论以官能心理学为基础。官能心理学认为人的心智活动可以分为若干种官能,而每一种官能均可以单独训练。应用至教育领域,主要有三种主张:第一,教育的任务在于训练学生的官能(能力)。正如人身体的各种器官可以通过训练使其发展成熟一样,人们的一切能力也从练习而来,记忆力因记忆训练而增强,推理力以推理训练而提高。第二,教育应该以形式为目的。我们不可能穷尽所有知识,因此能力的发展才是重要的,知识的价值仅在于是能力训练的材料,不必在意其实用性,而应关注其在能力训练方面的作用。第三,教育要重视迁移。形式教育论认为能力是可

---

① 丛立新.课程论问题[M].北京:教育科学出版社,2000:16-57.
② [美]小威廉姆·E.多尔.后现代课程观[M].王红宇,译.北京:教育科学出版社,2000:7.
③ 顾明远.教育大辞典[M].上海:上海教育出版社,1988:182.

以迁移的，如学生学习拉丁文、希腊文和数学，从中获得了比较、分析、综合以及推理等能力，这些能力可以迁移至其他课程的学习上，有助于学习者对不同情境的适应。正如英国教育家洛克所说："要使所有的人都成为深奥的数学家，并无必要，我只认为研究数学一定会使人心获得推理的方法，当他们有机会时，就会把推理的方法移用到知识的其他部分去。"

在具体的学校课程上，形式教育主张开设希腊文、拉丁文、逻辑、文法和数学等科目，这些课程的目标自然是其在"官能"训练上的价值而非课程内容自身的实用价值，课程实施的过程也更多以"训练"的形式进行。这一理念看到了发展学生智力、能力的重要性以及迁移的价值，看到了学科的智力训练作用，却片面强调古典学科，忽视了学科和教材的实用性，曲解了智力发展与知识掌握的关系，造成教育脱离生活的现象。

2. 实质教育论

实质教育论出现于18—19世纪的欧洲，与形式教育的思想相对立。实质教育论以联想主义心理学为基础，所谓"联想"，即各种观念之间的联系或联结，该理论认为一切复杂的心理现象如推理、想象、概括等都是通过联想而复合起来的。实质教育的主要倡导者有英国教育家斯宾塞和德国教育家赫尔巴特，其主要观点为：第一，教育的目的是向学生传授与生活相关的广泛知识内容；第二，与人类的世俗生活密切相关的实质学科或实质课程是最有价值的；第三，课程内容的组织、课程实施的方式应结合受教育者身心发展特征进行设计，注重教学教育性原则等。

在具体的学校课程上，实质教育主张开设有实用意义的学科，认为学校只有向学生传授实用的知识才能为他们以后从事某种职业做好准备。实质教育论的倡导者斯宾塞从人类生存与发展的角度切入，分析个体在生存与发展中需具备的知识，并在此基础上构建课程。他说："为我们的完满生活做准备是教育应尽的职责，而评判一门教学科目的唯一合理办法就是看它对这个职责尽到什么程度。"他提出个人生活的五种活动及其应当学习的课程：第一，直接保全自己的活动（生理学科等）；第二，间接保全自己的活动（逻辑学、数学、力学、物理学、化学、天文学、地质学、生物学、社会科学等）；第三，抚养教育子女的活动（生理学、教育学等）；第四，维持正常社会政治关系的活动（历史、社会学、生物学、心理学等）；第五，满足爱好和情感的活动（音乐、美术、诗歌、雕塑等）。①

这一理念虽然关注了知识自身的价值，明确了知识与能力之间的关系，也强调了对受教育者特征及需求的关注，但明显具有功利主义的性质，是从一个极端走向另一个极端的思维方式，同样具有片面性。

（二）赫尔巴特的课程理论

赫尔巴特（1776—1841）是19世纪德国哲学家、心理学家，科学教育的奠基人。

---

① ［英］斯宾塞.教育论[M].胡毅，译.北京：人民教育出版社，1962：43.

赫尔巴特及其学派的教育理论和教学模式常常被认为传统教育的代表,传统教育模式在学校教育中强调以"教师、教材、课堂教学"为中心,从而与以杜威为代表的"现代教育"相对立,后者在学校教育中强调以"幼儿、经验和活动"为中心。

在课程方面,赫尔巴特的首要贡献在于将心理学引入,从而使课程获得了重要的理论基础。他以观念心理学为基础,认为教育的最主要任务之一,在于引起受教育者多方面的兴趣:"教育的最后目的在于德行,但是要达到这一终极目标,还需要有一些近的目标,那就是'多方面的兴趣'。"① 赫尔巴特进一步将"多方面的兴趣"界定为六个方面:经验的兴趣、思辨的兴趣、审美的兴趣、同情的兴趣、社会的兴趣和宗教的兴趣,并以此来建构学校课程,具体包括自然、物理、化学、地理、数学、逻辑、文法、自然哲学、文学、音乐、绘画、雕刻、古典语、现代外语、本国语、历史、政治、法律,以及宗教等19门学科。

除了构建出具体的学校课程,赫尔巴特还关注课程实施,他提出了四段教学法(明了、联想、系统、方法),后经其弟子发展为"五段教学法",直至今日在世界各地的教育理论和实践中,仍然具有指导作用。五段教学法包括:① 预备,即问题的提出,教学目的和目标的说明等;② 提示,即新教材的传授;③ 比较,通过新旧知识的比较,使它们实现联合;④ 总结,在比较的基础上,知识还达不到系统化,需要一种静止的审思活动,寻求结论和规律;⑤ 应用,将所获得的知识应用于问题的解决中。在这一课程实施的过程中,还涵盖了赫尔巴特关于教材内容组织(重视联系与内在结构)、课堂教学设计(以知识传递为主)以及师生关系(以教师为主体)等方面的思想。

(三)学科结构课程理论

要素主义和永恒主义均强调应以学科为中心来构建课程,前者认为课程应当以人类文化的"共同要素"为基础,而不是以儿童的生活经验为基础;后者认为课程涉及的第一个问题,就是为了实现教育目的,应选择什么样的知识或学科,其代表人物赫钦斯(R. M. Hutchins)在《美国高等教育》一书中指出:"课程应当主要地由永恒学科组成……永恒学科首先是那些经历许多世纪而达到古典著作水平的书籍。"②

学科结构课程理论的基本主张是:第一,知识,尤其是经过时间、实践检验的知识是课程中不可或缺的要素,要把人类文化遗产中最具学术性的知识或者"永恒学科"作为课程内容;第二,要重视知识的组织与呈现方式,学校课程应该给学生提供加工过的、分化的、有组织的知识,要重视知识体系的逻辑性和结构性,如果学校给学生提供原始的、未分化的知识或经验,学生势必要自己对它们加以分化和组织,这将大大妨碍教育的效果;第三,要重视对学科知识结构的探究和构建,这是课程内容选择与组织的需要,也影响着课程的实施及学生的学习。正如布鲁纳所言:"不论我们选教

---

① 张焕庭.西方资产阶级教育论著选[M].北京:人民教育出版社,1964:272.
② 王承绪,赵祥麟.西方现代教育论著选[M].北京:人民教育出版社,2001:211-222.

什么学科,务必使学生理解学科的基本结构。"①而所谓基本结构,就是指各门学科中基本的概念、公式、原则等理论知识。② 布鲁纳指出,以学科基本结构为中心的教学至少以下优点:① 掌握基本结构,有助于解释许多特殊现象,使学科更容易理解;② 有助于更好地记忆科学知识;③ 有助于促进知识技能的迁移;④ 有助于缩小高级知识与初级知识之间的差距。总之,学生在学科中获得的知识越是基本,后继知识的适用性便越是宽广,掌握学科结构的目的,就是要学生学会如何学习,为学生终身学习打下基础。

(四)学生中心课程理论

学生中心课程论主张以学生为中心来编制课程,具体要以学生的兴趣和爱好、动机和需要、能力和态度等为基础来进行课程内容的选择与编制。其倡导者明确阐释,课程的核心不是学科内容,也不是社会问题,而是学生的发展,教育首先应关注的是个体的成长,个体价值的实现,而不是按照社会的需求去塑造个体。同时,课程内容也不应该是既定不变的,而应随着教学过程中学生的变化而变化。这一理念有漫长的发展历史,直到今天仍在教育中占据重要位置,进步主义教育与人本主义教育都是这一课程理念的拥护者。

美国教育家杜威对传统教育忽视学生特点、把外部事物强加给学生的做法极为不满,他认为给学生传授系统化、逻辑化的理论知识,使课程外在于学生、脱离学生生活实际的做法是错误的,这样的"课程"不可能为学生真正接受,更不能形成学生实际生活的能力。因此他倡导要以"学生"为中心来构建课程,同时课程的实施也应该在具体的活动中、真实的情境中进行,要关注学生直接经验的获得,在此基础上进行提炼提升。

人本主义代表人物罗杰斯认为,教育的目的在于促进人的成长、自由发展、自我价值的实现,教育要使学生从中获得个人意义,但这里的"意义"不是内在于教材的,而是个人赋予教材以意义。因此,课程的功能是要为每一个学生提供有助于个人自由发展的、自我实现的经验;对课程内容而言,重要的不在于如何组织,重要的在于与学生的实际状态产生内在联系、与学生所关心的事情联系,这是引导学生从课程中实现自我发展的必然路径。

学生中心课程理念将受教育者置于课程的核心位置、考虑课程对学生一生的影响、关注学生自我价值的实现,这无疑是教育理念上巨大的进步。但是,如何为每个学生编制或由他们参与编制最适合个人自由发展的课程,这不仅是个理论问题,更是实践中的难点。同对课程内涵的界定一样,过于极端或"一边倒"的理念很难再占据支配地位,人们往往会趋向于关注各种课程思想的融合。然而,综合各种课程思想是很困难的,因为每种课程思想或理论都有其不同的理论基础、研究切

---

① [美]布鲁纳.教育过程[M].上海师范大学外国教育研究室,译.上海:上海人民出版社,1973:4.
② 丛立新.课程论问题[M].北京:教育科学出版社,2000:49.

入点以及基本假设或价值取向,这些差异从起点上就决定了各种理论流派之间难以兼容。

(五)社会改造课程理论

社会改造课程理论产生于20世纪30年代的美国,是从进步主义教育阵营中分化出来的一个教育流派,早期的代表人物有拉格和康茨,20世纪50年代以后,布拉梅尔德成为主要代表。

在课程理念上,社会改造主义的核心观点是:课程不应该致力于让受教育者接受、适应当前的社会,而是要推动、致力于建立一种新的社会秩序和社会文化。因此,社会改造主义将课程设置的重点置于当代社会问题、社会主要功能、学生关心的社会现象等方面,如种族歧视、贫富差距、人口问题、环境问题、战争与核武器、世界贸易、文化的相互依赖等。它不关注学科的知识体系,而认为应该围绕当代重大社会问题来组织课程,帮助学生在社会方面得到发展,即学会如何参与制定社会规划并付诸行动。其典型的两大特点为:第一,学生应尽可能多地参与到社会生活中去,因为这是问题的发生场,也是问题解决的实验室;第二,要以广泛的、真实的社会问题为中心,鉴于报纸、电视、网络等媒体在信息传递上的作用,学生完全可以接触世界各地的即时性重大问题,这些问题不应在教育中回避,而应在课程中面对。

社会改造课程理念的发生,是基于研究者对学校教育现状的一种认识,认为学校的课程已成为一种维护社会现状的工具,充当了人民群众与权贵人物之间的调解者的角色,使人民大众甘心处于从属地位,或归咎于自己的无能。这种较为激进课程观的产生,有其历史必然性,但学校教育与社会之间有着复杂的联系,学校难以独立于社会而存在,也还没有强大到能通过课程促使社会发生重大变革的地步,但其在引导研究者思考教育与社会、课程与学生成长之间的关系上,确实起到了巨大的推动作用。

第二节 幼儿园课程概述

从传承与归属的角度看,幼儿园课程是课程在某一学段的具体化。因此,当我们在大教育的背景下探讨了课程的内涵、类型及理论流派后,幼儿园课程是否就与其保持一致呢?具体而言,从内涵来看,幼儿园课程是否也存在学科知识、目标、计划、经验等不同的本质定位呢?从类型来看,幼儿园课程是否也存在分科与整合、学科与活动、必修与选修、显性与隐性、国家、地方与园本之间的差异呢?从课程理念来看,是否也形成了以学科结构为中心或是以幼儿为中心或是致力于改进社会的幼儿园课程呢?在幼儿园课程中,有"形式教育"与"实质教育"之争吗?我们将带着这些问题,进入本节内容,并不断在理论与实践的结合中探求最适宜的结论。

一、幼儿园课程的界定

在我国,关于幼儿园课程的理论研究起步较晚,但实践中的幼儿园课程早已有之。对幼儿园课程内涵的不同界定,与实践中幼儿园课程的几个发展阶段紧密相连。

从幼儿园课程实践来看,《三字经》《百家姓》《千字文》等儿童读物,就是人们早期为幼儿创设的"课程",美国的儿童本位课程,甚至以日本的日语、行仪、手技、嬉戏等为主的课程也曾占据我国幼儿园课程的主流;后来,陈鹤琴、张雪门、张宗麟等早期学前教育专家,致力于研究、构建适合我国国情的幼儿园课程;中华人民共和国成立后,我们在教育方面全面学习苏联,在学前教育中采用以语言、常识、计算、音乐、美术等学科为基础的课程,同时实行国家高度统一的课程标准;1981年,教育部颁布实施了《幼儿园教育纲要(试行草案)》,确立生活卫生习惯、体育、思想品德、语言、常识、计算、音乐、美术等为科目内容,同时确立了分科教学模式;后来,在改革开放的背景下,加深了国际间的交流与学习,加快了教育及课程发展的步伐,我国学前教育的理念及幼儿园课程的理念与实践日益丰富、开放、多元。

与我国的学前教育发展相比,国外学前教育课程理论与思想产生较早,成果也较为丰富。有学者按照历史发展的时间顺序,大致将国外学前教育课程的发展划分为起源阶段和发展阶段,在起源阶段主要是夸美纽斯(J. A. Comenius)、卢梭(J. Rousseau)、裴斯泰洛奇(J. H. Pestalozzi)的学前教育课程思想;在发展阶段主要是福禄贝尔(F. W. A. Frobel)、蒙台梭利(M. Montessori)以及杜威(J. Dewey)的学前教育课程思想,可以说,这是西方甚至世界学前教育课程理论与实践发展的根基。

(一)国内幼儿园课程的内涵界定

"课程"内涵界定的差异性、丰富性在一定程度上影响了对"幼儿园课程"的内涵界定。纵观我国幼儿园课程理论与实践研究的历史进程,人们对"什么是幼儿园课程"形成了诸多观点,总结起来主要有以下三种典型的观点:

1. 幼儿园课程即教学科目

这是一种将具体的或全部的教学科目、教学内容或学科知识作为课程的观念,对中国的课程理念有着深远的影响。1952年3月,教育部颁布了由苏联教育专家戈林娜等人指导,在全国试行的《幼儿园暂行教学纲要(草案)》,其中设置了六项教养活动项目:体育(包括日常生活、卫生习惯、体育锻炼、舞蹈和律动)、语言(包括谈话、讲故事、歌谣、谜语)、认识环境(包括日常生活环境、社会环境、自然环境)、图画手工(包括图画、纸工、泥工、其他材料作业)、音乐(包括唱歌、听音乐、乐器表演)和计算(包括认识数目、心算、度量)。之后,在1981年颁布的《幼儿园教育纲要(试行草案)》中,也规定了幼儿园需设置不同的科目。这是从国家层面将幼儿园课程界定为教学科目的具体表述。

此外，国内的部分学前教育研究者也持此观点者，如赵寄石、唐淑(1982)将幼儿园课程定义为"幼儿园各门科目本身的教材结构、教学规律和各门科目之间的相互关系"。随着人们的认识逐步深入，1988年，又将幼儿园课程进一步界定为"反映幼儿园某一科目的客观规律的整体教育结构，或反映幼儿园整体教育客观规律的总体结构"①。卢乐山(1991)将幼儿园课程定义为"幼儿园整体教育或某一科目教学的教学内容、教学过程时间安排等"。②

这一幼儿园课程的内涵界定与大教育背景下"课程即教学科目"的观点保持一致，实质属于"大教学观"的范畴，即将课程视为"教学内容"，重视系统知识的传授，强调学科知识的逻辑体系和结构，在很长一段时间里影响着我国学前教育的理论研究和幼儿园的实践工作。但幼儿园课程在具有"课程"共性特征的同时，还具有其独特的个性，而这一个性首先与教育对象的心理及发展特征有关，还与学前教育在整个国民教育中的定位、与学前教育课程性质的定位等紧密相连。

2. 幼儿园课程即教育活动

张宗麟曾这样界定幼儿园课程，他说："幼稚园课程者，由广义地说之，乃幼稚生在幼稚园一切之活动也。"②他进而将幼儿园课程划分为开始的活动、身体的活动、家庭的活动、社会的活动和技能的活动等五个部分。

将幼儿园课程界定为"活动"的观点在我国现当代的研究者中也有较多论述，如王月媛(1995)将幼儿园课程定义为"幼儿园中幼儿的全面活动或经营"；冯晓霞(1997)将幼儿园课程定义为"幼儿在幼儿园教育环境中进行的，旨在促进其身心全面和谐发展的各种活动的总和"；傅淳(1997)将幼儿园课程定义为"幼儿在幼儿园有目的、有计划地安排与教师指导下，为达到幼儿教育目标而进行的各种有程序的学习活动"；李季湄(1997)将幼儿园课程定义为"实现幼儿园教育目的的手段，是保证幼儿获得有益的学习经验，促进其身心和谐发展的各种活动的总和"③。教育部"九五"教育科学规划重点课题"中国幼儿园课程政策研究"课题组所认定的幼儿园课程的概念为"幼儿园课程是实现幼儿园教育目的的手段，是帮助幼儿获得有益的学习经验，促进身心全面和谐发展的各种活动的总和"。

这一课程界定看到了"幼儿园课程即教学科目"的弊端，不再将课程看作静态的书面符号，不再关注幼儿系统的、理论知识的获得，而是试图将课程由简单的教学科目扩展为幼儿在园的一切教育活动，这样就把幼儿在园的生活活动、游戏活动、户外活动、学习活动等都融入课程之中，形成活动即是课程的观点。同时，这一界定解决了传统幼儿园课程观中"见物不见人"的问题，以"活动"为中心，将幼儿在幼儿园中形成的各种习惯、发展的各类技能、获取的各种知识都纳入课程中，更全面地关注幼儿的发展；既遵循了幼儿身心发展规律，也关注了儿童的主体性，尊重了幼儿的兴趣和

---

① 庞丽娟.中国教育改革30年·学前教育卷[M].北京:北京师范大学出版社,2009:134.
② 张泸.张宗麟幼儿教育论集[M].长沙:湖南教育出版社,1985:31.
③ 庞丽娟.中国教育改革30年·学前教育卷[M].北京:北京师范大学出版社,2009:134.

需要,使学前教育课程明显呈现出个性特征。但"活动"的范畴较大、内涵外延非常丰富,且"活动"本身强调的是过程而非结果,这是否意味着在学前教育及幼儿园课程中,只需要关注"过程",不需要追求过程之后的"结果"?那么课程作为实现教育目标的中介和重要载体的定位如何体现?这些也引起了研究者的思考。

3. 幼儿园课程即有益的学习经验

早在20世纪二三十年代,张雪门就曾经这样界定幼儿园课程:"课程是什么?课程是经验,是人类的经验,用最经济的手段,按有组织的调制,用各种方法,以引起孩子的反应和活动。幼儿园课程是什么?就是给三周岁到六周岁的孩子所能够做而且喜欢做的经验的预备。"①陈鹤琴先生虽然没有对幼儿园课程进行明确的内涵定义,但他深受杜威实用主义教育思想的影响,结合中国国情,提出了"活教育"课程,强调把大自然、大社会作为课程建设的出发点,让幼儿直接向大自然、大社会学习,他认为"从书本上能吸收的知识是死的,是间接的;而从大自然与大社会获得的知识是活的和直接的。"幼儿园应该给幼儿一种充分的经验,这种经验的来源主要有两个方面:一是与实物接触,二是与人接触。陈鹤琴的"活教育"方法论、五指课程以及"整个教学法"等蕴涵着幼儿园课程的核心就是经验的思想,而环境是幼儿获得经验的重要途径,教师要对环境有所甄别、筛选。另外,还有很多研究者也持此观点,如刘焱教授(2000)将幼儿园课程定义为:"根据幼儿园教育目标为幼儿设计和组织的,有益于其身心健康和谐发展的全部学习经验。"虞永平教授(2001)将幼儿园课程定义为"从幼儿身心发展的特点和特定的社会文化背景出发,有目的地选择、组织和提供的综合性的、有益的经验。"②

事实上,"经验"与"活动"密不可分,从经验取向来理解幼儿园课程,关注的是活动的结果,尤其是幼儿通过活动获得的具体经验。而活动,从狭义的角度可将其视为幼儿园课程的实施途径,从广义的角度可将其作为幼儿园课程的表现形态。若以活动来界定幼儿园课程,"在实践层面则会导致教师将重点放在可观察的教育或教学活动上去,只注意活动表面或形式上的热烈和丰富,而忽视学习的内部过程和实际体验,忽视幼儿建构学习经验的个别差异,此外,还会给较高层次的课程决策带来一定困难"。③而从"经验"的角度来界定幼儿园课程,则更强调了结果,也能引导研究者及实践者关注并思考一系列问题,如幼儿究竟在活动中获得了什么?教师在活动中为幼儿呈现了什么?教师在活动中呈现的内容与方式同幼儿获得的具体经验之间有何关系?我们发现,将幼儿园课程界定为"经验",既关注了幼儿主动获取经验的过程,也体现了教师在甄别幼儿的经验哪些是有益的,哪些是无益的过程中所发挥的引导作用,同时教师也能有计划、有组织、有系统地将那些杂乱的、零散的经验整合起来。另外,"有益的学习经验"既可以是幼儿的生活经验,也可以是

---

① 戴自庵.张雪门幼儿教育文集(上卷)[M].北京:北京少年儿童出版社,1994:24.
② 庞丽娟.中国教育改革30年·学前教育卷[M].北京:北京师范大学出版社,2009:134.
③ 庞丽娟.中国教育改革30年·学前教育卷[M].北京:北京师范大学出版社,2009:135.

认知经验、情感体验,它本身就是感性的、体验的、具体的,这既贴近幼儿的生活本身,也符合幼儿的认知特点。因此,这一观点受到越来越多理论研究者与实践工作者的认可。

目前,我国学前教育理论界已经不再采纳第一种学科取向的课程定义。但是,幼儿园课程究竟是"活动"还是"经验",尚未形成一致的看法。在不断探讨和争论的过程中,出现了一种将二者结合的观点,如"学前教育课程是儿童在学前教育机构安排下所进行的一切有组织、有系统、有意义的在教育机构内外的学习经验或活动"①,朱家雄教授在2018年提出:"幼儿园课程是有目的、有计划地引导幼儿积极主动地通过多种感官获得有益经验的过程。幼儿园课程不是书面的符号系统,不是静态的知识,而是具有动态性、过程性、游戏性和情境性的,是幼儿积极投入其中的多样化的活动,是幼儿在生活和游戏中获取直接经验的过程。"②这一界定不仅仅是将"活动"与"经验"进行结合,更重要的是将二者相糅合,强调"活动"与"经验"的统一,但其合理性还需经过时间与实践的检验。

(二) 国外的幼儿园课程定义

有学者梳理了一些西方课程专家提出的"课程指导方针",其中包含了具有西方价值观的课程理念③。梳理如下:

(1) 课程应当是可参与的、有趣的,能对儿童智力的发展有帮助的。

(2) 课程应包含正式教学和非正式教学。前者通过教师直接指导,它是有组织的、一贯的和坚持一致的;后者是儿童通过与材料、教师、其他儿童及成人发生作用所学得的。儿童年龄越小,在非正式经验中所需要的时间就越多。然而,对于五六岁的儿童,采用系统的教学指导,如阅读、写作和算术,也是非常重要的。

(3) 课程应当是关于以下话题的研究:值得花费大量时间去学习的,与儿童的文化背景相关的及与儿童教育相关的综合目标。

(4) 课程应当提供给儿童整合内容和技能的机会。

(5) 课程应当提供让儿童掌握自己的学习,获得优先权和发现他们自己是称职的学习者的机会。

(6) 课程应当提供机会让儿童去尝试,即使他们失败了,也要发展寻找解决问题方法的坚持性,这有助于弹性的形成。

(7) 课程应当与儿童的年龄水平相符合。对于年幼儿童,这意味着经验应当是非常具体的、可操作的和可感知的。儿童也应当有机会去观察成人的示范和模仿这些过程与技能。

(8) 课程应当是语言和读写丰富的,包括许多读、听和回答问题的机会;也应当是可被阅读的、对调查可用的,也是可写的。

---

① 郑健成.学前教育学[M].上海:复旦大学出版社,2005:53.
② 朱家雄.把促进幼儿发展作为课程改革和建设的根本目标[J].幼儿教育,2018(11).
③ 虞永平.生活化的幼儿园课程[M].北京:高等教育出版社,2010:7.

（9）课程应当给儿童从事科学的数学思考的想法和合作的机会,包括:用数字解决问题,观察活的生物和科学过程,处理简单的实验和收集资料。

（10）课程应当发生在相互关心的社群环境中——可以提供给儿童身心安全感和归属感,促进合作和共同庆祝成功的环境。

（11）课程应当提供机会让父母来参与活动、巩固亲子纽带,从而使父母把学校看作有意义的地方;也给父母提供把他们的孩子看作是有资格的学习者的机会。

（12）一个有明确叙述目标的课程和评价计划,一项观察和收集儿童学习的方法,应当可以为教师做出决定提供一个框架结构。

"美国学前教育专家波纳德·斯波代克(B. Spodek)认为学前课程是'教师为在园儿童提供的有组织的经验形式。它包括提供正规的教育经验——各种作业——和向儿童提供各种非正规的教育机会。这些非正规的机会包括儿童的游戏活动和照料自己的日常生活所必需的各种活动'。英国基础教育阶段(3—5岁)课程标准将幼儿园课程定义为:幼儿在机构中所做、所见、所听或所感觉到的任何事情,包括经过计划的和未经计划的内容。"①

以上各种关于幼儿园课程的界定大多为描述性的,侧重于阐释一种课程的应然状态或功能,但分析后可以发现,其中蕴含着课程与内容、目标、活动、经验等密切联系的思想。可见,国内外研究者对幼儿园课程的认识有较多交集,这也为我们进一步研究幼儿园课程的其他问题提供了条件和基础。

二、幼儿园课程的价值取向

教育是一种培养的人的活动,必然涉及"培养成什么人""用什么培养""培养谁"以及"谁来培养"等基本问题,对这些问题的回答,首先就体现出教育的价值追求。究其本质,教育是一种价值选择和价值追求的过程。但"选择什么""追求什么"会随着时间、空间以及主体的变化而变化,因此也就使得教育改革成为历史的必然。

课程作为教育的核心,承担着实现教育价值的任务。一方面,课程是一种教育价值活动,包含着对真善美的追求;且当课程价值确定后,课程中各要素都要遵从、指向于课程价值,以发挥课程的整体功能;另一方面,课程的价值也需要随着时间、空间、主体以及教育价值的变化而变化,因此国内外的课程交流有助于相互的认识和启发,阶段性的课程改革也是必然的行为。

幼儿园课程的价值取向是幼儿园课程活动的起点和目标,是课程实施中始终应秉持的信念。有学者进一步将其划分为三部分:幼儿园课程目标价值取向、幼儿园课程内容价值取向、幼儿园课程组织价值取向。② 以下将从这三个方面来阐释幼儿园课程的价值取向。

---

① 虞永平.生活化的幼儿园课程[M].北京:高等教育出版社,2010:7.
② 石筠弢.学前教育课程论[M].北京:北京师范大学出版社,2014:62.

1. 从幼儿园课程的目标价值取向来看,应指向于儿童的自由、自主以及全面发展

我们可能会思考为什么幼儿园课程的目标价值取向不是指向于"社会"或"学科",毕竟"社会本位论""学科本位论"也是影响深远的课程理念,同时"社会"与"学科"也是教育、课程无法回避的重要因素。

教育从来都是一定社会背景之下的教育,所以教育满足社会对人才培养的需求是必然的,但这并不意味着可以忽略受教育者的需求,或者满足社会需求与满足个体需求之间是不可兼容的。在教育理念中,"个人本位"与"社会本位"的争论一直存在,但教育不是在二者之间进行非此即彼的单项选择,而是可以灵活寻找很多结合、融合的中间状态。同样,"主智说""专长教育说"都曾是中西方盛极一时的教育观、课程观,而且"智力""知识""专长"永远不可能在教育、课程即便是幼儿园课程中消失,但这也并不意味着幼儿园课程要以"学科"目标为价值取向。可能更多的质疑来自为什么幼儿园课程的价值目标取向不是"社会""幼儿"以及"学科"三者之间的融合,因此将从以下三个方面进行阐释:

第一,以"儿童的自由、自主、全面发展"为幼儿园课程的目标价值取向并非对"社会""学科"的否定,或在幼儿园课程中将"社会"与"学科"的因素完全剔除。事实上,这是不可能做到的事情,任何阶段的教育永远有社会的影子或烙印,而知识、经验也是教育、课程不可或缺的要素。它强调以"儿童"为课程的目标价值取向,更重要的是强调课程中体现的"社会"应是儿童的社会、课程中体现的"学科"也是儿童的学科。

第二,儿童观的发展以及对童年价值的认识。在漫长的社会发展历程中,曾经有过很多儿童观,从儿童是"小大人""原罪说""白板说",儿童是"私有财产"等渐进发展到儿童是"未来的资源",儿童是"有发展能力的主体"等,直至1989年,联合国大会一致通过了《儿童权利公约》,其中对儿童的权利及童年的价值进行了清晰的界定。此后,"儿童是享有人的一切权利,具有独立人格的人;儿童是一个正在发展的人,应该尊重并满足他们各种发展的合理需要;儿童有享有快乐童年的权利;成人应为发展儿童的潜能提供适宜的环境和教育;儿童有其独特的认知及学习方式"等观点深入人心。

第三,幼儿园课程有其特殊的服务对象——3—6周岁的儿童,他们有特殊的身心发展特征,其思维以直观形象为主,抽象逻辑思维仍处于萌芽状态。这决定了当我们将成人的"社会",理性的、逻辑的"学科"知识置于幼儿园课程中时,既难以达到预期目标,还忽略、压抑甚至泯灭了童年特有的价值。

学前教育是基础教育的基础,"人生百年,立于幼学",在学前教育及幼儿园课程的价值定位中,还是应着眼于个体的长远发展、终身发展,关注其人格、品质、能力的提升。这决定了幼儿园课程与其他阶段课程最明显的差别表现在对教育对象的考虑方面,以幼儿为教育对象的幼儿园课程的决策,要求教育者更多地关注个体儿童的发展水平。①

2. 从幼儿园课程的内容价值取向来看,应指向于幼儿真实的生活,贴近幼儿现实经验

知海拾贝

1978年,75位诺贝尔奖获得者在巴黎聚会。

会上,有位媒体记者问当年的诺贝尔物理学奖得主卡皮察:"在您的一生里,您认为最重要的东西是在哪所大学、哪所实验室里学到的?"

这位白发苍苍的诺贝尔奖得主平静地回答:"不是在大学,也不是在实验室,而是在幼儿园。"

记者有些好奇,问:"为什么是在幼儿园呢?您认为您在幼儿园里学到了什么?"

诺贝尔奖得主答道:"在幼儿园里,我学会了很多很多。如把自己的东西分一半给小伙伴们;不是自己的东西不要拿;东西要放整齐;饭前要洗手;午饭后要休息;做了错事要表示歉意;答应小朋友或别人的事要做到;学习要多思考,要仔细观察大自然。我认为,我学到的全部东西就是这些。"

回归生活世界是现代哲学的普遍趋势。② 事实上,早在陶行知的"生活教育"理念、陈鹤琴的"活教育"思想体系以及张雪门的"行为课程"中,就高度强调了"生活"对幼儿发展的价值。对幼儿而言,生活世界不但是不可或缺的,更是非常重要的。首先,生活中蕴含着大量的幼儿学习内容。这在《幼儿园教育指导纲要(试行)》与《3—6岁儿童学习与发展指南》中均有丰富体现,如儿童所需养成的生活及卫生习惯、需要发展的基本生活自理能力、语言的学习、人际交往技能的掌握、对社会的认知、对自然的经验等,均需在生活中体验并积累。其次,生活是幼儿学习的主要场所或途径。幼儿的学习不同于成人的学习,抽象的言语讲授不适宜于幼儿认知的特点,集体教学的方式不能满足幼儿对个别化发展的需求,静坐听讲的要求也不符合幼儿身心发展的特点,幼儿的学习以直接经验为主,需要在直接感知、实际操作和亲身体验中不断发展、建构经验。正如陈鹤琴先生所言:"从书本上能吸收的知识是死的,是间接的;而从大自然与大社会获得的知识是活的和直接的。不言而喻,在各个方面,后者大大优于前者。"最后,适应生活、创造更好地生活应是幼儿园教育的重要目标。幼儿不是以接受专门的教育为目的才进入幼儿园,生活就是其首要任务;生活信念是在具体生活实践中,在生活中,通过日积月累地对生活本身真切的、不加任何修饰的理解,积淀个

---

① SPODEK B, Saracho O N. Issues in Early Childhood Curriculum[M]. New York: Teachers College Press, 1991: 5.

② 郑健成. 学前教育学[M]. 上海:复旦大学出版社,2005:58.

体的生活信念,这种信念与生活境遇相一致,隐含着生活本身的冲动。这是儿童在生活中获得其他观念并进一步生活的根基,也是儿童确立人生信念的基础,如果脱离生活世界,儿童对生活、人生及世界的真切认识便无法形成。

在当前的幼儿园课程中,经常出现课程与生活背离的特点,这既表现在幼儿园具体教育内容与生活缺乏联结、过多关注学术与理论知识,也表现在对幼儿日常生活环节的教育价值挖掘的不足。"一日生活皆课程"的理念虽早已深入人心,但在具体教育实践中,仍存在较多"知行不统一"的现象。幼儿园应树立围绕幼儿生活建构课程的理念,在课程中体现幼儿生活的气息、还原幼儿真实的生活情境。同时,幼儿园课程若要适宜地反映幼儿的心理需要和真实感受,就需要深入幼儿生活,认真观察幼儿的行为,感受、体会幼儿的情感,避免课程与幼儿生活脱离。

3. 从幼儿园课程的组织价值取向来看,在课程结构形式上,应保持开放性与独立性

在对古今中外的各种幼儿园课程理念或课程思想进行梳理、总结、比较时,会发现其共性特征与差异性特征。从相同点来看,各种课程理念均以某种教育或心理学理论为基础,有对幼儿教育的价值判断、有清晰的儿童观,同时在课程目标、课程内容的选择与组织、课程实施以及课程评价等方面,形成了独立的、较为完整的课程体系;从差异性来看,不同的课程理念在课程目标定位、内容选择范畴、内容组织方式、课程实施途径以及课程评价等方面,形成了不同的主张与价值追求,如美国的高瞻课程着重于提炼幼儿在不同方面的关键发展指标,以此作为环境创设、材料提供基础,并将其作为观察、理解及支持幼儿发展的要素,在一日生活中用"计划——工作——回顾"的模式来推进实施;而意大利瑞吉欧的"方案教学"却是一种非结构性教学,它以某一主题为核心向四周扩散,编制主题网络,制作主题网络程序,然后根据幼儿的兴趣、需要,让儿童对主题网络中的不同小主题进行探索、研究[1],在实施过程中多采用调查、建构以及戏剧表演等方式。

直至今天,在世界各地,仍有针对不同课程理念的持续研究和实践探讨,其蕴含的智慧、对儿童发展的作用、产生的影响都是不可忽视的。虽然它们多有不同,但无法替代或否定其他课程理念,幼儿园在构建自身课程时,可以学习、借鉴各种不同的思想及具体方法,但"追赶潮流""全盘接受""盲目跟风""东拼西凑"或"选择其一而否定其他"的做法都是错误的。

必须明晰的是,在任何课程理念的背后,都有着深刻的社会历史和文化根源,学习、借鉴他国或他人的经验确实有助于我们少走弯路、明确课程发展的方向,但构建适合国情的幼儿园课程、处理好模仿与借鉴、传承与发展之间的关系,始终是我国幼儿园课程发展中的重要议题。正如杜威曾指出:"一国的教育绝不可胡乱模仿别国,因为一切模仿都只能学到别国表面的种种形式,而不能得到内部的特殊精神。况且

---

[1] 屠美如.向瑞吉欧学什么——《儿童的一百种语言》解读[M].北京:教育科学出版社,2002:8-9.

各国都在不断改良教育,等到你们完全模仿成功时,他们可能早就改变了,还是赶不上。""所以我希望中国的教育家一方面实地研究本国本地的社会需要,一方面用西方的教育学说作为一种参考材料。如此做法,方才可以造成一种中国现代的新教育。"①

4. 从幼儿园课程的组织价值取向来看,在课程内容结构上,应注重内容的联系性及整体性

"联系性"指幼儿园的各类活动在目标、内容等方面应具有内在的逻辑关系,"整体性"指向于幼儿发展目标及课程内容的全面性。

当幼儿园课程组织的思路从学科走向领域,再逐渐走向整合、主题时,背后隐含的就是对活动内容之间应具有内在的、实质性联系的要求;当强调幼儿园课程的关注点由科学世界转向生活世界、倡导课程游戏化、儿童化时,就是对课程应与幼儿现实生活、实际经验相连接的一种要求。构建具有联系性的课程,既是一种课程组织的理念,也是对幼儿认知及学习方式的回应。

学前儿童以直观行动、具体形象思维为主,缺乏抽象性、逻辑性,还处于认知发展的"前运算阶段",思维具有自我中心、不可逆、刻板化等特征。同时,学前儿童的记忆以机械记忆、无意记忆为主,有意记忆、理解记忆还处于萌发状态。因此在幼儿园课程中,若给予幼儿的课程内容不能与其已有经验相连接,若提供给幼儿的各类活动及内容之间没有联系性,则这种割裂、零散、缺乏有效重复、缺乏强化的教育内容必然造成大量的遗忘,幼儿既无法巩固活动中暂时获得的新经验,也无法在已有经验的基础上构建、延伸新经验,教育的低效甚至无效将是必然的结果。

以下面两种关于"春天"的主题活动设计思路为例,分析课程内容应具有的联系性与整体性。

思路 1:这是一种用"主题网络图"的方式呈现的常见主题设计思路,从中可以看到主题下涵盖的具体活动,也可以分析活动在目标、内容等方面的联系。这一主题设计思路从主题首先延伸至领域,它保障了内容结构的完整性,隐含了在领域之间进行平衡的价值追求;然后在领域下设计数量不等的与领域相关、主题相关的具体活动,以期通过这些具体活动来达到幼儿对与主题相关知识经验的掌握及品质的发展。这种主题设计思路的特点在于可以保障幼儿在一段时间内接触与"主题"相关的各个方面内容,但问题在于主题活动的效果较难保障。从幼儿的立场出发,会发现幼儿在某一固定时间段内、实际经历的活动之间几乎没有联系,如图 1-1 中科学领域下设的五个活动与艺术领域下设的四个活动、健康领域下设的三个活动之间缺乏内容及目标上的联系。

---

① [美]杜威. 杜威教育论著[M]. 赵祥麟,王承绪,译. 上海:华东师范大学出版社,1981:443.

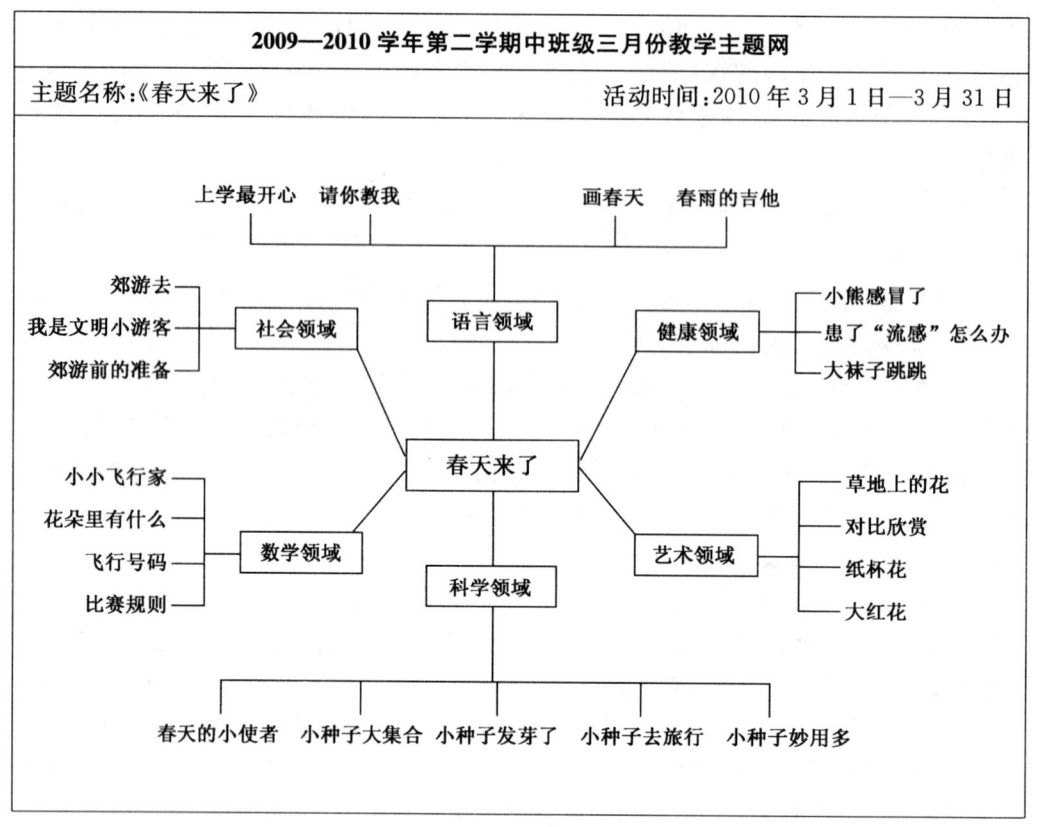

图1-1 主题设计网络图

思路2:以下可称为一种"线性"的主题设计思路,如图1-2所示,纵向箭头联结的是具体的活动同时表征活动开展的顺序,横线箭头是对某一活动的进一步阐释。从中可以看到活动与活动之间具有自然、紧密的联系,似乎下一个活动就是上一个活动的必然延伸。在这一活动设计思路中,可以看到以下特点:第一,虽然在设计中没有直接呈现领域,当我们对各个活动内容进行分析时,却发现各个领域都隐含于活动中,对领域的表面忽略并未造成内容上的不完整;第二,这一设计思路打破了成人的"学科思维"或"领域思维",而是跟着幼儿的兴趣与经验设计、实施课程;第三,用"问题"来推动活动,过程中关注幼儿问题的自主解决、动手操作以及实际经验,对教师的教育理念、教育智慧有较高要求。

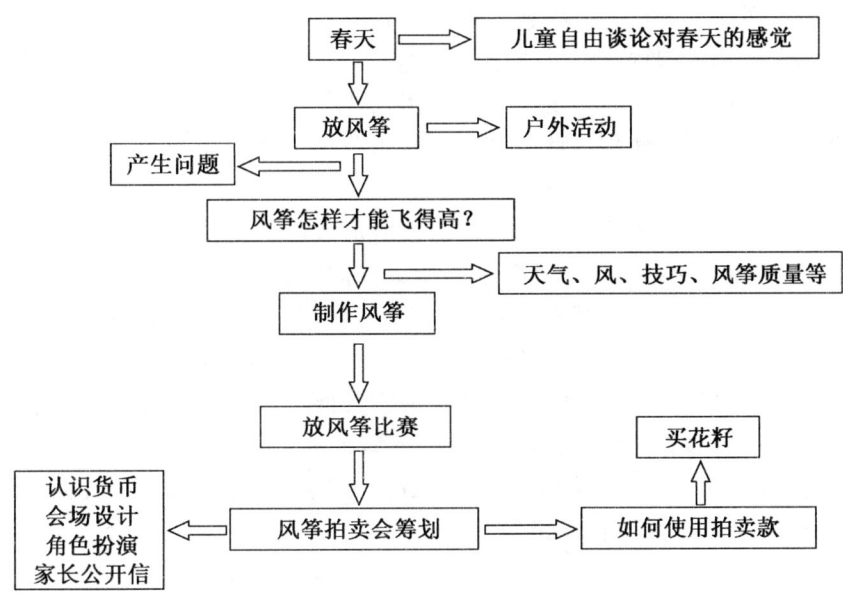

图 1-2 线性主题设计思路图

三、幼儿园课程的要素

关于幼儿园课程的要素,有很多不同的研究及观点,如有学者认为幼儿园课程与所有课程一样,包括课程目标、课程内容、课程组织、课程实施及课程评价等方面。[①] 也有学者认为,幼儿园课程的要素是幼儿园课程所依据的教育哲学以及所反映的教育目的[②],因为课程的具体构成是在这一基础上产生与发展的。

对这一问题的思考首先源于我们对"要素"内涵的确定,要素一般指构成一个客观事物并维持其运动的必要的最小单位,是构成事物必不可少的部分,也是组成系统的基本单元,是系统产生、变化或发展的动因。可见,"要素"本身有两个层面的含义,具体到课程方面,可划分为课程的结构要素与课程的基础或发展要素。

课程的结构要素指构成课程的必不可少的组成部分,具体包括课程理念、课程目标、课程内容、课程实施、课程评价、课程结构与课程管理。其中课程理念是一种课程价值观,如承认幼儿是具有潜力的自主发展主体,确立以幼儿为本的发展重心,这些理念会影响、制约着其他课程构成要素的性质或特征,首先在课程理念的引领下,形成具体的幼儿园课程目标,并需要对目标进行不同层级的划分。其次依据目标选择与组织课程内容,确定课程内容选择的范围、原则及组织方式。再次为课程目标的达成、课程内容的落实匹配适宜的课程实施路径,用不同的活动形式及条件支持来进行保障。最后进行课程评价,与前期的课程理念及确定的课程目标保持一致,厘清课程

---

① 杭梅. 幼儿教育学[M]. 北京:高等教育出版社,2009:73.
② 朱家雄. 幼儿园课程的理论与实践[M]. 上海:华东师范大学出版社,2010:12.

评价的主体及对象。课程结构外在于其他课程要素,是在其他课程要素基础上的一种梳理。课程结构是课程体系的骨架,规定并呈现了课程体系的具体构成类型以及之间的搭配、比例关系,同时体现出一定的课程理念和课程价值取向。课程管理是教育行政部门与幼儿园对课程设计、实施、评价等各项工作的组织与控制,幼儿园要建立课程管理机构、形成课程管理机制。

课程的基础或发展要素是指幼儿园课程所形成的理论依据或推动课程发展、变革的理念,具体包括课程的理论基础如哲学、心理学、社会学、教育理念或教育目的、儿童观等。当课程设计者依据不同的教育哲学、秉持不同的教育发展目标时,就会构建出不同的幼儿园课程。如果设计者信奉"教育应为未来生活做准备"的理念,则会以未来生活所需要的各种知识能力为基础来设置课程内容,并在课程实施及评价中确保这些知识技能的有效传递;当设计者信奉教育的目的在于发展"完人"时,则会以儿童为中心,在分析儿童发展特征、尊重儿童需要和兴趣的基础上设计课程。同时,心理学、哲学或社会性的研究成果也会推动课程发生变化。

第三节 幼儿园课程的理论基础

所谓课程的理论基础,即是回答课程形成时最基本、最核心观点的来源,是课程建立的前提。具体来说,课程理论基础是影响课程目标确立、课程内容选择与组织、课程实施方式以及课程评价导向等的主要因素。从学习者的角度看,了解课程的理论基础是学习、理解课程必备的知识与经验。换言之,不了解课程的基础,对课程的学习是很难进行的。另外,不能仅限于了解课程的理论基础是什么、包含哪些内容,还需要了解它们之间复杂的、多维度的关系。

对课程理论基础的探讨,学界存在一些不同的看法。但通过对各种观点的梳理,一般认为,课程的主要基础或基础学科是心理学、哲学和社会学。"这些基础学科能使课程理论和实践工作者更仔细地分析所提议的或所实施的课程计划,并更好地为之辩护……它们为在课程领域中的思考和行动提供了必不可少的观念。"[1]需要强调的是,课程与作为课程基础的每一个学科都存在着复杂的关系,在不同的社会历史背景下,这些基础学科都在以不同的方式影响着课程,但这些学科本身有自己的逻辑体系,也处在不断完善发展中,不能将其作为论证某类课程正确与否的唯一标准。

一、幼儿园课程的心理学基础

首先,心理学以"人"为研究对象,教育学以"人"为教育对象,这一交叉决定了心理学必然是教育学的基础学科,心理学的相关研究成果能为教育学提供科学的理论

---

[1] SCHBERT W H. Curriculum: Perspective, Paradigm and Possibility[M]. New York: Macmillan Publishing Company, 1986: 36.

依据。其次,教育是指向于"人"的一种活动,因此对个体的理解与尊重是开展科学、有效教育的前提;需要认识到幼儿是独立的、有发展潜力的个体,需要理解幼儿有不同于成年人的身心发展特征,需要认识到童年独特的价值并能珍视幼儿的童年。最后,幼儿园课程目标的确立、内容的选择与组织、实施的途径与方法、评价的主体与方式等,均需要以适宜于幼儿发展为前提,而这一前提的明确,离不开心理学对0—6岁幼儿心理发生发展规律的认识和研究。诚如斯波代克所说,"对20世纪早期儿童课程具有最主要影响力之一的是儿童发展理论"①。

早期建立在官能心理学基础上的形式训练说和建立在观念联合论基础上的实质教育论,曾在课程发展史上产生过重要影响。心理学作为一门独立的学科,也有不同的发展阶段,产生众多的理论流派,下面将主要阐释对幼儿园课程产生重大影响的三种心理学流派:行为主义心理学、认知主义心理学和人本主义心理学。

(一)行为主义心理学

行为主义心理学从人类"行为"的角度关注个体的学习与发展,认为外在行为的变化是学习发生的重要标志。在19世纪末20世纪初,从巴甫洛夫的经典条件反射理论开始,到桑代克的试误理论,再到斯金纳的操作性条件反射理论,其研究者对人类行为产生发展的过程、内外影响因素以及行为塑造方式等进行了细致研究,其研究成果也在教育理念、教学方式以及课程设置中得以体现。

行为主义心理学家主张运用实验的方式,关注个体可观察的外显行为。其创始人华生(J. Watson)认为,研究者需要分析可观察到的个体的外显行为,这能帮助我们了解人是如何适应环境的,研究引起个体做出行为(反应)的原因(刺激),是因为"知道了反应就可以推测刺激,知道了刺激就可以预测反应"②,由此奠定了行为主义对"刺激—反应"之间联结的不断探讨。行为主义者将环境看作刺激,将伴随而来的有机体的行为看作反应,认为个体的学习与发展与外在环境关系密切,这一理念在幼儿园课程中有清晰体现,如瑞吉欧教育将环境看作"幼儿的第三位老师",重视环境对幼儿学习暗示、激发、记录、呈现等方面的作用,提倡要在幼儿园创设"没有一处无用的环境"。另外,当行为主义者认为学习就是在刺激与反应之间建立联结并强化这种联结,那么练习、形成习惯就成为学习的代名词,当课程目标越具体、越精确时,就代表刺激是具体和精确的,也更有利于形成特定反应。在博比特(F. Bobbitt)出版于1924年的《怎样编制课程》一书中,他列举了人类经验的10个领域中的800多个目标,这既是对行为主义心理学在课程中的忠实运用,也为以后在课程编制中强调行为目标奠定了基础。

行为主义的另一重要代表人物斯金纳(B. F. Skinner)在许多方面坚持了华生的研究及立场,他赞同行为科学家的任务是在所控制的刺激条件与有机体的反应之间

---

① SPODEK B. Handbook of Research on the Education of Young Children[M]. New York: Macmillan Publishing Company, 1993: 95 - 97.

② 施良方. 学习论[M]. 北京:人民教育出版社,1994:52 - 53.

建立关系,但这种关系更为复杂,或者可以界定为一种函数关系。如果说以华生、巴甫洛夫为代表的经典行为主义强调对反应之前的刺激进行关注,那么以斯金纳为代表的操作性行为主义则强调反应之后的强化,他将强化看作促进学习的主要杠杆,并用强化原理设计了各种应用性技术。斯金纳认为人的行为大部分是操作性的,任何习得的行为都与及时强化有关,自然也可以通过强化塑造儿童的行为;而练习之所以重要,是因为它在儿童行为形成中为重复强化提供了机会。①

知海拾贝

实用的强化物

儿童所喜欢的任何东西都可以作为有效的强化物。有效强化所遵循的一个基本原理是:最好使用那些能起作用的、不贵的、非物质的强化物。也就是说,如果表扬或自我强化能奏效,就不要使用有价代币;如果代币能奏效,就不要使用小玩具;如果小玩具能奏效,就不要使用食品。下面是一些从最不物质化到最物质化依次排列的强化物的种类。

自我强化:让学生学会通过自我表扬、自我安抚、完成了困难任务等进行自我强化。

表扬:教师可采用口头表扬、微笑、眼神、跷大拇指或者轻拍后背的方式赞许儿童的行为;在合作游戏和学习中,可鼓励学生相互表扬对方的适宜行为。

关注:聆听、点头或走近都可能给孩子提供他们所寻求的积极关注;同伴关注也很重要。

评价:展示优秀作品,教师或园长做出点评,经常给予的其他形式反馈等。

特权:孩子因良好的行为表现而获得更多的自由时间,使用或解除特殊物品(如足球)的机会,或者可以充当特殊的角色(如协助老师分发材料)。

活动强化:在达到既定标准的前提下,孩子可以自由支配时间,可以看电视、玩游戏或做其他有趣的活动。活动强化物对学前儿童群体尤其有效。

代币强化:孩子因为取得好成绩或有良好的行为表现而获得积分,他们可以用这些积分换取小玩具、橡皮、铅笔、玻璃弹球和小人书等自己喜欢的奖品。

食物:葡萄干、水果、花生或其他小食品等,也可用作强化物。
——[美]斯莱文.教育心理学理论与实践[M].姚梅林,译.北京:人民邮电出版社,2004:110.

行为主义可以说是20世纪上半叶对学校课程影响最大的心理学流派,其影响主要表现在:① 在课程目标中强调行为目标;② 在课程内容组织中强调由浅入深、由简到繁的逐渐递进;③ 强调基本技能的训练;④ 强调教学中对幼儿当前经验的分

---

① 朱家雄.幼儿园课程的理论与实践[M].上海:华东师范大学出版社,2010:49.

析,"小步子"原则、及时强化与反馈等原则的运用①。

在幼儿园课程中,运用行为主义理论作为课程的主要理论基础的教育方案并不少见。例如,作为美国"随后计划"一种课程模式的"算术和阅读直接教学系统"(Direct Instructional Systems for Teaching Arithmetic and Reading,DISTAR),其理论依据就是行为主义理论。此外,LAP(Learning Accomplishment Profile)、HICOMP课程、DARCEE课程、储运方案课程以及行为分析方案(Behavior Analysis Program)等,都在不同的程度上吸收了行为主义理论的要旨,将其作为编制课程的理论基础②。

(二)认知主义心理学

自20世纪50年代起,认知心理学开始萌芽,直至1967年奈瑟(U. Neisser)的《认知心理学》一书问世,掀起了一场认知革命。认知心理学与行为心理学的差异主要体现在两个方面:其一,认识心理学不赞同将动物作为研究对象,以及将对动物学习的研究结论简单迁移至人的学习中,而是主张直接将人类的学习尤其是学生的学习作为研究对象;其二,认知心理学认为学习的发生不仅限于行为的变化,或者学习的发生并不一定会及时、清晰的用外显行为来表征,因而聚焦于对刺激与外部反应之间关系的研究是不够的,应转而关注学习的内部过程,如内部经验的获取过程、学习者头脑中认知结构的重建或重组过程。由此可见,认知心理学家感兴趣的是学习者的思维过程和思维方式,而并非行为的发生或行为发生的原因。

认知心理学有丰富的研究成果,基于研究角度及具体研究内容的差异,也形成了不同的理论流派,如皮亚杰认为个体的发展的核心并非简单知识量的增加,而是源于思维方式的变化,据此他提出了"认知发展阶段理论",阐释幼儿在不同年龄阶段所具有的不同思维特征,同时指出"同化与顺应"是个体的主要学习方式,而学习的结果则是"图式"的建构与发展;布鲁纳认为学习是学习者主动认知并形成认知结构的过程,"认知结构"是布鲁纳强调的主要学习对象,"发现学习"是布鲁纳倡导的学习方式,这两个术语的学习与理解是把握布鲁纳理论的核心;奥苏贝尔继承了布鲁纳的理念,同样强调学习者的主动认知、获得内在经验以及优化认知结构,但他进一步提出"有意义学习",探讨了有意义学习产生的内部及外部条件,并用"先行组织者""上位学习""下位学习""并列结合学习"等具体的策略来支撑、解释有意义学习的过程;信息加工学派对大脑接收、加工、储存、提取信息的整个过程进行了研究,构建了信息加工模型,并将学习过程划分为不同的阶段,从记忆及认知策略的角度阐释了有效学习产生的条件。

---

① ORNSTEIN A C. Curriculum: Foudations, Priciples and Issues[M]. New York: Allyn & Bacon Company, 1988: 89.

② 朱家雄. 幼儿园课程的理论与实践[M]. 上海:华东师范大学出版社,2010:49.

知海拾贝

加工深度的研究

鲍尔和卡林(Bower & Karlin,1974)让斯坦福大学的学生看耶鲁大学年鉴上的图片。然后让一部分学生按"男性"和"女性"将图片分类,而让另一部分学生按"非常诚实"和"不太诚实"将图片分类。结果发现,后一部分学生比前一部分学生能更好地记住图片。因为与只是做性别分类相比,评价诚实与否需要更多、更高水平的心理加工。

——刘如平.学前教育心理学[M].西安:陕西师范大学出版社,2012:77.

整体而言,认知心理学更多关注个体如何与环境互动,而不是探讨环境如何引起人的行为。他们认为,环境只是提供潜在的刺激,至于这些刺激是否受到注意或被加工,取决于学习者内部的心理结构[①],换言之,环境之所以对人类产生影响或发生作用,是因为个体内部结构对环境中的因素进行主动选择的结果,其意义是个体所赋予的。在个体与环境相互作用的过程中,会主动地、不断修正自己的内部心理结构,以此推动个体的变化发展。

有学者认为,在20世纪下半叶,对幼儿园课程影响最大的认知心理学理论莫过于皮亚杰的理论,他的理论曾在很大程度上影响甚至支配着儿童认知发展的理论研究[②]。让·皮亚杰(Jean Piaget)被公认为当今世界最有影响的心理学家之一,他的研究领域从生物学走向哲学,又渐渐发展至心理学领域,虽然他的研究在教育领域中有着广泛的应用,他却不承认自己是教育家,他认为自己只是一个发生认识论者。

皮亚杰的认知发展理论受其早期所从事的生物学研究经验的影响,他认为认知发展是一个在已有图式的基础上,通过同化、顺应和平衡,循环往复,逐渐发展的过程。[③] 图式也可称为认知结构或心理结构,它支配着儿童行动的心理模式,且是儿童适应并组织生活环境的基础。当生活环境中出现的新知能与已有图式产生连接或能被已有图式解释,则会将其纳入当前图式,这个过程是同化;当环境中的新刺激不能被当前图式理解或解释,就需要改变、发展已有图式来包容新经验,这个过程是顺应;在个体与环境相互作用的过程中,不论发生同化还是顺应,其结果都是达到一种认知及心理"平衡",同时,这种平衡还需存在于同化与顺应之间,即个体认知的发展不能总是"同化"的过程,也不能总是"顺应"的过程,同化与顺应需要不断协调。而当这种平衡被打破,出现"失衡"现象时,则会产生冲突,激发儿童认知发展的需求或内在动机。

以上关于皮亚杰认知发展基本观点及认知发展过程的解释,在幼儿园课程及教

---

① 施良方.学习论[M].北京:人民教育出版社,1994:15.
② 朱家雄.幼儿园课程的理论与实践[M].上海:华东师范大学出版社,2010:33.
③ [新加坡]陈允成.教育心理学[M].何洁,译.上海:上海人民出版社,2007:32-45.

育中多有体现,如应基于幼儿当前的经验进行课程建构,课程目标应指向于幼儿认知结构的发展、注重同化与顺应之间的平衡,课程实施中制造某种认知失衡状态是激发幼儿主动发展的有效途径等。此外,皮亚杰关于幼儿认知发展阶段(感知运动阶段、前运算阶段、具体运算阶段、形式运算阶段)的划分,揭示了学前儿童思维发展的特征,使许多学前教育工作者认识到教育应适合不同发展水平儿童的特征、要推进儿童自主建构知识的进程。

尽管皮亚杰无意将他的理论研究转化为教育实践,但从20世纪70年代开始,以皮亚杰理论为主要理论基础的幼儿园课程和方案不断涌现。除了在一般意义上提出和运用从皮亚杰理论推衍而来的教育、教学原则外,还设计和编制了以皮亚杰理论为基础的幼儿园课程和方案,诸如,韦卡特(D. P. Weikart)等人的High-Scope课程、凯米和德弗里斯(C. Kamii & R. DeVries)的皮亚杰式早期教育方案、福门(G. Forman)等人的建构游戏学校等。20世纪80年代中、后期,全美幼儿教育协会(National Association for the Education of Young Children,NAEYC)提出的发展适宜性课程(Developmentally Appropriate Practice,DAP)声称,其主要的理论基础来自皮亚杰建构主义理论。举世闻名的瑞吉欧教育实践创始人马拉古兹(L. Malaguzzi)也曾声称,瑞吉欧教育主要受皮亚杰建构主义理论的影响。①

(三) 人本主义心理学

人本主义心理学兴起于20世纪50年代,在60—70年代得到迅速发展,被称为心理学的"第三种力量",其主要代表人物有马斯洛(A. H. Maslow)和罗杰斯(C. R. Rogers)。

人本主义心理学从一开始就关注学校课程的问题,它不同于行为主义心理学关注学生学习的结果,也不同于认知心理学关注学生学习的过程,人本主义心理学关注学生学习的起因,即学生对学习的情感、信念和意图等,并坚信这才是一个人不同于另一个人的根本原因。人本主义心理学家强调心理学应该探讨完整的人(the whole person),而不是把人进行分割,仅仅关注人类的某一个方面如行为、认知或情绪,"对活生生的人所涉及的方方面面进行全面描述"是人本主义心理学的目标。

从课程的角度看,人本主义心理学家认为学生的自我实现是课程法定的核心。如何呈现课程内容并不重要,行为主义者倡导的通过课程教会学生知识技能也不重要,认知主义者倡导的通过课程教会学生如何学习也不重要,重要的是引导学生从课程中获取个人自由发展的经验,因为意义并不是内在于课程之中的,而是个人所赋予的。那种认为只要把课程设计好、教学方法得当,学生就会取得好的学习结果的观点是错误的,当课程内容与学习者所关心的事情相联系、对学生的真实生活有意义、并允许学生自主探索自己所想、所关心的事情,从中体验情感,整合思维和行动时,课程才是有意义的。

---

① 朱家雄. 幼儿园课程的理论与实践[M]. 上海:华东师范大学出版社,2010:36.

罗杰斯认为有意义学习包括四个要素:第一,学习具有个人参与的性质,即整个人包括其情感和认知都投入学习活动;第二,学习是自我发起的,没有主动性或内部动因,学习无法产生;第三,学习是渗透性的,当整个人投入学习过程中时,学习的结果也会渗透在各个方面;第四,学习是由学生自我评价的,学习是否满足了主体的需求,只有学习者自己能进行效果判定①。由此可见,人本主义心理学并不仅仅是"以人为本"或者体现对个体的尊重,而是真正认识到个体才是学习的主人或内因,其他所有技术层面的内容、策略都是外因。人本主义者提出"只有当学习者察觉到学习内容与他自身有关时,学习才会真正发生","大多数意义学习都是从做中学的","涉及学习者整个自我发起的学习,才是最持久、最深刻、最有效的"等观点,这些观点进一步体现在人本主义的课程观中,如在幼儿园课程中强调课程与幼儿生活经验的联结、以幼儿的兴趣需求为中心组织课程、课程实施中应确保幼儿的核心地位、给予幼儿充分参与、操作、体验的机会等。人本主义心理学的这些观点进一步促进了其对教师角色的定位,由传统的知识传授者改变为学生学习的引导者、促进者。总之,在人本主义心理学家看来,如果课程内容对学习者缺乏个人意义,那学习或有意义学习就不会发生。

二、幼儿园课程的社会学基础

幼儿园课程是社会文化的一个组成部分,自然会受到各种社会因素的影响和制约,同时,幼儿园课程具有保存、交流、传递或重建社会文化的功能,因而对社会发展和人类文明产生有着巨大作用。学前教育作为基础教育之基础,其课程虽与其他阶段的课程有所不同,但其为个体发展奠定基础、着眼于幼儿终身、全面发展的定位决定其内在追求必然与其他阶段的课程是一致的,即为学前儿童设计、编制和实施的幼儿园课程,也需要调试其与社会经济、政治和文化等方面的交互作用。正如布鲁纳所言:"不顾教育过程的政治、经济和社会环境来论述教育理论的心理学家和教育学家,是自甘浅薄,势必在社会上和教室里受到蔑视。"②

社会学作为一门独立的学科还较为年轻,但在其独立之前,基于社会背景论证课程设置的历史则较为悠久。如柏拉图在其"理想国"中划分了不同的社会等级,并针对个体所处的不同等级设置了不同的课程,体现了课程设置与社会需求相结合的思想;17世纪英国教育家洛克(J. Locke)提出了"社会契约论",目的在于保持社会的稳定与平衡,因为"绅士"是契约的履行者,所以在其著作《教育漫话》中确立了"培养绅士"的目标,并为"绅士"的培养设置了细致的课程;19世纪英国社会学家斯宾塞认为,教育的功能是为学生未来的完美生活做准备,在课程设置之前,首先需要确定什么知识最有价值、什么知识是学生未来生活所需要的知识,然后依据这一思路,他将教育分为五部分并提出相应课程。20世纪初,教育社会学发展为一门独立的学科。

---

① 施良方.学习论[M].北京:人民教育出版社,1994:385.
② [美]布鲁纳.布鲁纳教育论著选[M].邵瑞珍,译.北京:人民教育出版社,1989:92.

之后进入学科迅速发展阶段,形成各种学派,其中与课程关系密切的主要有三大学派——功能理论、冲突理论和解释理论。以法国学者涂尔干(E. Durkheim)为代表的功能理论认为教育的目的在于使年轻一代系统地社会化,使出生时不适应社会生活的个体我成为崭新的社会我①,因此维护社会结构、保持社会平衡、使学生社会化并接受自己在社会中的位置就成为课程的价值取向。以德国学者韦伯(M. Weber)为代表的冲突理论认为任何社会结构都是人为的,因而也就是可以且应该被改变的;同时,每个社会群体都以保持或提高自己的社会地位为目标,那么群体间的冲突也就是不可避免的。以英国学者扬(M. F. D. Young)为代表的解释理论认为所有知识都不是中立的,而是为某种社会目的服务的,或者说是为社会中某些人的特定利益服务的;因此,课程内容选择、确定与组织的过程,也是根据特定社会目的对教育知识进行分配的过程。

以上这些社会学的研究成果,充分说明了课程与社会之间具有无法割裂的联系,且这种关系在幼儿园课程中也普遍存在。"首先,教育是以价值为本的活动,它促使个体经历或接受已被社会认可的价值。如果课程中包含一些内容却不包括其他内容,这是因为选择这些内容的人认为它们是有价值的。其次,教育还具有特别的效用。没有人对社会教育系统的首要任务是传承文化这一观点提出疑义。一个社会的价值、信仰和标准得以保存并传递给下一代,不是通过简单的传授就可以完成,而应将它们深植于整个教育系统的操作中。"②

(一) 社会经济

社会经济对教育的发展有着明显的影响,首先,社会经济是教育产生、发展的前提和基础,教育发展的规模和速度都受其制约;其次,社会经济的发展会不断向教育提出新的要求,如需要教育培养人才的规格和结构符合社会经济发展的需求;最后,社会经济会影响教育的内容及手段。课程作为教育的核心,社会经济对教育的影响同样体现在课程方面。

针对幼儿园课程,其与社会经济之间的关系可以梳理为以下几个方面:第一,社会经济是幼儿园课程产生与发展的基础,尤其是经济投入直接影响幼儿园课程的发展。自2000年开始,国家对学前教育开始不间断的经济投入,促进了幼儿园教育的长足发展;上海推进的"课改"以及江苏省的"幼儿园课程游戏化"项目,均是由政府主导的、以一定的经济投入为基础的、自上而下的课程建设行为。第二,社会经济的发展影响国家对幼儿园的教育投入,造成地域之间、城乡之间教育发展的不平衡造成幼儿受教育机会的明显差异。我国用于公共教育事业的经费是较为短缺的。"联合国教科文组织的有关资料表明,当今我国正在运用占不到全球1%的基础教育经费的投入,培养占世界约20%的中小学生。在教育投资上,我国的教育经费在国家义务

---

① 张人杰. 国外教育社会学基本文选[M]. 北京:人民教育出版社,1990:21.
② [美]艾伦·C. 奥恩斯坦. 课程、基础、原理和问题[M]. 柯森,译. 南京:江苏教育出版社,2002.

教育方面尚有极大的短缺,因此不可能在包括学前教育在内的非义务教育方面有很大的作为。"①另外,经济发展的不平衡也带来教育发展的不平衡。如我国沿海地区儿童接受学前教育比例最高,中部地区次之,西部不发达地区最差。这种不平衡同时还表现在城乡之间。第三,幼儿园课程具有生产性功能,即能产生经济价值,对社会经济的发展具有反作用力。有研究表明,学前教育有比其他各级各类教育更高的投资回报率(Rate Of Investment,ROI)。如1999年国际经合组织(OECD)的报告指出,儿童早期教育和保育是从投资中获益最多的教育阶段②。该报告引用1998年诺贝尔奖获得者孙(Amartya Sen)的观点解释人们轻视学前教育的原因:"可以说,之所以如此忽视这一重要举措(投资儿童早期教育),很大程度上是由于对童年的质量和含义方面的认识很狭隘——甚至是相当狭隘的缘故③。"又如,对美国High/Scope课程的追踪研究,发现在学前教育投入U\$1.00,日后可为社会节省U\$7.16。"该课程方案是一个很好的经济投资,它优于那些公共的或私人的对社会资源的耗费。"④

(二) 社会政治

幼儿园课程似乎与政治离得很远,事实上却深受政治的影响和制约,并且反作用和服务于政治。首先,政治制度决定着教育的领导权,它关系到教育为谁服务以及如何服务等重大问题,自然也决定着幼儿园课程建设、课程编制、课程管理的权利归属问题;其次,政治制度制约着教育的性质、目标和内容,幼儿园课程的性质、目标定位与内容选择,也由因政治制度约束,体现对政治制度的尊重;再次,政治制度制约着受教育的权利和机会,幼儿园课程的具体服务对象及涵盖范围也由政治制度决定;最后,幼儿园课程对社会政治有一定的反作用,如通过幼儿园课程,为培养社会政治制度所需要的人才奠定基础,通过课程传播一定的社会政治制度以及民主思想等。

总之,政治体制决定着政治的基本内容,制约和影响着包括教育在内的一切社会活动,而政治体制的制定和维护,政策、法规和法律的制定和实施,不仅需要合法的强制力量去推进和实现,更需要依靠含有明显政治特征的教育、课程去实现。

(三) 社会文化

课程是由文化衍生出来的,同时又具有文化传承、改造、创新和交流等功能,这决

---

① 朱家雄. 建立公平的竞争机制,积极鼓励和大力支持民办学前教育事业的发展[J]. 学前教育研究,2003(7).
② 朱家雄. 幼儿园课程的理论与实践[M]. 上海:华东师范大学出版社,2010:59.
③ 谢维和. 教育政策分析1999(OECD教育政策分析译丛)[M]. 北京:教育科学出版社,2002:25-26.
④ BARNETT W S. Lives in the balance: Benefit-cost analysis of the Perry Preschool Program through age 27. Monographs of the High/Scope Educational Research Foundation[M]. Ypsilanti, MI: High/Scope Aree, 1996:11.

定了课程与文化之间具有复杂、紧密的联系。

社会文化对教育的作用主要体现在三个方面：第一，社会文化影响着教育思想、教育理念和教育的价值取向，这将直接体现在课程的目标定位、内容选择以及课程实施等环节中；第二，社会文化对教育内容具有制约作用，因为文化本身就是教育内容，文化的发展状况决定了教育内容的具体范畴，且文化差异会造成教育内容的差异，文化发展会带来教育内容的丰富；第三，社会文化影响并制约着教育传统，不同国家的文化差异及文化认同，直接影响其教育传统，形成其独特的教育特征。在当前我国幼儿园课程的设计、编制以及实施中，应在吸收其他文化精髓的基础上，着重民族文化的传承，建立文化自信，切实构建适合我国国情的、适合幼儿园自身特征、满足幼儿发展需求的课程。

三、幼儿园课程的哲学基础

从学科的角度看，心理学和社会学都是从哲学分化而来，而且每一种心理学或社会学思想的背后都有其哲学假设作为支撑点。哲学的基础性和终极性，使其对幼儿园课程的影响也许不会像心理学和社会学那么直接，或者可以说哲学对幼儿园课程的影响是通过心理学或社会学而得以产生的①。总之，"哲学是课程的起点，是对所有课程进行连续决策的基础。"②因为无论我们如何看待课程，总是绕不开对知识的性质、价值、组织与传递等问题的探讨，而这些问题，恰恰是哲学的基础问题。

> **知海拾贝**
>
> 什么知识最有价值，一致的答案就是科学。这是从所有各方面得来的结论。为了直接保全自己或是维护生命和健康，最重要的知识是科学。为了那个叫作谋生的间接保全自己，有最大的价值的知识是科学。为了正当地完成父母的职责，正确指导的是科学。为了解释过去和现在的国家生活，使每个公民能合理地调节他的行为所必需的不可缺少的钥匙是科学。同样，为了各种艺术的完善创造和最高欣赏所需要的准备也是科学。而为了智慧、道德、宗教训练的目的，最有效的学习还是科学……学习科学，从它的最广义看，是所有活动的最好准备。
>
> ——[美]斯宾塞.什么知识最有价值[J].维斯特明斯特评论，1859.

古希腊的柏拉图和亚里士多德也许是西方文明史上最有影响力的哲学家，自他们开始，经验论和唯理论就争执不休，它们对知识有着不同的解释，进而直接影响了课程的编制问题。进入20世纪以后，又出现了实用主义和存在主义等哲学思想，同样影响着课程的发展。以下将以表格的形式对其进行简单对比分析，如表1-1所示。

---

① 朱家雄.幼儿园课程的理论与实践[M].上海：华东师范大学出版社，2010：58.
② GOODLAD J L. Curriculum Inquiry[M]. New York：McGraw Hill, 1997：22.

表1-1 各种哲学思想对课程发展影响分析表

哲学流派	主要观点	知识观	价值观	教师角色	对学习的强调	对课程的强调
经验论	以自然法则为基础，世界是客观的物质世界	感官和抽象	绝对和永恒，以自然法则为基础	培养理性思维，成为道德和精神的领导者，成为权威	训练逻辑思维和最高形式的抽象思维	知识本位、学科本位；文科和理科；课程等级；人文主义的学科和科学的学科
唯理论	精神的、道德的和理智的永恒	对潜在思想的回忆	绝对和永恒	唤醒潜在的知识和观念，成为道德和精神的领导者	回忆知识和观念，抽象思维是最高的形式	知识本位或学科本位；古典或人文学科；课程等级；哲学、神学、数学
实用主义	个人和环境相互作用，而且总是变化的	以经验为基础，使用科学方法	情景的和相对的，易变化的而且能够证实的	培养批判性思维，注重科学过程	应付不断变化的环境和科学的解释	没有永恒的知识和学科，提倡传递文化和应变环境的经验，解决问题
存在主义	主观的	个人选择知识	自由地选择，以个人的感官为基础	培养个人的选择和个人的自我定义能力	认识人类的存在状况，学会选择	在可选择的科目内容里做出选择；情感的、美学的和哲学的学科

（根据"主要哲学概览"略做改动，[美]艾伦·C.奥恩斯坦等.课程：基础、原理和问题[M].钟启泉,译.南京：江苏教育出版社,2002：42.）

作为幼儿园课程的基础之一，哲学为课程提供有关知识的来源、知识的性质、知识的类别、认识过程以及知识的价值取向等方面的理性认识。所有这一切，对于幼儿园课程的理论和实践，特别是对幼儿园课程的价值取向的判断、幼儿园课程设计模式的确定、幼儿园课程内容的组织和选择等，都会起到直接的指导作用。从不同的哲学立场出发，就会有不同的知识观，就会对儿童早期的生活和未来的生活的成功需要知道什么持有不同的看法，从而对如何编制幼儿园课程有不同的做法[①]。尽管在考察幼儿园课程基础时，似乎有偏重于心理学的倾向，但正如埃尔金德所言，"考虑儿童发展理论对于确定我们如何去教儿童是重要的，但是，儿童发展理论不可能单独就为我们应该教些什么提供指导"。[②]

---

① 朱家雄.幼儿园课程的理论与实践[M].上海：华东师范大学出版社,2010：58.
② ELKIND D. Developmentally appropriate practice: Philosophical and practical implications[J]. The Phi Delta Kappa, 1989(02).

第一章 幼儿园课程概述

此外,文化、生态环境、社会变迁、社区等都与幼儿园课程有着紧密的、多维的联系,既作为幼儿园课程存在的基础,也影响着幼儿园课程的发展。

复习与思考

对幼儿园课程的理解建立在对课程内涵理解的基础之上,因此在本章第一节,首先简单阐释了课程的基础知识。必须明晰的是,课程是教育的核心,且在教育实践中应用普遍,与"课""学科""教材"等概念相关;在教育理论中,与"教学"有着紧密且复杂的关系。与此同时,课程又是一个较难清晰界定的概念,对其属性的划分多有争议,但这丝毫不影响课程在教育中的重要地位。不同的课程观,就会形成不同的课程理论流派,或当研究者有不同的教育观时,也会建构出不一样的课程观及课程理论流派。对课程类型及层次的探讨,一方面是为了更清晰地认识课程,另一方面也是结合教育实践,关注课程的不同表现形态。

幼儿园课程作为课程的一个下位概念,对其的理解必然与"课程的内涵"多有交集,其共性从"国内"与"国外"对幼儿园课程的各种界定中即可得出,但与此同时,我们也能看到很多差异性。我们认为,影响幼儿园课程内涵的最重要因素并不应该是中西方的地域或文化差异,而应在于其服务的教育对象的特点,换言之,对幼儿认知发展特征、需求的把握应是我们在建构幼儿园课程观时首选的价值取向。

教育从来都不是一个独立的社会现象或社会问题,教育产生和发展的每一步都与社会紧密相关,课程自然也是一样。社会的发展变革、社会研究尤其是人文学科方面的研究,取得的每一点成绩或发生的变化,都会带来教育及课程上的变化。探讨幼儿园课程的理论基础,不仅仅是为了有理有据地阐释教育或课程的理念及问题,更是为了清晰把握教育及课程的发展脉络,以历史的、联系的、发展的眼光来审视教育和课程问题。

复习与思考

1. 结合教育实践,谈谈自己对课程内涵的理解以及对课程与教学关系的理解。
2. 谈一谈幼儿园课程的类型或具体表现形式。
3. 你认为幼儿园课程的价值取向是什么?
4. 结合实例说明社会学、心理学、哲学等是如何影响幼儿园课程的。

第二章 幼儿园课程的编制模式

获取本章
拓展资源

导言

从字面上讲,模式意味模本、模仿,是在一定的理论指导下、遵循相应的原则,所形成某种优化方案或工作流程等。可资借鉴的模式,为我们提供很好的示范或参照,我们需要在不同的模式下,结合实际的状况,采取适宜的模式或整合相关的模式,从而更好地解决实际工作中面临的问题,实现更高的工作目标。幼儿园课程编制工作也不例外,已有的课程模式,为我们提供了不同的课程方案,这对于我们深入推进幼儿园课程建设具有非常强的理论指导意义和现实参照价值。一般而言,幼儿园课程编制中的目标模式、过程模式、实践模式和批判模式,既有一般课程模式层面的共性特征,同时也需与园本化、生活化、游戏化等幼儿园课程特性相结合,从而探索出适合幼儿园实际状况的课程编制模式。

本章包含四节内容,第一节以"目标模式"为主线,介绍和分析了"目标模式"的内涵、理论基础、对该模式的质疑与批判以及对幼儿园课程的影响等;第二节以"过程模式"为主线,介绍和分析了"过程模式"的内涵、基本内容与原则、对该模式的评析与思考以及对幼儿园课程的影响等;第三节以"实践模式"为主线,介绍和分析了"实践模式"的内涵、课程开发方式、对该模式的评析与思考以及对幼儿园课程的影响等;第四节以"批判模式"为主线,介绍和分析了"批判模式"的内涵、主要内容与原则、对该模式的评析与思考以及对幼儿园课程的影响等。

学习建议

1. 大量阅读与"课程模式"相关的文献资料,结合对幼儿园课程教学活动的认识与理解,尝试对四种不同的课程编制模式进行相关分析,从而进一步思考幼儿园课程编制的规律及特点。

2. 以四种课程编制模式的代表人物为学习索引,了解他们的生平背景、教育主张,从而促进对四种课程编制模式理论基础的认识与理解。

3. 结合幼儿园课程建设实践,组织学习小组进行深入的专业探讨,集中探讨四种课程编制模式的适宜性,以及在幼儿园进行课程编制会遇到的突出难题和相应的改革举措等。

学习目标

1. 知悉和理解课程编制模式,尤其是几种比较有代表性的课程编制模式。
2. 明确每一种课程编制模式的利弊以及对幼儿园课程的影响。
3. 结合幼儿园课程实践,探讨适宜的课程编制模式。

第一节 目标模式

目标模式被誉为课程编制中的经典模式、传统模式,它强调课程编制的社会控制、组织性和实效性,是以实用主义哲学为指导思想,以现实社会生活的需要与儿童实际生活为着力点,以目标为课程组织开发的基础和核心,进而选择、组织和评价儿童的学习经验。我国改革开放以来的课程改革以及幼儿园课程开发深受其影响。

一、目标模式内涵

(一) 目标模式的产生背景

伴随着课程组织开发的科学化运动,目标模式肇始于20世纪前期的美国,以博比特、泰勒为代表人物。课程编制中的目标模式深受当时美国经济与社会发展的影响,尤其是杜威的进步主义教育思潮的影响。工业和科技的发展需要大批掌握实用知识的人才和有文化、懂技术的熟练和半熟练劳动力,而当时美国的学校教育及其课程却严重脱离社会实际和儿童实际,与当时社会发展需要完全脱节。

以杜威为代表的进步主义教育运动,旨在彻底变革美国的传统教育,提出教育要转向社会生活,转向儿童的生活与学习经验。与此同时,作为工业和科技发展的产物,美国社会还出现了一股追求"功效"和"唯科学主义"的思潮。在美国教育领域主要表现为教育科学运动,其倡导者——心理学家桑代克提出了关于"训练迁移"的"共同要素"说。这一学说打破了早年以官能心理学为依据的关于学校传授古典学科的教育价值观——"形式训练说",并促使人们去考虑课程内容与当代生活的关联性,学校课程必须选择那些儿童日后有机会使用的内容,而这样的内容自然应该是与社会生活紧密相连,并且符合儿童的需要和兴趣。[①]

(二) 目标模式的发展及其代表人物

美国著名教育学者博比特(F. Bobbitt)是科学化课程开发理论的奠基者,也是课程目标模式最早的倡导者。在科学主义思潮下,他提出了课程开发的活动分析理

---
① 陈杨光.西方课程编制领域诞生发展的几个阶段[J].福建师范大学学报(哲社版),1990(08).

论,"儿童今日之学习,是为以后的成人生活做准备",学校课程开发理应运用科学的方法,以成人生活活动的分析为依据。人类的生活活动应该成为课程开发的基本着力点,他将人类广泛的生活活动分为十大类:语言及社会沟通活动、健康活动、公民资格活动、一般社交活动、娱乐活动、心理健康活动、宗教活动、双亲活动、业余活动和职业活动。在这十类生活活动的基础上,博比特进一步详细分析了821个具体目标,并以此作为课程开发的基础。他认为学校的课程开发应该包括三个基本的步骤:第一,确定目标,学校教育的课程目标应着眼于社会生活的活动本身,为学生未来的成人生活做准备;第二,选择经验,既包括人类经验的分析,也包括儿童的生活经验;第三,组织讨论,对社会生活、具体活动或具体工作的分析与讨论,进而明确课程目标、制定教育计划等。

威瑞特·查特斯(Werrett Wallace Charters)深受杜威实用主义哲学和进步主义教育的影响,致力于推动教育科学化。他发展了博比特的目标模式理论和活动分析方法,重视从分析成人活动得出课程目标,重视目标在课程编制中的作用,他认为应找出对社会最有价值的目标,并按这些目标来组织课程。他提出了课程编制的7个基本步骤:通过研究人在其社会背景中的生活目标;将目标分析成各种理想与活动,再具体分析到教学单元层次;按其重要次序加以排列;把那些对儿童有很大价值但对成人价值低的理想和活动,提高到较高的地位;确定在学校教育期间能够完成最重要项目的数量;找到活动开展的最佳做法;根据儿童的心理特征,确定适宜的教学程序。相对于博比特,查特斯把理想视为课程的有机构成、强调系统知识,他把课程开发的方法称为"工作分析"。"工作分析"与"活动分析"在基本精神上是完全相通的,不过"工作分析"主要指对人类的职业领域的分析,而"活动分析"要来得宽泛,它不仅包括职业领域,还包括非职业领域。

20世纪30年代后,美国课程史上著名的"八年研究"计划才使课程的科学化研究在实践中正式展开。这个时期课程目标模式的代表人物是拉尔夫·泰勒(Ralph Tyler),他是美国著名教育学家,是现代课程理论的重要奠基者,是科学化课程开发理论的集大成者,被誉为"现代课程理论之父"。他在1949年出版的《课程与教学的基本原理》(Basic Principles of Curriculum and Instruction)被誉为"现代课程理论的圣经"。

1933年到1940年,针对美国当时课程及测验上"以教科书为中心"所带来的诸多问题,美国教育学界进行了以课程改革为核心的"八年研究"。泰勒在"八年研究"的基础上,逐步形成了比较完善的课程开发的理论体系。泰勒提出,编制任何一种课程都必须回答四个方面的关键问题:① 学校应该达到哪些教育目标;② 提供哪些教育经验才能实现这些目标;③ 怎样才能有效地组织这些教育经验;④ 怎样才能确定这些目标正在得到实现。"目标的确定、内容(经验)的选取、内容(经验)组织与课程评价"构成了课程编制目标模式的基本步骤,即课程编制的"四段论",这就是著名的课程编制的"泰勒原理"或"目标模式"的课程编制原理。

泰勒的"目标模式",将课程目标的确立列为课程开发活动之首,进而从社会需要、个人兴趣、学科专家意见三方面来考察确定课程目标,并将课程目标的确定与课程结果评价联系起来,以学习的最终行为来表达目标、评价目标,从而使得课程开发成为一个循环的过程,更加符合社会发展对学校课程的多方面要求。

二、目标模式的理论基础

(一)实用主义哲学的教育价值论

课程开发模式是在一定的哲学基础上构建起来的,目标模式遵循实用主义哲学的价值准则。实用主义 Pragmatism 是从希腊词 πραγμα 派生出来的,实用主义哲学产生于 19 世纪 70 年代,20 世纪时在美国成为一种主流思潮。"实用主义哲学认为,认识来源于经验,人们所能认识的,只限于经验,至于经验的背后还有什么东西,那是不可知的,也不必问这个问题。所谓真理,无非就是对于经验的一种解释,对于复杂的经验解释得通。如果解释得通,它就是真理,对于我们有用,即有用就是真理,忽略所谓客观的真理。"① 具体到教育领域,以杜威为代表的实用主义教育哲学,提倡教育同社会生活实际、儿童心理实际相结合。具体到课程编制领域,在目标确立层面,以社会生活的实用性为基准;在内容选取与组织层面,紧扣"经验"即社会经验、生活经验、学习经验等;在评估层面,则强调的是一种目标达成与否的判断标准,最终导向教育的功用价值。事实上,目标模式中目标的确立主要有三个来源:对学习者本身的研究、对校外当代生活的研究和学科专家对目标的建议。其中,从立足实用主义哲学的价值观来看,泰勒认为每一个社区、学校都有其独特的哲学观,以此筛选出与此哲学价值相一致的教育目标;目标模式是以现实社会生活的需要为立足点,选择、确定对社会有实用价值的目标,并在此基础上选择、组织、评价作为课程内容的学习经验。

(二)行为主义心理学的方法论

作为西方心理学影响最大的流派之一,行为主义心理学主张以客观的方法研究人类的行为,从而预测和控制有机体的行为。反映到教育改革领域,主要是教育科学运动的兴起与发展。教育科学研究领域相应出现了"教育功效运动"和"教育科学运动",直接促进和推动了当时的教育研究和教育改革,心理学研究也有了新的突破,并成为课程开发改革的先声和必要条件。其中,教育科学运动的倡导者、心理学家桑代克提出了关于"训练迁移"的"共同要素"说。这一学说打破了早年以官能心理学为依据的关于学校传授古典学科的教育价值观—"形式训练说",并促使人们去思考课程内容与当代生活的关联性,课程必须选择那些儿童日后有机会使用的内容,而这样的内容自然应该是与社会生活紧密相连,并且符合儿童的需要和兴趣。此外,行为主义心理学的"效果律"和"练习律"构成了课程开发目标模式的选择与组织、评价的经典性程序。其中,行为目标的确立成为课程开发的目标模式的逻辑起点②。

---

① 冯友兰.三松堂自序[M].北京:三联书店,1984:05.
② 钟启泉.课程论[M].北京:教育科学出版社,2011:74.

三、对目标模式的评析与思考

目标模式强调技术控制,过分强调明确而具体的预设性教育目标,这使得设定的目标成为衡量学习的唯一标准,而对目标本身的合理性以及目标的动态发展欠缺考虑;目标模式重视课程编制的"效率",但预设性的课程难以与学生发展的长期性、综合性、渐进性以及累积性等特征相融合,容易抹杀儿童的主体性、个体性与创造性等;目标模式偏重知识的逻辑与结构,虽有利于规范教师教学的专业行为,但不利于师生主体性的发挥,也容易造成只重视学科、教材的设置与编制,而忽视课程实际运作中的"特定情境";此外,目标模式还存在简单化倾向,它把教学的一切都归结为目标,实际上目标往往难以反映学生的能力、品德等方面的情况,而一些人文社会学科又很难事先确定行为化的目标。事实上,科技理性导致的有序性使课程开发更富于操作性,但往往会使课程开发陷入"非人性化"境地,偏离教育的终极目标,也会加剧千人一面、千校一面的教育后果。

四、目标模式对幼儿园课程的影响

在幼儿园课程编制的过程中,同样深受目标模式的影响,或者说目标模式也是幼儿园课程编制过程中应用最广泛的模式之一。在幼儿园课程开发过程中强调课程目标的制定,强调课程目标的层层分解并落实到具体的教育活动,强调根据课程目标是否落实和达成来评价教育的结果,可以说这样的指导思想和做法都来自课程开发的目标模式①。

事实上,随着《3—6岁儿童学习与发展指南》等一系列指导性文件的出台,幼儿园课程领域尤其是五大领域的课程编制,呈现出较为明确指标倾向。幼儿园课程的预设性特点,为幼儿园教师教学活动的展开提供了较好的专业支持。当前,在许多幼儿园的课程编制过程中,一般会有较为详细的课程目标和安排好的内容、进度、课时等,有的甚至将每周、每天上下午的课程都安排好,这是典型的目标模式的课程编制形式。目标模式能够使整个幼儿园课程的运作成为一个具体化的和结构化的操作程序,从而提高幼儿园教育、教学过程的整体性、计划性和可操作性。

同时,我们也需要意识到,目标模式有其自身的局限与不足。强调预测、效率及控制的"目标模式"会在一定程度上偏离儿童学习与发展的内在规律,事先由课程编制者确定的教育目标很难完全契合幼儿的需要、兴趣和心理发展特点。当幼儿园课程编制呈现出预设性大于生成性、可控性强于创造性时,"目标模式"的弊病就会显得更为突出。此外,目标模式往往是以幼儿行为来确定目标,这就自然导致课程强调那些可以通过幼儿行为明确识别的方面,而不同程度地忽视那些难以转化为行为的高级心理素质,如情感、态度、价值观等。②

---

① 朱家雄.幼儿园课程论[M].北京:中央广播电视大学出版社,2007:67.
② 朱家雄.幼儿园课程的理论与实践[M].上海:华东师范大学出版社,2010:83.

第二节 过程模式

20世纪70年代,英国课程理论家斯腾豪斯(L. Stenhouse)在批判目标模式的基础上提出了过程模式。① 过程模式亦称"历程模式",即是在课程编制中详细说明所要学习的内容、所采取的方法以及基本标准,学生所取得的最终结果不是按照行为事先确定的,而是在事后借助那些建立在该知识形式中的标准来加以评价的。

一、过程模式内涵

(一) 过程模式的产生背景

过程模式的思想渊源可以追溯到卢梭的自然主义教育及进步主义教育运动,其形成受到英国社会所崇尚的个人主义、自由主义和理性精神等文化价值观念的影响。其中英国分析教育哲学家彼得斯(Richard Stanley Peters)关于"教育"之准则的思想、赫斯特的"知识的形式"的思想,以及斯腾豪斯本人的教育观、知识观,无不打上了英国传统文化价值观的烙印。其思想都重视儿童的个性发展与自由发展,关注儿童的与众不同和标新立异,发展儿童的理解力、判断力和独创精神;心智发展重于知识获取、理性精神超越感性体验、独立思考强于人云亦云、大胆质疑优于被动接受。课程应该考虑知识中的不确定性,鼓励个体化的、富于创造性的学习,而不是把知识及其学习作为满足预定目标的尝试。知识不能被作为必须达到的目标来束缚人,教育要通过促使人思考知识来解放人,使人变得更自由。教育的真正价值在于使学生通过思考已有的各种知识,发展他们的理解力、判断力和独创精神;鼓励学生独立思考、大胆质疑;反对学生把知识看作无须证明就应理所当然加以接受的教条。

依循进步主义教育理论,知识是通过经验获得的,经验是教育过程的核心,学生获得某种知识并不是教师教导的,而是自行发现的;教育是生长发展的过程,是一种手段,而不是知识的灌输;教育不是生活的准备,教育本身就是生活,教育或课程开发应依据过程而不是最后的产品。进步主义教育理论成为课程编制"过程模式"的重要思想来源,构成了其核心的课程观。具体而言:课程所关涉的知识及其教学活动本身就具有内在的教育价值,无须通过教育的结果来加以证明。课程应该考虑与关注知识的不确定性,鼓励学生个体化的、富于创造性的学习;预定的统一目标框架往往在很大程度上束缚了教师与学生,预设的课程目标并不一定能够真实地体现课程固有的价值,与其着眼于未来生活的准备,不如提供当下课程实施的有效原则,促进学生个体心智的发展。

---

① STENHOUSE L. An Introduction to Curriculm Research and Development[M]. London: Heinmann,1975.

(二) 过程模式的内涵

与"目标模式"不同,过程模式并不是不以目标系统作为课程编制的依据和出发点,而是强调整个课程教学过程中的基本规范,使之与课程总的目的保持一致。但此种目的不同于目标模式的预定目标,它并不构成最后的评价依据,是非行为性的,主要功能是概述教育过程中可能出现的各种学习结果,并使教师明确教学过程中内在的价值标准及总体要求,而不指向对课程实施最后结果的控制。

斯腾豪斯认为,课程编制不是一定要形成一套"计划"或"处方",而是一种研究或探讨的过程,重在优化儿童的认知过程,促进其心智的不断完善;课程编制的过程就是要将研究、编制和评价整合起来,并持续推进;课程编制的过程是一种尝试,没有确定不变的、必须实施的东西。与其说它是一个详述编制步骤的"模式",不如说它是一种编制的思路,一种编制的思想。在这种"模式"中,编制过程究竟如何展开恰恰是需要在实践中研究和探索的。

在课程内容的选择方面,斯腾豪斯根据教育目的在于传授知识、发展智力的教育观,认为应该通过分析公共文化价值,研究知识本质,来寻找有关课程内容的选择原则。在课程内容组织和教学方面,斯腾豪斯强调既要使之清楚地反映各学科领域的基本概念、过程和方法,又要能被普通教师教给普通学生。在课堂教学中,斯腾豪斯提倡采用讨论法,因为这种方法有助于加深对课程的理解,能够促进知识的个别化,还可以提高学生的思考能力。

二、过程模式的基本内容与原则

(一) 课程内容的选择

过程模式的逻辑起点是内容的选择,强调知识、活动的内在价值,内容的选择不是以预期的学生行为为依据,而是以教育本体功能和知识本身固有的价值为标准。因此,在过程模式中,如何选择和鉴别知识及活动的内在价值,是非常关键的。课程内容即指能反映各学科领域内在价值的概念、原则和方法。对于课程编制而言,过程模式重视的是知识、活动的内在价值,以及如何选择和鉴别知识及活动的内在价值。为此,斯腾豪斯引用了拉斯提出的用以"鉴别看来是含有内在价值的活动"的标准,共12条:

(1) 在所有其他条件相同的情况下,如果一项活动允许儿童在完成它的过程中做出其所了解的选择,并能对选择带来的后果做出反应,则此活动比其他活动更有价值。

(2) 在所有其他条件相同的情况下,如果一项活动在学习情境中允许学生充当主动的角色,而非被动的角色,则此活动比其他活动更有价值。

(3) 在所有其他条件相同的情况下,如果一项活动要求学生探究各种观念,探究智力过程的应用,或探究当前的个人问题或社会问题,则此活动比其他活动更有价值。

(4) 在所有其他条件相同的情况下,如果一项活动使学生涉及实物教具,即真实的物体、材料与人工制品,则此活动比其他活动更有价值。

(5) 在所有其他条件相同的情况下,如果一项活动能由处于不同能力水平的儿童成功完成,则此活动比其他活动更有价值。

(6)在所有其他条件相同的情况下,如果一项活动要求学生在一个新的背景下审查一种观念、一项对于智力活动的应用,或一个以前研究过的现存问题,则此活动比其他活动更有价值。

(7)在所有其他条件相同的情况下,如果一项活动要求学生审查一些题目或问题,这些题目或问题是人们一般不去审查的,是典型的被大众传播媒介所忽略的,则此活动比其他活动更有价值。

(8)在所有其他条件相同的情况下,如果一项活动使儿童与教师共同参与"冒险",一种成功或失败的体验,则此活动比其他活动更有价值。

(9)在所有其他条件相同的情况下,如果一项活动要求学生改写、重温及完善他们已经开始的尝试,则此活动比其他活动更有价值。

(10)在所有其他条件相同的情况下,如果一项活动使学生应用与掌握有意义的规则、标准及准则,则此活动比其他活动更有价值。

(11)在所有其他条件相同的情况下,如果一项活动能给学生提供一个和他人分享制订计划、执行计划及活动结果的机会,则此活动比其他活动更有价值。

(12)在所有其他条件相同的情况下,如果一项活动与学生所表达的目的密切相关,则此活动比其他活动更有价值。

(二)课程编制的基本原则

过程模式认为儿童不只是知识的被动接受者,而是知识的主动探究者,学习过程是个体能动地与外界环境交互作用的过程,注重内在的整体关联性认知结构的生成。教师则是学生学习的引导者、咨询者和支持者,应通过详细说明内容和过程中的各种原理、原则,以及积极的教学活动来进行课程开发。在课程编制中,具体应遵循下列五项原则:

(1)教师应与学生一起在课堂上讨论、研究具有争议性的问题。
(2)在处理具有争议性的问题时,教师应持中立原则,使课堂成为学生的论坛。
(3)探究具有争议性的问题的主要方式是讨论,而非灌输式的讲授。
(4)讨论应尊重参与者的不同观点,无须达成一致意见。
(5)教师作为讨论的主持人,对学习的质量和标准负有责任。

三、对过程模式评析与思考

相对于目标模式所呈现的封闭性特征,过程模式则具有开放性,并强调在过程中不断调整相应的目标,从而达到理想的教育结果。课程内容本身有着固有的内在价值和优劣标准,教育应关注具有内在价值的课程内容和活动,不必用目标预先指定所希望达到的结果。尤其是斯腾豪斯借鉴的"12条原则",使得过程模式兼具开放性与原则性,从而突破了目标模式静态的处理问题的方式①。过程模式所提倡的教学活动,旨在通过讨论及问题导向的方式促进学生思维能力的提升,学习不是直线式的、被动的反应过程,而是一个主动参与和探究的过程,在探究的过程中实现儿童多方面的发展。斯腾豪斯提出了"教师即研究者"的理念,认为教师应当成为课程方案的设计者、研究者,而不仅仅是接受者、被动执行者,这不仅突破了目标模式固有的框架,也符合当前基础教育与学前教育领域课程改革的基本趋向。

当然,过程模式也存在着一定的不足与局限,受到了外界的质疑和批评。过程模式虽然能够克服目标模式自身的缺陷,却未能提出更为全面有效的课程编制方案;虽然提出了课程编制的"12条标准"和"5项原则",但在课程开发的程序设计上没有提出一个更为明确的方案,使课程开发者因缺乏具体的步骤难以开展卓有成效的工作。同时,过程模式会把整个课程开发局限于对学科体系的抽象、演绎,忽视了社会需要、知识的实用性以及儿童的可接受性。此外,"教师即研究者"的口号虽有益于扩大教师的专业自主性,但赋予教师过分理想化的角色和过高的要求,使该课程模式不易推广,或者即使被推广和运用,却在本质上受到扭曲甚至异化。斯腾豪斯也承认,过程模式对教师的要求太高了,因此过程模式尽管在某些方面较目标模式有了长足的进步,仍然有其自身的局限,在实践中完成它是十分困难的。

四、过程模式对幼儿园课程的影响

幼儿园课程生活化、园本化、游戏化的特性,赋予了幼儿园更大的课程自主权,要求幼儿园和幼儿园教师能够成为课程编制的设计者、研究者,这与过程模式的教师专业诉求是一致的。过分强调幼儿园课程的目标性与技术理性,往往会僵化幼儿园课程建设工作,造成"千园一面"的现象。因此,在当前的幼儿园课程编制过程中,应该适当地淡化课程目标的预设,强调儿童活动的过程;淡化教师在教育活动组织中的计划性和控制性,强调根据儿童的兴趣和需要组织活动;尊重儿童的选择和创造,强调"教师即研究者"所应发挥的作用。对于幼儿园课程编制工作而言,终极的教育价值在于儿童的主体性发展,进而在不同领域帮助儿童获得良好的"启蒙"教育,这是符合学前教育发展规律的,也是与过程模式的核心理念相契合的。然而,这对于幼儿园的课程开发工作、对于幼儿园教师的课程素养及专业水平提出了更高的要求,与真实的情境中仍存在很大的差距,其工作任重道远。

从实际的教学活动组织方面来看,过程模式特别强调"讨论而不是传递",课程知识本身只是学习的载体,而不是学习的全部内容,需要引导儿童在探讨的过程中,激发学习的兴趣,并呵护儿童的好奇心与求知欲。在斯腾豪斯看来,理解不可能脱离判断而达成,只有激发儿童判断(即表达自己的见解),才能使他们对人类行为和情境的理解力得到发展。教师只有把材料作为"有问题的知识",儿童才能澄清自己的看法,并真正理解它们,教师要允许存在各种不同的观点。这对于课程开发工作而言,同样

---

① 钟启泉.课程论[M].北京:教育科学出版社,2011:82.

是相当大的挑战。这也符合学前教育课程改革的发展趋向。

在课程编制的实践探索中具有代表性的是"高瞻课程"和"瑞吉欧方案教学"。其中高瞻课程诞生于20世纪60年代的美国,是以帮助儿童学会主动学习为基本价值取向,以系列关键经验为主要学习内容,以计划、行动和反思的活动教学为基本组织形式,旨在让儿童对周围的自然与社会具有高度热情和广泛兴趣的一种课程模式,其最核心的教育理念是"认识到儿童发起的主动学习的价值",并遵循三大基本原则:第一,儿童发起的学习活动能使我们了解到幼儿发展的不足,以及他们学习的潜质;第二,儿童早期最好的学习活动是儿童发起的、发展适宜的、开放的;第三,通过师幼之间开放性的交流,儿童学会分享观点,从而拓展儿童的视野。此外,高瞻课程所提倡的主动参与式学习包括五个要素:第一,材料——课程提供充足的、多样化的、适宜的操作材料;第二,操作——幼儿摆弄、探究、组合和转化材料并形成自己的观点;第三,选择——幼儿选择材料、玩伴,改变或形成自己的想法,并根据他们的兴趣和需要计划活动;第四,儿童语言和思维——幼儿描述他们所做和所理解的;第五,"鹰架"(成人的支持)——意味着成人支持幼儿当前的思维水平,并挑战他们,使其进入新的发展阶段,帮助幼儿获取知识,发展创造性地解决问题的技能。

瑞吉欧方案教学发源于意大利的城市 Reggio Emilia,它的特点是强调孩子自主性的学习,选择主题时不是以教师为主导,而是充分重视儿童的兴趣,教师再加以引导。学者专家、家长和教师多方合作,帮助孩子发展主题,开展各种活动。它重视艺术活动在儿童学习中的重要作用,同时建立多媒体档案,用声像手段记录儿童的学习过程。瑞吉欧方案教学具有三个方面的特点:第一,计划性和随机性,瑞吉欧教学是真的没有计划或课程,但也并非随机,"它们的课程三分之一是确定的,三分之二是不确定的"。第二,整合性,主要包括两方面——(情绪、态度、价值)与认知领域(理智的知识和能力)的整合以及相关学科在某一方案统领下的整合。第三,生成性,强调课程能超越事先的计划性,诞生于即时的情景、突发的事件中,也可以根据学生在活动中的兴趣、需要和提出的问题,适时向各种有利于学生发展的方向延展,这体现了过程模式的基本特征,与过程模式的核心思想和基本内容是相吻合的。

第三节 实践模式

施瓦布是美国著名的课程论专家,针对传统课程理论存在的不足或弊端,提出了课程编制的实践模式,强调课程的实践价值和动态过程,追求课程的实践性,重视课程开发中结果与过程、目的与手段的统一,主张用集体审议的方式解决课程问题,同时把教师和学生视为课程的主体和创造者。①

---

① 史学正,徐来群. 施瓦布的课程理论述评[J]. 外国教育研究,2005(01).

一、实践模式内涵

(一) 实践模式的产生背景

作为美国著名的课程理论专家,施瓦布曾与布鲁纳等教育家一道领导了美国20世纪五六十年代的结构主义课程改革运动——"新课程运动",他的《自然科学的结构》一书与布鲁纳的《教育过程》一样,对结构主义的课程理论产生了重要的影响。施瓦布在总结美国"新课程运动"失利教训的基础上建立了"实践的课程模式",发起和推动了"走向实践运动"①。事实上,在美国历次课程改革中,有时会根据某种理论全面、彻底地更换新的课程。施瓦布批评了这种改革现状,他认为不是所有理论拿来就能运用的,只有对多种理论进行择宜或折中,才能成为课程的依据。1969年,施瓦布在美国教育研究学会年会上宣读的《实践1:课程的语言》一文,被公认为是对传统课程理论最有影响的挑战之一。而其随后又陆续发表了《实践2:择宜的艺术》(1971年)、《实践3:课程的转化》(1973年)、《实践4:课程教授要做的事情》(1983年),从而构成了"实践模式"课程开发理论的完整体系。

(二) 实践模式的理论基础

施瓦布走向实践的课程哲学思想和实践的课程模式观汲取了三个方面的"营养",一是古希腊的哲学传统,尤其是亚里士多德的"实践观";二是现代美国的实用主义哲学观,特别是杜威进步主义教育哲学思想;三是现代欧洲大陆的人本主义思想。② 具体而言:

古希腊的哲学传统中亚里士多德的"实践观",即实践生活,也就是人与人之间相互作用的实践行动。与理论领域不同,他认为实践领域以及制作领域是由人的目的所引导的领域,其结论只能"基本为真",并不像理论知识那样确定。施瓦布所提倡对课程理论与课程实践要做明确的区分,不要把实践、生产性知识当作理论内容讲授或只重视理论、忽略实践的内容排斥在课程之外。③

杜威进步主义教育哲学思想的核心是"经验的改组与改造",强调教育即生活、学校即社会、做中学。杜威课程哲学中的实践理性对实践模式的影响最为深刻,它是建立在对意义一致性理解的基础上,通过与环境的相互作用理解人类的基本兴趣。杜威课程哲学反对二元论思维方式,倡导连续性的认识论。从教育本身来看,就是在具体情境中综合各种实际情况进行建设性的探讨,这就是实践理性的本质意蕴。

现代欧洲大陆的人本主义哲学思想源于欧洲大陆的唯理主义,尤其是现象学和存在主义的观点。其中,现象学不是一套内容固定的学说,而是一种通过"直接的认识"

---

① 吴刚平.校本课程开发的思想基础——施瓦布与斯腾豪斯"实践课程模式"思想探析[J].外国教育研究,2000(06).
② 吴刚平.校本课程开发的思想基础——施瓦布与斯腾豪斯"实践课程模式"思想探析[J].外国教育研究,2000(06).
③ 史学正,徐来群.施瓦布的课程理论述评[J].外国教育研究,2005(01).

描述现象的研究方法。它所说的现象既不是客观事物的表象,亦非客观存在的经验事实,而是一种不同于任何心理经验的"纯粹意识内的存有"。胡塞尔赋予"现象"的特殊含义,是指意识界种种经验类的"本质",而且这种本质现象是前逻辑的和前因果性的;存在主义作为当代西方哲学主要流派之一,其根本的特征是把孤立的、个人的非理性意识活动当作最真实的存在,并作为其全部哲学的出发点。它自称是一种以人为中心、尊重人的个性和自由的哲学,强调个人、独立自主和主观经验。事实上,贯穿于现象学和存在主义哲学之中的"寻找意义"的观点是施瓦布课程观的基本精神之一。

(三) 实践模式的内涵

实践模式强调课程的终极目的是"实践兴趣",指向的是建立在对意义的一致性解释基础上,通过与环境的相互作用而理解环境的基本兴趣,它强调过程和行为自身的目的,强调理解环境以便能与环境相互作用。实践模式指向的不是知识技能的掌握或是对环境的控制,而是兴趣需要的满足和能力德行的提高。

实践模式把教师和学生看作是课程的主体和创造者。教师和学生都不能孤立于课程之外,而是课程的有机构成部分,是课程的主体和创造者,他们与课程内容和环境一道构成课程审议的第一手信息来源。教师是课程的主要设计者,可以在执行课程的实践中根据特定的情境发挥自己的创造性,学生则有权对什么学习和体验是有价值的以及如何完成这种学习和体验等问题提出怀疑和要求。

实践模式强调课程开发的过程与结果、目标与手段的连续统一。施瓦布认为,脱离具体实践情境的抽象结果是没有意义的,真正有意义的结果是在适应实际的兴趣、需要和问题的过程中实现的,是发生在过程之中的。同时,手段与目的也是密不可分的,目的在手段之中,手段是"期望中的目的"。因此,课程开发中关注的焦点应该是课程系统诸要素间相互作用的连续过程,尤其是学习者兴趣和需要,把学习者和学习群体置于研究的中心。

此外,实践模式强调通过集体审议来解决课程问题。按照施瓦布的观点,审议就是在特定情境中做出行动决策①。施瓦布认为课程的基本要素是:学科内容、学生、环境、教师。审议的重点应放在这些基本要素的协调与平衡上。在课程开发过程中,要使学术材料转换成课程内容,必须同时考虑上述四个基本要素。

二、实践模式的课程开发方式——集体审议

(一) 集体审议的概念

实践模式的"集体审议"是指课程开发的主体对具体教育实践情境中的问题进行反复讨论、权衡,以获得一致性的理解与解释,最终做出恰当的、一致的课程变革的决

---

① 吴刚平.校本课程开发的思想基础——施瓦布与斯腾豪斯"实践课程模式"思想探析[J].外国教育研究,2000(06).

定及相应的策略。集体审议是一种新的课程开发运作方式,它贯穿于整个课程研制过程中,通常首先明确特定情境中迫切需要解决的问题,然后就各种事实判断和价值判断形成暂时的共识,充分考虑各种可能的途径来拟定各种备选的解决方案,再对各种备选方案反复权衡,选择最佳方案,最后还要对各种备选方案进行局部的"预演",反思已确定的目标,做出最终的一致性决定。

(二)集体审议的主体

集体审议的主体是"课程集体",它是以学校为基础建立起来的,由校长、教师、学生、社区代表、课程专家、心理学家和社会学家等人员组成,并从中选出一位主席来领导整个审议过程。由于各人的经验不同、看法不同,集体审议不是一件轻而易举的事情。集体审议要求所需确认的问题是所有参与者体验到的或理解的问题,审议最后做出的行动决定应该是集体共同的决定。集体参与不仅是做出合理行动决定所必需的,而且是参与者彼此互动、相互启发的教育过程。

(三)集体审议的特征

集体审议遵循的是实践的逻辑,而非形式的逻辑。它是一种从提出问题到解决问题的实践的逻辑过程,运用实践的语言,依靠实践的智慧,进行实践的判断,得出实践的结论,最终得出一致性的行动意见。可以说,自始至终贯彻的是实践性原则,遵循的是实践性逻辑,而不是一种形式化的逻辑方法。

集体审议具有集体和教育的特征。课程审议是一种集体审议,而不是个体的审议或无集体的审议。它要求多方代表参加,尤其是要有那些将受课程决策后果影响的人参加,并通过这种方式形成一个共同体。同时,课程审议不仅是做出合理的行动决策所必需的,而且还是一个参与者彼此互动、相互启发的教育过程,具有很强的教育性。[1]

(四)集体审议的内容

施瓦布认为,课程审议的重点和主要内容应放在教师、学生、学科内容、环境四个基本要素之间的协调平衡上,其宗旨就是要谋求课程四要素间的动态平衡,它们间的相互作用、相互影响的过程是课程审议的核心内容。其中,教师是确定课程目的和解决问题整个过程中的一个基本要素,是课程审议的第一手信息来源。学生在课程审议中占有重要地位,课程审议必须以学生的实际水平、年龄特征以及个别差异为依据。学科内容是课程审议的来源、对象,是具体课程的"潜能",通过课程审议成为最终的课程资源。环境包括课堂、学校、家庭、社区、特定的阶级、种族群体等,任何课程审议、决策都必须以对影响学生和学校的环境的理解为基础[2]。

(五)实践模式的方法论

实践模式是以行动研究为方法论,树立了"课程行动研究"的典范,并为其确立了

---

[1] 史学正,徐来群. 施瓦布的课程理论述评[J]. 外国教育研究,2005(01).
[2] 史学正,徐来群. 施瓦布的课程理论述评[J]. 外国教育研究,2005(01).

理论基础。行动研究是指由社会情境的参与者为提高对所从事的社会或教育实践、对该实践活动及其依赖的背景的理性认识而从事的自我反思性研究①。事实上,行动研究于1946年由勒温(K. Lewin)正式定名,包括诊断性研究、参与性研究与实验性研究三种方式。前者侧重于对行动本身的研究,以探索某项行动在实践中运用和可能收到的效果;后两者主要是解决问题式的研究工作。就实践模式所指向的方法论而言,行动研究是一种理论与实践相结合,在于资料收集、合作探讨、自我反省、多方总结、最后解决问题的方法;强调实践者在行动中为解决自身问题而参与进行的,有计划、有步骤、有反思的研究。

三、对实践模式的评析与思考

施瓦布的实践模式是在反思传统的课程编制模式的基础上提出的,对课程开发和教学实践有一定的指导作用。实践模式对传统的课程模式及其相关理论进行了较为深刻的质疑与批判,使得广大教师从传统课程理论的束缚中解脱出来,并开始反省他们自己的课程编制和教学实践。实践模式追求课程的实践价值,倡导对具体实践情境的理解与相互作用,强调课程理论必须经过课程实践的改造。这就把课程实践与课程理论有机地统一起来,从而使课程变得灵活化、情境化、生活化、个性化,真正体现教育的人本思想。同时,实践模式倡导"集体审议",体现了课程开发的民主性,不仅有利于课程决策的科学化、民主化,也能够有力推动课程改革与教师专业发展的同步前行。

当然,实践模式尽管能够克服传统模式课程理论的不足或局限,提出了"实践兴趣""课程集体"与"集体审议"等课程理念和策略,但其课程编制的操作性并不强,美国学者哈里斯(J. Harless)曾指出,从施瓦布课程观的提出到1986年,几乎见不到使用审议艺术的研究报告②。同时,实践模式过于注重课程的实践价值,而忽略了客观存在的、一般意义的、可靠的理论,没有看到课程的理论价值的一面,从而难免会走向相对主义的极端。而且,实践模式强调对各种理论进行折中、调和,但由于各种理论本身的前提假设和价值取向各不相同,有些甚至相距甚远,结果很容易造成思路上的混乱,即使取得一种折中,得到最终一致性的结论,也很容易形成一种"虚假的一致"。此外,实践模式虽然采用"自下而上"的集体审议的课程决策方式,但由于各成员主体的文化水平、社会地位、利益需求、价值取向不同,对课程问题也很难取得完全一致的看法。集体审议的完全一致性原则在现实中很难真正做到,更多地带有一种理想主义色彩。

---

① 尹弘飚,靳玉乐.校本课程开发的思想基础[J].西南师范大学学报(人文社科版),2003(02).

② 单丁.课程论流派研究[M].济南:山东教育出版社,1998:238.

四、实践模式对幼儿园课程的影响

幼儿园园本化的课程实践本身不仅需要克服盲目的课程建设倾向,更需要回归到实际的园所现状,从而探寻出园所特色的课程体系,这对于当前幼儿园的课程建设而言,显得尤为迫切。然而,诸多幼儿园课程理念及其教学模式,未必符合幼儿园教育教学活动的实际,简单地照搬或移植,不仅会造成"水土不服",甚至是"南辕北辙"。许多教师不懂得幼儿园课程开发的基本原理,就被要求以"先进理念"为导向,改革甚至废弃以往的课程,创建和发展属于自己的课程和教育活动。许多教师在幼儿园课程开发与实施过程中"误打误撞",消耗了大量时间和精力,有的甚至到了难以自拔的地步。① 因此,借鉴施瓦布实践模式的核心理念,幼儿园课程编制需要从盲目追求理论转向对实践情境的关注,关注课程开发、实施和评价的针对性、个性化,将教师和幼儿及家长纳入课程开发中,成为课程的开发者与合作者。

实践模式强调具体的实践情境的课程开发与设计,这对于园本化的课程开发与建设尤为适切。幼儿园五大领域的课程建设、主题课程、活动设计、一日生活以及环境创设等教育教学活动,都需要立足实际的教育情境,关注课程建设的实效性,使课程方案真正体现幼儿的需要、兴趣及其学习品质等。此外,实践模式所倡导的"课程集体"与"集体审议"同样为幼儿园课程编制工作提供了一种理论框架与路径指引,"幼儿园课程审议"应是以幼儿园课程的实施及建设为目的,对幼儿园课程的实施过程及相关情境进行深入考察、讨论和分析,以便对相关的内容、策略等做出选择。它是幼儿园课程开发的重要环节,也是幼儿园课程问题得以解决、课程策略得以形成的过程。②

第四节 批判模式

批判模式是西方 20 世纪 60 年代出现的一个课程编制模式,它反映了社会意识形态和政治经济对学生人生发展的影响,揭示了教育权利、教育机会、教育质量等方面的不公平现象。批判模式汇集了多种理论思潮,呈现出不同的研究取向,且理论形态、研究者及策源地有多极化的特点。批判模式并非一个单一的、公认的模式,在其发展的过程中,有不同的研究取向和关注的问题,有不同的评判内容,有不同的代表人物。

一、批判模式的内涵

(一)批判模式产生的背景

在 20 世纪 60 年代的美国社会充斥着"社会功效"思想、"唯科学主义"理念,科学

---

① 陈光春.幼儿园课程论[M].北京:教育科学出版社,2014:123.
② 陈光春.幼儿园课程论[M].北京:教育科学出版社,2014:124.

主义的极端发展使得"技术统治论"尘嚣日上。随着教育领域公平现象的日益凸显，在教育领域开始出现新的范式转换，对传统的课程模式进行了深刻的反思与批判。在这样一种背景下，课程编制中的批判模式应运而生。

批判模式根植于哲学、心理学、社会学、人类学等领域，具体包括现象学、存在主义、解释学、日常语言哲学、批判理论、知识社会学、后结构主义、精神分析、人文主义心理学、混沌理论等。具体而言：

第一，现象解释学。20世纪60年代以来，解释学与西方其他哲学学派以及人文学科中的有关研究结合，形成了新解释学学派。现象解释学强烈反对实证主义、功能主义哲学及其所导致的工具理性对人性的压抑及对个体主体性的践踏，积极倡导人的意识主体性及个体之间的交互主体性；强调不应把解释学当作认识论研究，而应把它看作一种方法论，它首先需要研究多重意义结构，然后从表面意义中揭示隐蔽意义；强调知识的持续发展性及主体的解释性，反对知识的绝对客观性观念；强调本体论只能存在于解释的方法论中，并只有通过各种解释之间的"冲突"才可获悉被解释的存在；认为认识过程是以意识为中介的主客体互动的过程，在这一过程中，个体并非被动地感知，而是主动地建构。

第二，社会批判理论。社会批判理论源自法兰克福学派，是一种以辩证哲学和政治经济学、文化学及意识形态批判为基础的理论，法兰克福学派对现代资本主义社会的科学技术和思想文化进行了批判，对技术统治下的现代发达工业社会的社会心理进行了分析。从理论渊源上看，这一批判理论直接继承了马克思的异化理论和人道主义思想。事实上，现代科学技术在提高人对自然的征服能力的同时，却使人遭受社会的奴役，个人丧失了合理批判社会现实的能力。因此，要使人从技术理性的奴役中解放出来，找回已失落的批判性原则及能力，并通过个体及集体批判与反省，促进社会的变革与完善。

第三，知识社会学。知识社会学者反对把学校应该教什么的问题视为当然的、绝对的，反对只关注教育的社会选拔和阶级形成方面的功能，反对操行化的学业成就及目标达成的效率。他们主张教育社会学必须解释知识如何产生、维持和变化及其包含的利益和价值问题，关注知识的性质及合理性的依据。[①]

(二) 批判模式的内涵

批判模式将课程置于政治和文化的背景下进行考虑，认为课程编制要考虑文化差异，要将不同文化引入课程领域。课程编制不仅仅是一个技术问题，也是一个政治问题。社会意识形态和政治经济等因素都会对课程产生重大的影响。课程编制的批判模式揭示了因种族、社会经济地位、性别等差异而造成的教育权利、教育机会、教育质量等方面的不公平问题，反对教育上的一切权力，反对课程的普遍性、统一性和整体性。[②]

---

① 陈光春.幼儿园课程论[M].北京：教育科学出版社，2014：131.
② 朱家雄.幼儿园课程的理论与实践[M].上海：华东师范大学出版社，2010：89.

作为一种课程开发理论,批判模式对现实教育世界里存在的"谁来决定目的"以及"决定什么目的"这类伦理学的、意识形态的复杂问题进行探讨。批判课程开发模式承认世界的破碎性、多元性,同时也强调人的批判性、创造性。批判模式要求培养学生的平等意识、责任意识,使其能够联系实际、打破常规,批判性地审视不同价值观念的本质。

批判模式认为,所有知识都带有某种社会偏见,知识的构建总是为某种社会目的服务的,不含阶级偏见、单纯客观的知识是没有的。知识是文化资本的一部分,个人拥有的知识,像所有资本一样,至少部分决定了个体在阶级结构中的位置。因此,课程问题始终与阶级、种族、性别、宗教等冲突联系在一起的,课程研究也要揭示学校里所教的外显知识和内隐知识之间的关系,揭示选择和组织知识的原理以及评价的准则。

二、批判模式的主要内容及原则

批判模式重视个体价值判断基础上的课程合作。在课程编制中需要充分把握学校内外的教育状况与社会实际,进而在征得个体价值判断的基础上,寻求交流与合作,共同制订目标、计划及任务等,从而实现课程开发的多元性与创造性。

批判模式重视人的个体价值与社会的多元性,重视将个人学习的旨趣与区域文化或校本文化都引入课程教学之中,在教育情境中逐步生成课程主题,进而开展课程资源的整合开发,并围绕这些课程主题创造性地开展教学活动,并不着眼于知识本身的学习。同时,着力将教育权利的公平性渗透到日常的课程教学之中。

在课程实施或教学方法上,批判模式主张以情境对话、提问、讨论取代学生被动的学习,以师生的双向交流、合作取代教师单向的机械灌输。在教学活动中,教师不只是知识的传播者,更是问题的提出者。教师通过提问激发学生的主动参与意识和积极性,营造一种民主的、活跃的探究氛围,使学生阐明自己真实的观点,而不是被动地接受教师的观点[①]。

三、对批判模式的评析与思考

批判模式在反对"科学技术理性"的同时,为课程编制提供了一种新的可能性,这无疑具有内在的参照意义与借鉴价值。它把教育与社会紧密相连,将教育公平予以充分重视,反对一切的教育权威,倡导一种开放的、自由的氛围,让学生学会质疑和批判,通过课程教学活动唤醒学生内在的文化批判意识。如把教育置于政治与文化背景下进行考察,强化课程对社会文化的批判与改造的功能,主张充分发挥学生的能动作用,把学生自己的经验融汇到课堂生活中;课程设计要考虑到文化的差异,把不同的文化引进课程领域。[②]

---

① 陈光春.幼儿园课程论[M].北京:教育科学出版社,2014:132.
② 李梅艳.课程开发的批判模式及其评价[J].黑龙江教育学院学报,2008(08).

批判模式与其他课程编制模式一样，在彰显其课程价值的同时也存在内在的偏失。批判模式的理论主张在一定程度上陷入了"二律背反"的怪圈，陷入理性的至上性和非理性的根源性的"悖论"之中；批判模式在抨击工具理性课程观的弊端、强调课程对文化的创新功能、弘扬人的主体意识和批判意识的同时，否定了文化遗产的客观性和继承性的特点，夸大了文化的意识形态属性及不同文化形态的偏激、对立，从而会导致歪曲课程的本质的结果。

四、批判模式对幼儿园课程的影响

幼儿园课程具有鲜明的生活性与启蒙性，幼儿园需要立足园所文化形成独特的课程体系，开展具有实践性与创造性的教学活动，从而真正促进幼儿的个性化发展。批判模式所提出的价值观、知识观，有助于深化我们对幼儿园课程问题和课程研究的认识，从而对幼儿园课程编制工作产生直接的推动作用，为幼儿园多元化课程开发提供新的可能。

在幼儿园课程编制工作中，需要强调幼儿园教师、幼儿及家长的课程权力，反对功利化、固定化的知识学习目标，避免僵化的、一成不变的知识观。幼儿园不同于中小学，不应受制于工具理性主义的藩篱，而应关注幼儿的学习与发展，凸显幼儿园保教结合的育人功能。在课程开发的实际工作中，需要打破教师专权的局面，尊重儿童的规律性成长，培养幼儿的批判性、创造性思维。

批判模式着力于在课程开发中克服因各种差异造成的教育不公平难题，提倡平等地对待每一位幼儿的全面、个性发展。批判模式指出社会意识形态和政治经济对幼儿发展的重大影响，揭示了因种族、社会地位、性别等差异所带来的教育权利、教育机会、教育质量等方面的不平等现象，并力图克服这些不平等的难题。这既符合当前幼儿园教育的改革趋向，也体现了幼儿园应承担的社会责任与义务。

在具体的课程编制中，批判模式强调幼儿的日常生活经验，反对固定的、脱离实际情景的课程内容，主张充分发挥幼儿的主体性作用，把幼儿自己的经验融合到幼儿园教育教学活动中。因此，幼儿园课程需要回归到幼儿的生活世界，激发幼儿的好奇心与求知欲；需要创设良好的环境或情境，开展多元的幼儿园主题教育活动，崇尚差异性，最终导向幼儿学习品质的全面提升。

复习与思考

1. 试析四种幼儿园课程编制模式的主要内容。
2. 试析四种幼儿园课程编制模式的优缺点。
3. 试析幼儿园课程编制的特殊性。

第三章 幼儿园课程目标

获取本章
拓展资源

导 言

确定课程目标是幼儿园课程方案编制的第一步,也是非常关键的一步。无论从纵向还是横向看,幼儿园课程目标都不是以单一层次、单一维度存在的,而是由各层次的目标组成一个课程目标体系。同时,在幼儿园课程目标发展的过程中,又呈现出不同的取向。这些都是需要我们在学习过程中深入理解的。另外,幼儿园课程目标的制定并不是随意的,需要依据对儿童的研究、对社会的研究以及对人类知识的研究。深入理解幼儿园课程目标的内涵、制定依据、层次结构以及幼儿园课程目标的三种取向,有利于我们在幼儿园教育实践中编制适宜的幼儿园课程方案。

本章包含三节内容,第一节重点介绍幼儿园课程目标的内涵;第二节重点分析了制定幼儿园课程目标的依据及原则,并介绍了幼儿园课程目标的层次结构;第三节阐释了幼儿园课程目标的三种不同取向。

学习建议

本章的学习应与第一章"幼儿园课程的概念"相结合,在大课程、小课程概念的基础上深入理解幼儿园课程目标及其层次和结构。

学习目标

1. 了解幼儿园课程目标的内涵,知道幼儿园课程目标在整个幼儿园课程方案编制中的地位。

2. 理解幼儿园课程目标制定的依据并能够应用到幼儿园课程目标设计的实践中。

3. 了解幼儿园课程目标的层次结构及三种不同的取向,能够正确判断不同取向的幼儿园课程目标。

第一节　课程目标概述

在幼儿园课程实施方案编制过程中,课程目标的确定是首要工作,也是一个必不可少的环节。幼儿园课程的价值要靠课程目标来展示。幼儿园课程目标可以在学前教育目标与幼儿园课程之间起到桥梁和纽带的作用,对于选择课程内容、确定课程实施的途径和方法以及实施课程评价都有重要的作用。

一、课程目标内涵

与课程目标相联系的两个词是"教育目的"和"教育目标"。为了更加清晰地阐述课程目标,需要先来探讨教育目的、教育目标以及课程目标三者之间的关系。

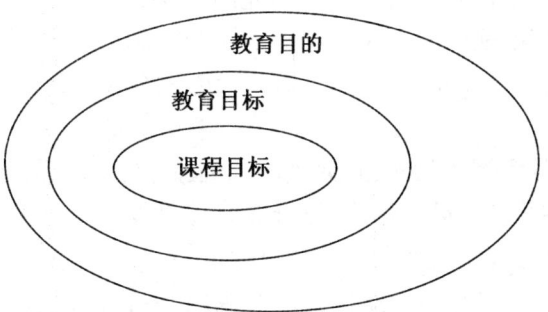

图 3-1　教育目的、教育目标、课程目标的关系

如图 3-1 所示,教育目的、教育目标、课程目标三者之间构成一种目标层级关系,它们是由一般到具体的关系,也是包含与被包含的关系。教育目的是最上位的概念,课程目标是教育目标的下位概念。具体阐述如下:

(1) 教育目的指的是教育的总体方向,体现的是一般的、普遍的、终极的教育价值追求,由国家政府职能部门来确定。

我国现阶段的教育目的是:全面贯彻党的教育方针,以提高民族素质为根本宗旨,以培养学生的创新精神和实践能力为重点,造就"有理想、有道德、有文化、有纪律"的、德智体美全面发展的社会主义事业的建设者和接班人。

(2) 教育目标体现的是不同性质的教育和不同阶段的教育的价值,是在教育目的指导下各级各类教育的具体培养目标,由地方政府职能部门来确定。幼儿园教育目标体现的是学前教育阶段的教育价值。

我国现阶段幼儿园保育和教育的主要目标是:① 促进幼儿身体正常发育和机能的协调发展,增强体质,促进心理健康,培养良好的生活习惯、卫生习惯和参加体育活动的兴趣。② 发展幼儿智力,培养正确运用感官和运用语言交往的基本能力,增进对环境的认识,培养有益的兴趣和求知欲望,培养初步的动手探究能力。③ 萌发幼

儿爱祖国、爱家乡、爱集体、爱劳动、爱科学的情感,培养诚实、自信、友爱、勇敢、勤学、好问、爱护公物、克服困难、讲礼貌、守纪律等良好的品德行为和习惯,以及活泼开朗的性格。④ 培养幼儿初步感受美和表现美的情趣和能力。

(3) 课程目标是根据教育目的和教育规律提出的课程的具体价值和任务指标。由课程专家、学校(幼儿园)、教师等来确定。由于对"课程"这一概念的界定不同,课程目标也呈现出不同的解释。课程目标可以是一所幼儿园整体的课程体系的目标,也可以是某一年龄段的保教目标或者某一个主题活动的目标,还可以是某一次教育教学活动可以实现的主要价值和任务指标。

二、幼儿园课程目标内涵

把课程目标具体到幼儿园课程目标,就是根据学前教育目标和教育规律提出的课程的具体价值和任务指标。幼儿园阶段的教育是启蒙性的、全面的,国家并没有像中小学一样以课程标准的形式统一规定幼儿园的课程目标。因此,地方教育行政管理部门会根据本地区的实际情况制定相应的课程指南,包含对地方幼儿园课程目标的界定。如上海市在2004年颁布了《上海市学前教育课程指南(试行稿)》[1],其中对课程目标的表述如下:

通过上海学前教育课程的实施,促进幼儿健康水平以及情感、态度、认知能力等各方面的发展,使幼儿成为健康活泼、好奇探究、文明乐群、亲近自然、爱护环境、勇敢自信、有初步责任感的儿童。课程的具体目标是:

(1) 初步了解并遵守共同生活所必需的规则,体验并认识人与人相互关爱与协作的重要和快乐。

(2) 初步形成文明卫生的生活态度和习惯,独立自信地做力所能及的事,有初步的责任感。

(3) 积极活动,增强体质,提高运动能力和行动的安全性。

(4) 亲近自然,接触社会,初步了解人与环境的依存关系,有认识和探索的兴趣。

(5) 初步接触多元文化,能发现和感受生活中的美,萌发审美情趣。

(6) 积极地尝试运用语言及其他非语言方式表达和表现生活,具有一定的想象力和创造性。

《上海市学前教育课程指南(试行)》的附件2中特别指出了幼儿园各年龄段的阶段目标,具体表述如下:

<u>3—4 岁</u>

(1) 有独立做事的愿望,学习正确洗手、穿脱衣服,自己用餐、喝水。

(2) 能接受成人的建议和指示,知道遵守集体生活中的基本常规,体验与老师、

---

[1] 上海学前教育网. 上海学前教育课程指南(试行)[EB/OL]. http://www.age06.com/Age06.web/Detail.aspx?CategoryID=e4b37c4b-499b-4cdc-bb5e-e76d24ba0701&InfoGuid=c098a514-b66e-45a4-9457-a9676fa19bee.html.

同伴共处的快乐。

(3) 会主动招呼熟悉的人,学习使用礼貌用语,在成人启发下能帮助他人。

(4) 爱护玩具和物品,学习收拾与整理。

(5) 了解身体主要部分的简单功能,知道避开日常生活中的危险。

(6) 对体育活动感兴趣,尝试用各种材料和器械活动身体,学习一些基本运动方法。

(7) 喜欢观察周围环境中不同的物品,尝试对其进行分类、对应、排序等,发现其差异。

(8) 用普通话表达自己的意思,喜欢翻阅图书。

(9) 喜欢做音乐游戏,能感受游戏中节奏、旋律的显著变化,并随之变换动作。

(10) 尝试用多种材料和工具,运用画、折、搭、剪、贴等方法自由地表现熟悉物体的粗略特征,并做简单想象,体验乐趣。

4—5岁

(1) 学会正确地刷牙和使用筷子、手帕、毛巾、便纸等,对自己能做的事表现出自信。

(2) 有初步的同情心和责任意识,关注同伴,完成力所能及的任务。

(3) 爱父母、老师、长辈。了解他们的职业与自己的关系,尊重他们的劳动。

(4) 理解和遵守日常生活中的规则,学习控制自己的情绪和不宜行为。

(5) 了解人的身体和年龄变化,能配合疾病的预防和治疗,对危险的标志与信号能较及时做出反应。

(6) 通过尝试、模仿、练习,使动作轻松、自然、协调。

(7) 亲近自然,学习用简单的观察方法,有目的地感知周围自然物和自然现象,初步发现自然的变化对人类和动植物的影响。

(8) 结合日常生活,学习并识别数字,初步理解数量、重量、颜色、质地、距离、方位和时间等概念,学习比较和测量等方法。

(9) 学习结伴、轮流、请求、商量等方式与人交往。注意倾听、理解他人意思,积极地表达自己的主张。

(10) 喜欢阅读,初步理解其表达的内容。学习欣赏各种中外儿童艺术作品,初步留意周围符号的意思。

(11) 愿意尝试使用各种材料、工具和方法,进行拼装、拆卸、制作和绘画,有初步的想象能力,体会成功的快乐。

(12) 在游戏中愿意用动作、歌声、语言等表现所理解的事物和自己喜欢的角色。

5—6岁

(1) 有基本的生活自理能力,养成良好的饮食、睡眠、排泄、盥洗、整理物品等生活卫生习惯,独立自信地做力所能及的事。

(2) 体验人与人相互交往、合作的重要和快乐,尊重他人需要。学会选择,形成良好的自我意识、规则意识,学习评价自己和同伴。

(3)积极参加体育活动,大胆尝试新奇、有野趣的活动,获得身体活动的经验,动作协调、灵活。具有安全意识和初步的自我保护能力。

(4)探究、操作、实验,对事物变化发展的过程感兴趣,积极尝试用简单的认知方法发现问题、解决问题。

(5)了解环境与人们生活的依存关系,具有热爱自然、珍惜资源、关心和保护环境的意识。

(6)了解社区内及城市其他典型的设施、景观,参与民间节日活动,萌发爱家乡、爱祖国的情感。

(7)对衣、食、住、行等基本物品的来源和接触到的科技成果感兴趣,接触与运用多种媒体,学习多途径收集和交流信息。

(8)知道一些不同地域、不同种族的人,以及他们的风俗习惯,有初步的多元文化的意识。

(9)了解现实生活中数的实际意义,能从生活和游戏中感受事物数量关系,获得一些时间、空间概念,会进行比较、推理等智力活动。

(10)能从多方面感知周围生活中的美,能大胆用唱歌、舞蹈、演奏、绘画、制作、构造、戏剧表演、角色游戏等形式表现自己的感受、体验、想象、创造。

(11)能大胆、清楚地表达自己的想法,倾听同伴的讲述。会主动用语言与人交往。

(12)关心日常生活中需要掌握的简单标志和文字,尝试用图像、文字、符号等形式表达自己的意思。

各幼儿园往往根据国家、地方学前教育目标及课程方面的精神,结合本园的办园理念和课程愿景制定本幼儿园的课程目标。下面是上海市瑞金一路幼儿园课程目标[1]:

(一)总目标

以幼儿发展为本,通过新教材园本化后的课程实施,激发幼儿学习的兴趣,关注幼儿的运动能力的培养,促进幼儿情感、态度、认知能力等各方面的发展,为幼儿的终身发展奠定基础,使幼儿成为健康活泼、思维敏锐、勇于创新的现代幼儿,为"睿智教育"发展愿景的实现奠定基础。

(二)具体目标

(1)初步了解并遵守共同生活所必需的规则,体验并认识人与人之间相互关爱与协作的重要和快乐。

(2)初步形成文明卫生的生活态度和习惯,独立自信的做力所能及的事情,有初步的责任感。

---

[1] 瑞金一路幼儿园园本课程实施方案[EB/OL]. https://wenku.baidu.com/view/4d9e2b03eff9aef8941e06ab.html.

(3) 积极活动,增强体质,提高运动能力和行动的安全性,培养良好的意志品质。

(4) 亲近自然,接触社会,初步了解人与环境的依存关系,有认识和探索的兴趣。

(5) 初步接触多元文化,能发现和感受生活中的美,萌发审美情趣。

(6) 积极的尝试运用语言及其他非语言方式表达和表现生活,具有一定的想象力和创造性。

第二节 幼儿园课程目标制定的依据及其层次结构

一、制定幼儿园课程目标的基本依据及原则

(一) 制定幼儿园课程目标的依据

幼儿园课程目标是整个幼儿园课程实施方案的重要组成部分,对于课程内容的选择和组织、课程的实施和评价都具有重要作用,那么,我们应该依据哪些因素来制定适合的幼儿园课程目标呢?美国的教育哲学家杜威早在1898年发表的《我的教育信条》中就论述了学生、社会以及学科三者之间的关系。后来,泰勒在《课程与教学的基本原理》一书中将学习者的需要、当代社会生活的需求、学科的发展三者列为课程目标的三个来源。由此,这三者就成了课程开发的三个基本维度,也是制定课程目标的基本依据。在幼儿园课程目标制定的过程中,同样离不开对儿童、社会以及人类知识的研究。

1. 对儿童的研究

儿童是教育的主体,幼儿园课程是为支持、帮助、引导幼儿学习、促进其身心的全面和谐发展而设置的。离开儿童,设计再好的教育活动都是没有任何意义的。

研究儿童,一方面要了解儿童发展心理学的研究所揭示的幼儿应该和可能达到的理想状态;另一方面,要了解幼儿的现实发展状况。这就需要实际观察研究幼儿,通过他们的行为表现来判断他们的发展水平与特点,然后把实际的发展水平与理想的发展状态做比较,明确幼儿的发展潜力。另外,还必须考虑儿童实际的兴趣和生活经验。

2. 对社会的研究

幼儿园课程的基本职能之一,是让幼儿在度过快乐而有意义的童年的同时,为幼儿积极适应未来社会生活做准备。因此,在制定幼儿园课程目标时,必须研究社会对幼儿成长的期望和要求。

社会对儿童成长的期望,既反映在政府制定的政策法规和相关文件中,也反映在家庭生活中,同时体现在社会政治、文化、经济生活中。幼儿园和教师要理解各种政策法规,尊重家长的合理要求,把握社会生活的发展变化,以此为基础来制定幼儿园

课程目标,提高幼儿园教育对社会的适应性,这样才能培养出既能适应社会的要求,又是全面发展的人。

在研究社会对幼儿提出的期望的同时,还应当关注社会生活对幼儿实际产生的影响和可能产生的影响。在社会生活日益复杂的今天,社会对儿童的期望与社会生活为儿童提供的生活经验往往不能协调一致。比如,现代社会要求其成员善于交往、善于合作,但是高度封闭的住宅、电视等媒介渗入人们的生活,使得儿童从小就缺乏与他人合作的机会。在这种情况下,就更应该加强对社会生活的研究,找出社会需要与所提供的学习经验之间的不匹配之处,确定课程应该关注的地方。

3. 对人类知识的研究

知识能够帮助幼儿更好地认识自然、认识社会、认识自己,因此知识是课程不可缺少的组成部分。儿童应该学习什么,学习这些内容有哪些意义,往往也取决于这些知识自身的结构、表现形式、抽象程度以及蕴含的教育价值等。换句话说,人类知识也是课程目标的依据和来源。

对于学习者来讲,各领域的知识具有两种相对价值:学术发展价值和一般发展价值。幼儿的年龄特点和幼儿园课程的性质,决定了幼儿园课程注重的是学科知识的一般发展价值。从知识的角度考虑幼儿园课程目标,关注的应该是"该学科领域与幼儿的身心发展的关系,它能够促进幼儿哪些方面的发展"。

(二)制定幼儿园课程目标的原则

在幼儿园的教育教学实践中,课程目标的制定存在着各种各样的问题,如各层次的课程目标之间衔接不足,层次性不明显;重视某一方面的发展目标,而忽视其他方面;目标不符合幼儿的当前发展水平;不能体现出社会和时代发展对幼儿素质的要求等。因此,制定科学的幼儿园课程目标,还需要遵循一定的原则。

1. 全面性与整体性原则

学前教育是基础性、启蒙性教育,要促进幼儿身心全面、和谐的发展。因此,在制定幼儿园的课程目标时,必须要遵循全面性和整体性原则。也就是说,幼儿园的课程总目标应涵盖健康、语言、社会、科学、艺术等各个领域,同时,无论是幼儿园课程总目标还是领域目标、年龄段目标以及每一个教育活动的目标都应包含知识、能力、情感与态度三个维度。

2. 连续性与一致性原则

幼儿园的课程目标是一个体系,包含若干层次的目标,各个层次的目标之间应该保持连续性与一致性。从幼儿园保教目标到幼儿园课程总目标、幼儿园各领域目标、幼儿园各年龄班领域目标、各年龄班学期目标、单元目标、具体的教育活动目标,应当体现从概括到具体的特点。幼儿园保教目标是《幼儿园教育指导纲要(试行)》对我国所有地区、所有幼儿园课程目标的规定,是最概括化的宏观目标;幼儿园课程总目标是在保教目标的指导之下,结合本地区的实际情况、本园的办园理念和课程愿景制定的,属于中观层面的目标;各年龄班领域目标、各年龄班学期目标、单元目标、具体的教育活动目标则是微观层面的目标,是根据幼儿的发展情况,结合本园的实际对领域目标的细化。

下一层次的目标应该由上一层次的目标发展而来,二者之间是相互联系、衔接紧密的。这就要求幼儿园在制定微观层面的目标时,必须参考领域目标和本园的课程总目标。在目前的幼儿园课程实践中,存在不加判断和分析地全盘引用其他地区、其他幼儿园的教育活动的情况,这就容易造成目标层次之间出现脱节,无法遵循连续性和一致性原则。因此,幼儿园在制定课程目标时,需谨慎考虑,宜参考本园课程总目标来制定适合的各层次目标,而不是盲目照搬。

3. 可行性与可接受性原则

幼儿园课程目标指向的是课程实施以后幼儿知识和经验的提升、能力的发展以及情感态度的培养,因此,一定要遵循可行性与可接受性原则。具体来说,宏观的课程目标要依据3—6岁儿童身心发展的规律来制定;幼儿园的课程总目标一定要考虑本地区、本园的实际情况;具体的教育活动目标要考虑本班幼儿的兴趣和需要,考虑其已有经验和能力水平,目标应落在幼儿的最近发展区内。

这也就意味着,哪怕同一所幼儿园的同年龄班同时进行一个主题活动,由于每个班幼儿的已有经验、能力、兴趣不同,具体的活动目标也可能是不同的。

4. 社会性与时代性原则

社会性是人的根本属性。随着社会的发展和时代的进步,幼儿园的课程目标也应该有所变化。幼儿园教育是基础教育的重要组成部分,是学校教育和终身教育的奠基阶段。因此,在制定幼儿园课程目标时,既要充分考虑当今社会对人才培养的要求,也要考虑未来的社会发展对人的要求。根据幼儿园教育的性质、根据全面发展的教育理念以及幼儿身心发展的特点与水平等制定出符合社会与时代要求的、幼儿可接受的课程目标[①]。

5. 缺失优先与长善救失原则

幼儿园课程的总目标与课程各领域目标为幼儿园具体教育活动的开展指明了方向,课程总目标与课程各领域目标是幼儿园教育的理想目标,理想目标的实现一方面需要设计者通过设计越来越具体的下级目标加以落实,另一方面在设计下级层次的目标中,特别是在确立单元课程目标和具体活动目标中,设计者还要考虑现实中幼儿个体发展状况与理想目标要求之间的差距,尤其每个幼儿园在设计单元目标与具体活动目标时,要善于分析本幼儿园及本班幼儿在各方面发展上的优势方面与相对发展薄弱的方面,对那些发展相对薄弱的方面给予高度重视,考虑在教育活动中进行补偿性的教育,这也就是说,在制定操作性强的目标时,应把那些总目标中要求的、幼儿在此方面发展距离理想目标差距大的部分作为教育活动中重点要达到的目标,这也

---

① 张玉梅,周素珍.详论幼儿园课程目标制定的原则[J].内蒙古师范大学(教育科学版),2006(19).

意味着要缺失优先、长善救失,以保障幼儿全面发展或幼儿各方面素质都得到发展与有效提高。

6. 辩证统一性原则

幼儿园课程目标的制定是极其复杂的过程,需要考虑幼儿的年龄特点、社会发展和时代变迁对人才培养的新要求,还要考虑各领域之间的关系、本地区与本园的实际情况等。适宜的课程目标的制定需要不断地考量、权衡各方面因素,不断地处理各种冲突和矛盾,在各个要素之间找到一个平衡点。其实社会的发展与人自身的发展之间并不是对立的,人从本质上说是社会的人,将社会发展对人的要求融于幼儿发展的可能性中,才能制定出合宜的幼儿园课程目标。

二、幼儿园课程目标的层次及结构

幼儿园课程目标并不是以单一层次、单一维度存在的。从纵向进行剖析,幼儿园课程目标存在不同的层次,各层次的目标共同构成幼儿园课程目标体系。从横向看,幼儿园课程目标包含了知识、能力、情感与态度三个方面。

(一)幼儿园课程目标的层次

幼儿园课程目标由幼儿园课程总目标、各领域目标、各年龄班的目标、各年龄班学期目标、单元目标、具体的教育活动目标构成,是一个完整的目标体系。如右图3-2所示。

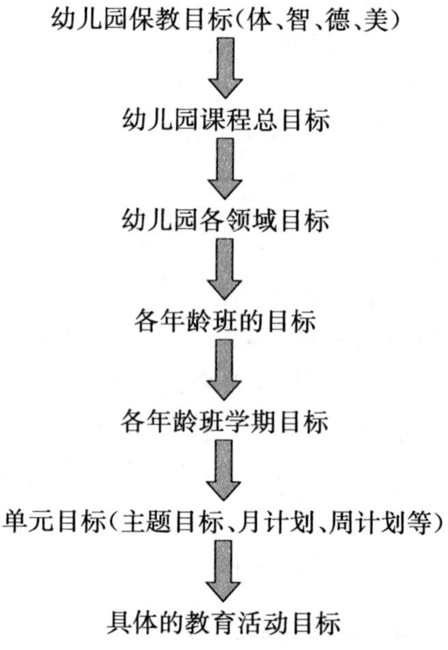

在第一节中,已经详细阐明了幼儿园保教目标和幼儿园课程总目标,在这里就不再赘述。本部分将重点说明其他层次的课程目标。

1. 幼儿园各领域目标

在幼儿园课程实践中,课程目标并不是孤立存在的,而是以课程内容为媒介,具体表现为不同领域的目标。《幼儿园教育指导纲要(试行)》中指出幼儿园的教育内容可以相对划分为健康、语言、社会、科学、艺术等五个领域,各领域的内容相互渗透,从不同的角度促进幼儿情感、态度、能力、知识、技能等方面的发展。

图3-2 幼儿园课程目标体系

其中,健康领域的目标为:身体健康,在集体生活中情绪安定、愉快;生活、卫生习惯良好,有基本的生活自理能力;知道必要的安全保健常识,学习保护自己;喜欢参加体育活动,动作协调、灵活。语言领域的目标为:乐意与人交谈,讲话礼貌;注意倾听对方讲话,能理解日常用语;能清楚地说出自己想说的事;喜欢听故事、看图书;能听懂和会说普通话。社会领域的目标为:能主动地参与各项活动,有自信心;乐意与人交往,学习互助、合作和分享,有同情心;理解并遵守日常生活中基本的社会行为规则;能努力做好力所能及的事,不怕困难,有初步的责任感;爱父母长辈、老师和同伴,爱集体、爱家乡、爱祖国。科学领域的目标为:对周围的事物、现象感兴趣,有好奇心和求知欲;能运用各种感官,动手动脑,探究问题;能用适当的方式表达、交流探索的过程和结果;能从生活和游戏中感受事物的数量关系并体验到数学的重要和有趣;爱护动植物,关心周围环境,亲近大自然,珍惜自然资源,有初步的环保意识。艺术领域的目标为:能初步感受并喜爱环境、生活和艺术中的美;喜欢参加艺术活动,并能大胆地表现自己的情感和体验;能用自己喜欢的方式进行艺术表现活动。

2. 各年龄班目标

各年龄班幼儿的身心发展特点不同,所以,对于不同年龄班的儿童来说,同一领域的目标要求也必然是不同的。以"语言领域"为例,小、中、大班的目标分别是:①

小班:① 喜欢听普通话并愿意学说普通话,逐渐发准易错音。② 能认真安静地听别人讲话。③ 愿意和别人交谈,能用简短完整的语句表达自己的请求和愿望。学会礼貌用语。④ 喜欢听老师讲述故事和朗诵儿歌,能初步理解作品的主要内容。能独立地朗诵儿歌。⑤ 喜欢阅读,爱护图书。养成正确的看书姿势,学会按顺序看图书,逐页翻阅,能看出画面的主要变化,在成人的帮助下看懂图书的内容。

中班:① 继续学说普通话,学会正确发出困难的、容易发错的音,尤其注意方言对正确发音的影响。② 集中注意倾听别人说话,围绕提出的问题正确回答。③ 乐于在集体中大胆回答问题,喜欢与人交谈。④ 能用完整的语句连贯地讲述。⑤ 理解故事、儿歌的内容,记住故事的主要情节。喜欢听故事、朗诵儿歌,创编、表演和复述故事与儿歌。⑥ 喜欢看图书,能按顺序翻阅图书,理解图书的主要内容。⑦ 对文字感兴趣,愿意学认常见的文字。

大班:① 养成积极地运用普通话与人交流的习惯,并且能从中获得快乐的体验。② 提高幼儿的倾听能力,能准确地理解语言内容,把握语言信息的重点和要点。③ 发展幼儿的语言表达能力,能运用交谈、讲述、讨论等多种表达方式和表达技巧展开语言交流活动。④ 丰富幼儿对文学作品的了解和欣赏,能感知各种不同风格、不同体裁的文学作品的特点,并且能尝试性地运用艺术语言。⑤ 喜欢看图书,激发初步的文字书写的兴趣,了解文字、标记与日常生活的关系。

3. 各年龄班学期目标

对于同一个年龄班来说,上学期和下学期幼儿的发展水平又有所不同。以中班"科学"为例,上学期和下学期的目标分别为:②

上学期目标:① 喜欢探索周围常见的事物与现象,并从中体会到快乐,能有顺

---

① 周兢,陈娟娟. 幼儿园活动整合课程指导[M]. 南京:南京师范大学出版社,2002.
② 周兢,陈娟娟. 幼儿园活动整合课程指导[M]. 南京:南京师范大学出版社,2002.

序、有目的地进行观察;② 会比较事物的不同点,会按某些外部特征或某一简单规律对某些事物进行分类;③ 能使用各种常见材料进行简单的小实验,有简单的猜想;④ 能用多种方式与成人、同伴等分享和交流自己探索的过程和感受;⑤ 知道季节的变化,关心、爱护自己身边的动植物,爱惜周围的环境;⑥ 知道周围生活中如交通工具等科技产品与人们生活的关系。

下学期目标:① 喜欢探索周围环境,乐于发现,能主动参加科学活动;② 学习观察方法,初步学会运用多种感官观察、有顺序地观察、比较观察,学习对物体按一定的标准进行简单分类,学习用语言和绘画等方式表达自己的感受与发现;③ 认识自然事物、自然现象和科技产品与人的关系,关心爱护动植物和周围的自然环境;④ 对一些科学现象感兴趣,了解它们在生活中的应用和人们生活的关系;⑤ 了解季节特征,引导幼儿观察周围自然事物和现象及其变化,使幼儿获得广泛的科学经验,并能在表象水平上形成初步的概念。

4. 单元目标

学期目标需要通过一个一个的单元目标进行进一步的分解。单元目标通常包括主题活动目标、月计划、周计划等。在我国目前的幼儿园实践中,主题活动是课程实施的一种主要形式,那么,月计划就相当于主题活动目标。例如,小、中、大班关于"水"的主题活动目标设置如下:[①]

小班:① 初步感知水会流动,水是透明的等特性;② 喜欢用水玩各种游戏;③ 感受玩水的快乐。

中班:① 在玩水的过程中,积累有关水的特征(无色、无味、有浮力、有渗透性等)的感性经验;② 尝试用水做小实验,养成观察记录的习惯;③ 体验人们的生活离不开水,懂得爱惜水的道理。

大班:① 观察大自然中的水,探究和发现水的不同来源和特征;② 通过各种关于水的实验,养成仔细观察与探究的科学态度;③ 了解水与人类的关系,增强节约用水、保护水资源的意识。

5. 具体的教育活动目标

各个层次的课程目标最终都落实在一个个具体的教育活动上。如大班的科学活动"食品包装"的目标如下:[②]

① 了解食品包装的种类、优点;② 动手操作,掌握包装食品的简单技能;③ 进行初步的欣赏,设计食品包装。

[①] 上海市教育委员会教学研究室.幼儿园课程图景——课程实施方案编制指南[M].上海:华东师范大学出版社,2013:44.

[②] 黄瑾.幼儿园教育活动设计与指导[M].上海:华东师范大学出版社,2007:42.

(二) 幼儿园课程目标的结构

1. 布鲁姆的教育目标分类

按照布鲁姆的教育目标分类系统,将教育目标分为认知领域目标、动作技能领域目标和情感与态度领域目标三个方面。下面将对每个领域的目标进行详细说明:

(1) 认知领域的目标

知识	这是指对先前学习过的材料的记忆。它包括:具体的知识,即术语的知识和具体事实的知识;处理具体事物的方式方法的知识;学习领域中的普通原理和抽象概念的知识。这是最低水平的认知学习结果,其所要求的心理过程主要是记忆。
领会	这里指理解所传授的知识和信息的能力,一般可借助转化、解释和推断三种形式来完成。转化:用自己觉得有意义的话语来组织表达所传授的内容和知识;解释:对所交流的信息进行解释和说明;推断:通过目前的知识去推测未来的状况。领会超越了单纯的记忆,代表最低水平的理解。
运用	这里指能将习得的材料应用于新的具体情境,它包括概念、规则、方法、规律和理论的应用。运用代表较高水平的理解。
分析	把复杂的材料分解成各个组成部分,以便弄清各种观念的有关层次,或者弄清所表达的各种观念之间的关系。分析代表了比运用更高的智能水平,因为它既要理解材料的内容,又要理解其结构。
综合	把各种要素和组成部分组成一个整体。它包括发表一篇内容独特的演说或文章,拟定一项操作计划或概括出一套抽象关系。它所强调的是创造能力,需要产生新的模式或结构。
评价	这里指对材料作价值判断的能力。它包括按材料内在的标准(如组织)或外在的标准(如与目的适当性)进行价值判断。这是最高水平认知学习结果,因为它要求超越原先的学习内容,并需要基于明确标准的价值判断。

(2) 情感领域的目标

接受(注意)	这里指学生愿意注意特殊的现象或刺激(如课堂活动、教科书、文体活动等)。从教师方面来看,其任务是指引和维持学生的注意。学习结果包括从意识一事物的存在的简单注意到学生的选择性注意。它是低级的价值内化水平。
反应	这里指学生主动参与。处在这一水平的学生,不仅注意某种现象,而且以某种方式对它做出反应(如自愿读规定范围外的材料),以及反应的满足(如以愉快的心情阅读),这类目标与教师通常所说的"兴趣"类似,强调对特殊活动的选择与满足。
价值化(评价)	这里指学生将特殊的对象、现象或行为与一定的价值标准相联系。它包括接受某种价值标准(如愿意改进与团体交往的技能),偏爱某种价值标准和为某种价值标准做奉献(如为发挥集体的有效作用而承担义务)。这一阶段的学习结果所涉及的行为的一致性和稳定性使得这种价值标准清晰可辨。价值化与教师通常所说的"态度"和"欣赏"类似。

(续表)

组织	这里指将许多不同的价值标准组合在一起,克服它们之间的矛盾、冲突,并开始建立内在一致的价值体系。重点是将许多价值标准进行比较、关联和系统化。学习的结果可能涉及某一价值系统的组织。与人生哲学有关的教学目标属于这一级水平。
价值与价值体系的性格化	这里指个人具有长时期控制自己的行为以致发展了性格化"生活方式"的价值体系。其行为是普遍的、一致的和可以预期的。这一水平的学习结果包括范围广泛的活动,但强调学生行为的典型性和性格化。这阶段的教学目标着重学生的一般适应模式(包括个人的、社会的和情绪的)。

(3) 动作技能领域的目标

知觉	这里指运用感官获得信息以指导动作。
定向	这里指对稳定的活动的准备,包括心理定向(心理准备)、生理定向(生理准备)、情绪准备(愿意活动)。知觉是其先决条件。
有指导的反应	这里指复杂动作技能学习的早期阶段,包括模仿和尝试错误。通过教师或一套适当的标准可判断操作的适当性。
机械动作	这里指学习者的反应已成为习惯,能以某种熟练和自信水平完成动作。这一阶段的学习结果涉及各种形式的操作技能,但动作模式并不复杂。
复杂的外显反应	这里指包含复杂动作模式的熟练动作操作,操作的熟练性以迅速、连贯、精确和轻松为指标。
适应	这里指技能的高度发展水平,学生能修正自己的动作模式以适应特殊的装置或满足具体情境的需要。
创新	这里指创造新的动作模式以适合具体情境。它强调以高度发展的技能为基础的创造能力。

2. 幼儿园课程目标结构

对于幼儿园课程目标来说,从横向上看,每一层次的课程目标都应该包含知识、能力、情感与态度三个维度。

小班幼儿科学领域的课程目标从结构上可以是:[1]

1. 知识方面

(1) 引导幼儿观察周围常见的自然物(动植物和无生命物质)的特征,获取粗浅的科学经验,初步了解它们与幼儿生活、与周围环境的具体关系;

(2) 引导幼儿观察周围常见自然现象的明显特征,获取粗浅的科学经验,并感受它们与幼儿生活的关系;

(3) 引导幼儿观察日常生活中直接接触的个别人造产品的特征及用途,获取粗

---

[1] 张俊.幼儿园科学教育活动指导[M].北京:人民教育出版社,2012:43.

浅的科学经验,感受它们给生活带来的方便。

2. 能力方面

(1) 帮助幼儿了解各种感官在感知中的作用,学习正确使用各种感官感知的方法,发展感知能力;

(2) 引导幼儿用词语或简单的句子描述事物的特征或自己的发现,与同伴、教师交流;

(3) 帮助幼儿学习使用日常生活中常见科技产品的简单方法,参与简单的制作活动。

3. 情感与态度方面

(1) 激发幼儿对周围事物的好奇心,使其乐意感知和摆弄他们能够直接接触到的自然物和人造物;

(2) 萌发他们探索自然现象和参与制作活动的兴趣;

(3) 使其喜爱动植物和周围环境,并能在成人的感染下表现出关心、爱护周围事物的情感。

具体到某一个教育活动,其目标结构也应该涵盖知识、能力、情感与态度这三个方面。例如,小班的科学活动"好玩的乒乓球"目标为:① 通过探索了解乒乓球在不同的场地上回弹高度不同;② 能用简单的符号记录不同场地与乒乓球回弹高度;③ 积极参与乒乓球探索活动,有发现场地与回弹高度之间关系的兴趣。第一个目标涉及科学知识和经验,第二个目标属于科学探究的技能和方法,第三个目标属于科学精神与态度。

知海拾贝

幼儿园课程目标制定中存在的问题[①]

目前,幼儿园课程目标的制定在方案编制中日益得到重视。为此,幼儿园在努力理解和领会国家、地方有关课程目标精神和理念的基础上,结合幼儿园的办园目标和课程理念,纷纷开展了本园课程目标的研究和制定,借助课程目标的描述勾勒出经课程实施后本园幼儿发展的最终水平和状态。同时,幼儿园也期望通过课程目标的制定,能一定程度上反映出本园在人才培养方面的价值取向和个性特点。总体而言,在幼儿园课程目标的制定中,文字表述准确严密,表现出幼儿本位的课程目标价值观,以促进幼儿在情感态度、社会性、认知等方面的和谐发展为取向。

但是,在幼儿园课程目标的制定中,我们还发现以下问题亟待重视。

问题1:课程总目标的表述与幼儿园的课程理念、课程愿景之间缺乏一定的相关性

在编制课程目标前,许多幼儿园往往先确立本园的课程理念,有的幼儿园还

---

① 上海市教育委员会教学研究室.幼儿园课程图景——课程实施方案编制指南[M].上海:华东师范大学出版社,2013:30-33.

会展望本园的课程愿景,然后再表述幼儿园的课程总目标。但是,幼儿园对课程总目标与课程理念和课程愿景之间的关系把握还不够清晰,表现为在方案文本中,幼儿园将课程总目标简单孤立地描述一番,前后对照起来比较,课程总目标描述的内容与课程理念或课程愿景之间没有直接的内在逻辑联系,课程理念、课程愿景与课程总目标之间没有一定的相关性。造成这一现象的主要原因一是幼儿园对课程实施方案编制中的逻辑一致性不够重视,对方案要素之间的内在联系关注度不高。二是幼儿园管理者课程理论与知识的缺乏,对课程愿景、理念及目标等关联性概念之间的区别与联系的把握不够清晰。

例如,幼儿园课程愿景是营造分享的幼儿园文化氛围,创设富于变化的、支持性的环境,为幼儿提供充实的、多样化的材料,以丰富的形式开展多元指向的教育,从而使幼儿获得更和谐更全面的发展。

幼儿园的课程总目标以《上海市学前教育课程指南》为基础,课程的具体目标也同《上海市学前教育课程指南》。

以上案例中的幼儿园展望了自己的课程愿景,但在课程总目标制定中直接引用了《上海市学前教育课程指南》中的目标表述,普适性的、统一性的地方课程总目标无法很好地体现幼儿园自身追求的独特课程愿景,课程愿景没有具体实在的、与之相匹配的课程总目标,最终导致愿景失去明确的目标支持,愿景的实现就如同空中楼阁。

问题2:课程总目标表述涉及的目标种类较多,常常与办园目标、培养目标、教师发展目标等概念相混淆

在幼儿园课程实施方案编制时,幼儿园在课程总目标的表述中,涉及幼儿教育目标体系中多种类别的目标,包括办园目标、幼儿园发展目标、幼儿培养目标、教师发展目标、课程建设目标等。由于指向的目标种类过多,幼儿园常常将这些目标与课程总目标相混淆,使课程总目标的制定工作和呈现方式显得过于繁杂,影响和削弱了课程实施方案文本应重点考虑和制定的目标种类——课程总目标。该问题产生主要是由于幼儿园对课程目标的内涵和本质的认识不够清晰,对幼儿园教育体系中相关目标的区分不够重视。

幼儿园课程目标:

1. 幼儿培养目标

尊重、支持、帮助孩子自主、自信、自助地成长,培养幼儿好奇活泼之心性,乐群、参与的欲望,共同生活、探索表达的能力,身心健康,和谐发展,使每个孩子都有良好的生活习惯,使生命充满活力。

2. 教师发展目标

教师在走近、了解、研读、支持儿童的过程中,形成一批乐于追求、善于思考、勇于创新、甘于奉献、自主发展的学习型教师。

3. 课程建设目标

规范化、有特色、高质量,形成平等、自主、创新、和谐的课程文化。

4. 幼儿园发展目标

成为规范化、有特色、高质量的市级示范幼儿园。

以上案例中的幼儿园课程总目标制定中,描述了幼儿培养目标、教师发展目标、课程发展目标和幼儿园发展目标,唯独没有明确表述出课程实施方案中最需要考虑和规划的目标种类——幼儿园课程目标。而且,由于目标种类涉及过多,使课程实施方案对课程总目标本身的表述不够突出、清晰和准确,甚至被忽视,从而影响了课程目标在课程实施中的作用。

问题3:课程总目标和课程具体目标、课程阶段目标之间缺乏紧密的内在联系,分解后的具体目标和阶段目标与总目标的呼应不够

幼儿园课程实施方案编制时,幼儿园除了制定课程总目标外,为促进目标的贯彻落实,还会将总目标进一步分解为幼儿园课程具体目标和阶段目标。但如果由上而下、由总到分串起来看,方案中的课程具体目标、阶段目标与课程总目标之间的内在联系性还不够紧密。具体而言,幼儿园制定课程总目标时,往往能够结合本园独特的课程理念和幼儿园实际,将国家、地方的课程总目标进行一定程度的园本化,从而使课程总目标反映出本园课程理念与价值取向的个性特点,但总目标分解后的课程具体目标和课程阶段目标,则没有同步考虑进一步园本化的问题,完全按照《上海市学前教育课程指南》中具有普遍性的具体目标和年龄阶段目标,从方案文本的表述内容来看,幼儿园课程具体目标和阶段目标没有与课程总目标很好的呼应,使幼儿园课程总目标的精神和价值追求难以在课程具体目标和各年龄阶段目标中同样得到体现。这一问题的产生主要是由于幼儿园对方案文本编制的逻辑性要求关注不够,同时,也对不同层面目标之间的关系不够了解;也可能是方案文本与实践层面的脱节现象所造成的,课程一般目标、阶段目标没有及时将实践做法反映出来。不管原因是出于哪一方面,这一问题的存在在方案编制中值得重视,因为这不仅影响课程方案内在的逻辑性、严密性,影响课程相关目标之间的一致性程度,也影响了幼儿园课程总目标的层层贯彻落实和实现,影响了课程目标对实践的指导性程度。

例如,幼儿园课程总目标为:通过课程实施,促进幼儿健康水平及情感、态度、认知能力等方面的发展,培养"健康、乐群、自信、爱阅读、能表现、有责任感"的儿童。课程具体目标和阶段目标同《上海市学前教育课程指南》。

由以上幼儿园课程总目标的表述可见,幼儿"爱阅读"成为该园课程总目标园本化后一条突出的内容,是幼儿发展预期结果中的一大"亮点"。然而在课程具体目标和阶段目标表述中,幼儿园则直接沿用了《上海市学前教育课程指南》中的相关目标,由此,课程总目标追求和重点突出的内容在课程目标的分解中被湮没了,幼儿"爱阅读"的目标较难在各年龄段的课程实施中得到落实。

第三节 幼儿园课程目标的取向

在设计幼儿园课程目标时,由于对儿童发展、社会需求以及对幼儿园教育活动的不同理解,会呈现出不同的目标取向。幼儿园课程目标的取向主要有三种:行为目标、生成性目标和表现性目标。下面将对这几种课程目标取向进行详细的阐述。

一、行为目标

行为目标的早期倡导者是博比特,博比特和查特斯尝试为确定课程目标提供一套操作程序,这为行为目标在课程与教学领域的确立奠定了最初的基础。后来,泰勒在其《课程与教学的基本原理》一书中系统阐释了行为目标理念。

行为目标指的是用可被具体观察或测量的幼儿行为来表示对教育效果的预期,它是在教育过程展开之前预先制定的课程目标,指向的是通过教育活动幼儿所发生的行为变化。每一项行为目标一般包括三个构成要素:行为发生的情境、行为、行为表现标准。

例如,小班的数学教育活动"小兔找家"[①]的其中一条目标是:在小兔找家的游戏情境中,听指令按颜色、形状等属性特征"找家",躲避大灰狼。在这个目标中,"小兔找家的游戏情境"是行为发生的情境;"听指令""找家"是行为;"按颜色、形状等属性特征来找家"属于行为表现标准。

行为目标取向在20世纪的课程领域一度占据主导地位,它在本质上是受"技术理性"支配的,体现的是"唯科学主义"的教育价值观,以对行为的有效控制为核心。[②]这与20世纪科学技术的迅猛发展和行为主义心理学大发展有关。

行为目标的表述精确、具体、可操作性强,教师很容易根据课程目标有效地控制教学过程,而且便于评价幼儿是否达成预设的课程目标。总之,行为目标对于一些最基本的知识和技能的熟练掌握,对于保证一些相对简单的教育目标的达成是有益的。[③] 但是,行为目标同样存在很多的局限性:第一,行为目标过于强调人的外显行为,忽视了一些更重要的高级心理机能,如情感、态度、价值观、审美情趣等。而这些高级心理机能并不能完全通过可观察的外显行为来表征。第二,行为目标是控制本位的,泯灭了学习者的主体性和创造性。第三,行为目标强调精确性、具体化,目标过于细碎,忽视了完整人格的培养。泰勒意识到将课程目标无限具体化可能造成的不良影响,主张应该在课程目标的概括化和具体化之间找到一个平衡点,指出"目标应

---

① 陈杰琦,黄瑾.思考幼儿核心经验游戏资源包[M].南京:南京师范大学出版社,2012:69.
② 张华.课程与教学论[M].上海:上海教育出版社,2001:159.
③ 张华.课程与教学论[M].上海:上海教育出版社,2001:160.

该是清楚的,但不一定是具体的"①,也就是说,课程目标应该要形成的一般反应模式,而不是具体的行为习惯。

二、生成性目标

生成性目标指的是在教育过程中通过人与人、人与环境和材料的碰撞自然而然生成的课程目标,关注的主要是过程。生成性目标最早可追溯到杜威的教育哲学观,强调教育没有它自身之外的目的,课程目标是在儿童的经验不断被改造的过程中生长、生发出来的。"过程模式"的提出者斯腾豪斯给予生成性目标另一种意义。他认为,教育主要包括"训练""教学""引导"三个过程,教育的本质是"引导",即引导儿童进入知识之中的过程,教育成功的程度就是它所导致的儿童不可预期的行为结果增加的程度②。如果说行为目标是对"技术理性"的追求,那么,生成性目标就是对"实践理性"追求。

生成性目标取向的心理学基础是人本主义,他们认为课程要为儿童的发展提供有助于个人自由发展的学习经验,应强调儿童个人的生长、个性的完善,而不是关注如何界定和测量课程本身。例如,人本主义心理学家罗杰斯认为,凡是可以教的东西,相对而言都是无用的,对人的行为基本上不会产生什么影响,而真正能够影响人的行为的知识,只能是他自己发现并加以同化的知识。

在幼儿园课程设计中常常见到的课程目标"知道要爱护身边的小动物""体验与同伴合作游戏的快乐""对身体的影子及其变化感到好奇"等都是生成性目标。与行为目标相比,这些目标的表述都比较笼统、概括,不够明确和具体。这就对教师提出了更高的要求,要给幼儿提供尽可能丰富、层次性强的材料;在活动过程中善于观察儿童,并做出适当的引导,使幼儿在与材料、同伴、教师的交互作用中自己发现并同化知识、经验。

与行为目标相比,生成性目标存在很多优势:它将活动过程与结果统一起来;注重儿童在活动过程中、在与环境和材料的相互作用过程中产生自己的目标,充分尊重儿童的主体性;避免了行为目标只重视外显行为变化,而忽视内心自我建构的缺陷;将人的发展看作一个整体,而非一个个肢解的细化的目标。但是,生成性目标也存在一定的局限性,它对教师的要求很高。正如斯腾豪斯所说,"没有教师的发展就没有教育的发展"。秉持生成性目标取向,就需要教师有很高的教育机智,会观察、分析儿童的行为,会与儿童进行有意义的对话,会利用环境和材料引导儿童的发展。但即使教师有这样的教育机智,面对 30 人左右的大班额,恐怕也会感觉分身乏术。

---

① 张华. 课程与教学论[M]. 上海:上海教育出版社,2001:158.
② 朱家雄. 幼儿园课程(第二版)[M]. 上海:华东师范大学出版社,2011:156.

三、表现性目标

表现性目标是艾斯纳（E. W. Eisner）提出的一种目标取向，强调的是每一个儿童在与具体教育情境的种种"际遇"中所产生的个性化表现。它指向儿童创造性的培养，不规定儿童在学习活动结束以后应该获得的行为，而是关注儿童在学习活动中个性化、创造性的表现。

艾斯纳认为，在编制课程时，存在两种不同的教育目标——教学性目标和表现性目标。教学性目标是事先规定好的儿童在活动结束后应该获得的知识、技能等适合于表述文化中已有的规范和技能，通常对于大部分儿童而言是相同的。但是，表现性目标则不同，它追求的不是儿童反应的同质性，而是反应的多元化。表现性目标更适用于表述复杂的智力活动，如艺术创作。艾斯纳认为，只要儿童的创造性得到充分的发挥，那么，他在教育情境中的具体行为表现和所学得的东西就是无法准确预测的。

比如，中班活动"会跳舞的小树叶"的其中一个目标是：大胆地运用语言和肢体动作表达、表现会跳舞的小树叶。每个幼儿的已有经验不同、性格不同、语言和动作的发展水平不同，必然会有教师无法预测的多元化表现。又如，大班科学活动"让纸飞得远"的其中一个目标是：鼓励幼儿用自己的方式记录实验结果。基于幼儿发展水平和特点的不同，会出现不同的记录方式，数感发展好的孩子可能用百分数来表示远近，图像表征能力强的孩子可能用直线的长短、颜色对应等方式来表示远近。

表现性目标本质上是对"解放理性"的追求。它强调的是儿童的个性发展和创造性培养，强调个体差异，指向人的个性自由与解放。艾斯纳提出表现性目标，并不是要代替教学性目标，而是作为教学性目标的补充。

与生成性目标相似，表现性目标也反对课程目标的技术化倾向，重视人的自主性，重视教育情境；目标的表述较为开放，而不是规定统一的行为表现。这都有利于儿童主体性的发挥，有利于儿童的个性发展。但是，表现是将感情、观点赋予材料，借助一定的技能和方法进行表达。因此，表现性目标要以表现性技能为基础，离不开教学性目标对某种技能的发展。

四、课程目标取向的互补和整合

每一种目标取向都有其优势，也有其局限性。从行为目标取向发展到生成性目标取向，再发展到表现性目标取向，从目标模式的课程目标到过程取向的课程目标，体现了课程发展对人的主体价值和个性解放的追求，反映了时代精神的发展方向。[1]但是，并不是说后者可以完全取代前者。在幼儿园课程目标编制的过程中，不能完全舍弃某一种课程目标，而应该整合三种取向的目标，共同为达成学前教育的目标服务。

行为目标虽然有将教育过程与结果二元对立的倾向，但其表述精确、具体，可操

---

[1] 朱家雄.幼儿园课程(第二版)[M].上海:华东师范大学出版社.2011:157.

作性强。在幼儿园课程中,某些知识和技能的传授、行为习惯的训练,可以运用行为目标的方式表述,以期通过课程的实施,全体儿童或大部分儿童都能发生外显行为的变化。对于一些技能的学习、习惯的养成和较低层面的教育要求,如果采用行为目标编制课程,往往能收到较为直接的、理想的效果。

生成性目标取向和表现性目标取向的表述都较为笼统、开放,并不对儿童通过课程所获得的发展做统一性规定,充分尊重人的自主性、主体性,能够为人的个性发展提供良好条件。高层次教育目标的实现依赖于人自身的建构,具有不可预测性和不可控制性。生成性目标和表现性目标恰好为高层次教育目标的实现创造了条件。像社会性发展等方面的目标,儿童可以在教育过程中,在具体的教育情境中与各种元素进行交互作用的过程达成。

复习与思考

对幼儿园课程目标的理解建立在对课程目标内涵理解的基础之上,而课程目标又与教育目的、教育目标存在一定的关联。因此,本章第一节先呈现了教育目的、教育目标这两个概念,在此基础上再探讨课程目标的内涵;然后再聚焦到幼儿园课程目标。

确定幼儿园课程目标是幼儿园课程方案编制的重要一步。幼儿园课程目标的制定需要有一定的依据,要建立在对儿童、对社会以及对人类知识研究的基础上;同时还要遵循一定的原则。在具体的操作层面,制定幼儿园课程目标时需要将其看作一个系统,在纵向上要考虑幼儿园课程总目标、各领域目标、各年龄班目标、各年龄班学期目标以及具体的教育活动目标;在横向上要涵盖认知、动作技能、情感与态度三个维度。

由于对儿童发展、社会需求和幼儿园教育活动的理解不同,幼儿园课程目标呈现出三种取向——行为目标、生成性目标、表现性目标。每种目标取向都各有其优势与不足,因此,在幼儿园教育实践中设计课程目标时,应当以幼儿的全面和谐发展为目的,整合三种取向的课程目标。

1. 幼儿园课程目标的内涵是什么?它与教育目的、教育目标、课程目标的关系是什么?
2. 幼儿园课程目标的制定依据有哪些?
3. 幼儿园课程目标具有什么样的层次与结构?
4. 在幼儿园保教实践中,幼儿园课程目标有哪几种取向?它们各自的优势是什么?它们之间是什么关系?

第四章 幼儿园课程内容

获取本章
拓展资源

导 言

幼儿园课程内容是幼儿园课程四要素之一,是实现幼儿园课程目标的手段,也是实现课程目标的基本材料和主要媒介。对于教师和幼儿而言,主要解决的是"教什么"和"学什么"的问题。幼儿园应为幼儿提供健康、丰富的生活和活动环境,满足他们多方面发展的需要,使他们在快乐的童年生活中获得有益于身心发展的经验。幼儿园课程内容的建构应综合考虑现代社会的期望与要求、幼儿身心发展的水平与规律、学科发展的现状与趋势,合理调配,科学安排,有机结合。

《幼儿园教育指导纲要(试行)》中对幼儿园课程内容并没有明确具体的规定,而是以透过要求看内容的方式呈现,2012年颁布的《3—6岁儿童学习与发展指南》进一步明确了每个领域的核心目标和教育建议,对幼儿园课程内容的选择具有一定的指向性。在幼儿园教育实践中,什么是幼儿园课程内容?幼儿园课程内容有哪些特点?应该根据什么来选择课程内容?如何选择和确定课程内容?在实践中应该如何组织课程内容?如何根据《幼儿园教育指导纲要(试行)》《3—6岁儿童学习与发展指南》的价值导向和相关要求,自主的选择适宜儿童发展和本土文化的课程内容等,这些都是目前幼儿园课程改革和建设中需要不断思考和探索的问题。

基于这些问题,本章包含三节内容,第一节主要介绍幼儿园课程内容的界定,其中包括幼儿园课程内容的概念、特点和价值取向;第二节重点阐述幼儿园课程内容的选择,具体包括幼儿园课程内容选择的取向、原则、依据和方法;第三节重点分析了幼儿园课程内容的组织,其中包括组织原则:学科逻辑顺序和心理发展顺序、横向组织和纵向组织、直线式组织和螺旋式组织,组织方式包括:学科中心课程和儿童中心课程。

学习建议

1. 可采用头脑风暴的学习方式,由学习者把自己所认为适宜于幼儿园的课程内容提出来并进行归纳,然后小组讨论,展示并说明这些课程内容选择的依据,以及编排建议。

2. 可结合教育见习,以及实践案例的阅读和讨论,用实例和具体化的方法对幼儿园课程内容的特点和组织原则做深入分析和理解。

学习目标

1. 了解幼儿园课程内容的基本范围及特点。
2. 理解并掌握幼儿园课程内容选择的依据和方法。
3. 理解并掌握幼儿园课程内容的组织原则和形式。

第一节 幼儿园课程内容的界定

幼儿园课程内容是实现幼儿园课程目标的载体和对象，与课程目标紧密联系。因此，我们在明确幼儿园课程目标的基础上，还需要对幼儿园课程内容的概念、特点和价值取向加以详尽的分析，并合理的组织与选择课程内容，从而才能保证课程目标的实现。

一、幼儿园课程内容的概念

课程内容是指各门学科中特定的事实、观点、原理和问题，以及处理它们的方式，它是在一定的教育价值观及相应的课程与教学目标指导下对学科知识、社会生活经验或学习者的经验中对有关知识经验的概念、原理、技能、方法、价值观等的选择和组织而构成的体系。① 课程目标一旦有了明确的表述，就在一定程度上为课程内容的选择和组织提供基本的方向。幼儿园课程内容同样也是依照相应的幼儿园课程目标而设计的。有关幼儿园课程内容的界定较多，虞永平教授（2002）认为：幼儿园课程内容是指依照幼儿园课程目标选定的通过一定的形式表现和组织的基本知识、基本态度、基本行为。② 朱家雄教授（2010）认为：幼儿园课程内容是实现幼儿园课程目标的手段，对于教师和儿童而言，主要解决的分别是"教什么"和"学什么"的问题。③ 幼儿园课程内容与幼儿园课程目标相符合的程度与幼儿园课程设计者所持有的价值取向能否得以实现有着直接联系。20世纪90年代后，世界范围内知识观的变化，受后现代视角下解构主义的影响等，同样引发了人们对幼儿园课程内容的深思。知识的情境性、复杂性、不确定性特征开始被广泛接受，在此基础上有关幼儿园课程内容的变革开始聚焦在领域（学科）知识基础上，强调课程内容与儿童日常生活和经验的关联，强调课程内容的"有用"和"有趣"，强调知识之间的迁移、扩展和横向联结。概括来说，幼儿园的课程内容是为实现教育目标，根据幼儿园课程目标及幼儿学习经验而选择的，蕴涵或组织幼儿的各种活动中的基本态度、基本知识、基本技能和基本行为方

---

① 钟启泉，汪霞，王文静. 课程与教学论[M]. 上海：华东师范大学出版社，2015：68.
② 虞永平. 学前课程价值论[M]. 南京：江苏教育出版社，2002：196.
③ 朱家雄. 幼儿园课程的理论与实践[M]. 上海：华东师范大学出版社，2010：100.

式的总和。

对于幼儿园课程内容的理解，可以从两方面来分析。首先，内容是为目标服务的，课程目标是选择课程内容的依据，内容的选择和组织应该以实现目标为原则，保持与目标的一致性。其次，幼儿园课程内容不仅包括各领域的知识和技能，还应包括幼儿在幼儿园学习的过程中所形成的态度以及相应的行为方式，以保证幼儿身心的全面发展。有关幼儿园课程内容的分析应当以课程目标为基础，旨在阐明学前儿童学习内容的范围、深度并揭示学习内容各组成部分的联系，以保证达到教学最优化。《幼儿园工作规程》中明确指出："教育活动的内容应根据教育目标、幼儿的实际水平和兴趣，以循序渐进为原则，有计划地选择和组织。"明确幼儿园课程目标和内容之间的联系，是课程组织与实施的前提。课程目标为课程内容指明方向，课程内容是课程目标的依托，是实现目标的载体。

二、幼儿园课程内容的特点

幼儿园课程的性质及学前儿童学习和发展的基本特点，决定了幼儿园课程内容的基本特点。幼儿园课程的内容包括知识、经验、活动、行为、态度。具体来说，幼儿园课程内容具备以下基本特点：

（一）基础性和启蒙性

1. 基础性

基础性是幼儿园课程内容的基本特点。它主要表现在以下几个方面：首先，幼儿园课程的内容比较浅显，是其他一切课程内容中最基础的部分；其次，幼儿园课程内容是从最基础、最浅显的内容开始的；再次，幼儿园课程内容具有最基础的结构和启蒙功能；最后，幼儿园课程内容涉及人生初期的发展问题。良好的教育是连续而有机发展的教育，是具有可持续发展特性的教育。与这种教育相适应的课程内容也应具有可持续性和连贯性。学前教育在整个教育中的基础位置决定了幼儿园课程内容的基础性。幼儿园课程内容相对于课程整体是基础部分。幼儿园课程本身就是从最基础的内容开始而逐渐展开的，它和人的生命及其内容是同步发展的。人的身体素质、结构、功能与心理各成分、功能在学前阶段奠定基础，成为后续发展的根基。幼儿园的课程内容就是要积极顺应幼儿发展的"自然规律"和"序"，一方面使幼儿身心得到发展，另一方面要促进其向高水平发展。

2. 启蒙性

幼儿园课程内容的基础性，在一定程度上要求内容的规范性，即幼儿园课程内容要具有一定的客观性、科学性。因此，幼儿园课程内容一定要依据课程目标做出适当的规范。幼儿园课程是终身教育的开端课程，对学前儿童心智启蒙起着重要作用。课程内容的规范性和基础性，能够在一定程度上对幼儿园课程的整体质量起到"保底"的作用。幼儿园的课程内容是实现课程目标的核心手段，因而具有启蒙性。启蒙性是基础性的深入和具体化，它主要指人的精神或心理的启蒙。启蒙性也体现幼儿园课程内容的功能性,它既指遵循儿童心理自然产生的顺序安排适合的课程内容,也指促使幼儿某种心理产生,使幼儿进入"从无到有"的过程。在2012年颁布的《3—6岁儿童学习与发展指南》中更为详细、明确地提出了教育要注重幼儿的"直接感知、实际操作和亲身体验",进一步指明了幼儿主动学习的内涵,以及幼儿园课程内容的基础性和启蒙性。启蒙性还体现在幼儿园课程内容的预备性,幼儿园课程内容具有对日后教育做准备的作用,是终身学习的基础。

(二) 情境化和生活化

1. 情境化

课程内容的情境化是课程内容引发学生兴趣而积极主动发展的特点,在本质上,它是学生心理能动性对教育条件的要求。幼儿园课程内容也正是如此,这种情境化对幼儿来讲主要是指课程内容应当具有一定的趣味性和挑战性。幼儿园课程内容的情境化体现在两个方面:一是出于构想或假想之中的情境化;二是现实生活或周围世界的情境化。教育活动离不开教育情境。课程就是学习者、教育者和教育情境相互作用的活动。教育情境是幼儿积累经验的必要条件,不同特点和性质的教育情境是影响幼儿经验的重要因素。课程内容的情境化并不只是客观地描述一种存在或实施方式,也不是对假想情况的简单模拟,而是课程内容能充分调动幼儿进行认知和情感参与,萌生和强化幼儿的兴趣,从中得到有益经验,促进其身心健康发展。学前儿童情绪情感、认知方式易受外界影响,学习的情境感染性强,活动新颖、有突出特点或者故事化、与生活场景相似的情境容易引起他们的心理感应。学前儿童置身于某种环境中,通过自己各种感官的体验,亲自操作,会获得生动直接的生活经验,同时培养其兴趣、陶冶情操,促使身心和谐发展,这也正符合《3—6岁儿童学习与发展指南》的要求。

2. 生活化

学前儿童活泼好动、好奇心强,其思维以直观性、具体性、形象性为突出特点,以直接感知、亲身体验和实际操作的方式学习,其发展效果会更好。与此特点相适应,课程内容必须具体、形象、直观、可操作性,即具有情境性。陈鹤琴主张:"把大自然、大社会做出发点,让儿童直接向大自然、大社会去学习。"他认为,对幼儿来说,大自然、大社会才是真正的教科书。大自然、大社会是"活"的书,就是因为它是"情境",具有感染儿童心灵的力量。自然现象与事物,本身就是五彩缤纷的"画面",这些"画面"都可以成为学前儿童的"教材"。人类社会同样精彩纷呈,也是丰富的"社会画面"。"自然画面"和"社会画面"纵横交织,互相辉映,形成了更加绚丽多姿的"大自然、大社会",这就是学前儿童的活教材。幼儿的学习侧重感性经验、直接经验的积累,他们是通过游戏、观察、操作在一日生活的活动之中获得各方面发展的,具有生活性。在丰富的社会生活中,儿童亲身接触认识各种事物,在已有知识经验的基础上,也在不断拓展其认知范围,生成新的知识经验。

课程内容的情境性和生活性,符合学前儿童直观形象化的思维特点。学前儿童会随着年龄的增长逐渐变得"有经验",意识性也会逐渐增强,理性成分也会增多。而教育就是要发展儿童的理性因素,让儿童逐渐"成熟"起来。因此,课程内容的情境性和生活化会随着年龄的增长而逐渐降低。

(三) 整体性和综合性

1. 整体性

课程内容的整体性是指,课程内容各组成部分之间有机联系,形成具有整体功能的结构。这主要表现在纵、横两方面。从横向来讲,不同领域、不同类型的课程内容之间彼此联系,构成统一整体;从纵向来看,同一领域、相同类型的内容按一定心理顺序和逻辑顺序组成整体,发挥整体功能。幼儿园课程内容的整体性是由学前儿童发展的特点和教育任务目标要求决定的。学前儿童身心发展的整体性,要求整体性教育,整体性教育必须有整体性课程内容来支持。横向上来讲,学前儿童身心整体包括运动能力、平衡性、协调性、柔韧性、忍耐性等身体素质结构与自主性、创造性、公正性、表现性、情趣性等心理品德素质结构,所有这些方面的有机整体的发展,可称为横向整体性。同时,这些方面也是连续发展的,在纵向上表现为前后协调一致,功能不断增强,即纵向整体性。纵横交织,构成整体。与此相联系,教育任务要求,必须全面地发展学前儿童体、智、德、美诸方面,使各方面紧密配合。因此,要促进学前儿童整体发展,完成全面发展的教育任务,必须使课程内容覆盖学前儿童身心发展各方面。

值得强调的是课程内容的整体性并不等于全面性。整体性反映的是各因素之间有机联系形成的总体特性,而全面性注重的是各方面的课程内容教育必须齐全,因素齐全,并不必然形成整体。课程内容具有整体性并不是要均衡地安排课程内容,不是简单地拼合,因为不同年龄阶段"整体性"的特点不同,与此相适宜的课程内容的整体性也具有不同的特点。因此,课程内容的整体性强调的是课程内容各部分有机联系的特性。课程内容的横向整体性是指课程内容横向的有机联系性。具有此特性的课程内容有助于帮助学习者形成不同事物之间普遍联系的观念。课程内容的横向整体性主要是强调不同类型或不同领域的课程内容之间的有机联系和渗透。课程内容的纵向整体性指的是同类或同领域内容的顺序性联系。顺序性强调,重要的是把每一后继经验建立在先前经验的基础之上,同时又对有关内容做更深入、更广泛的探讨。例如,幼儿园数学领域的课程内容与小学的数学内容框架是一致的,只是在内容的深度和广度上存在区别,但总体呈现出数学学科的连续性和内部的一致性,即纵向的整体性。

2. 综合性

课程内容的综合性,是指内容之间的相互关联和相互渗透。《幼儿园教育指导纲要(试行)》中明确强调幼儿园各领域的内容相互渗透,从不同的角度促进幼儿情感、态度、能力、知识、技能等方面的发展。幼儿园课程内容强调内容范围的全面性和融合性,虽然幼儿园课程内容包括五大领域,不同领域又包含不同的内容,但这些内容是相互联系的,幼儿的学习也是综合的,我国现阶段在幼儿园课程开展的主题课程就是整合各领域的内容,各领域之间相互渗透,相互融合,单一领域包含着认知类、情感态度类和动作技能类的学习内容,促进幼儿各方面的综合发展,例如,在一个活动中,可能既包含儿童认知方面的内容,也渗透着对儿童情感及价值观的培养,既有数学领域的内容,也有音乐或语言方面的渗透。课程内容的综合性强调内容之间逻辑上的整合,并非内容上的机械叠加,强调尊重儿童身心发展,以及知识体系的全面性。综合性不仅仅是课程内容逻辑组织的结果,更是学前儿童和教育者心理组织以及相互作用的要求。幼儿园课程内容综合性所表明的是,必须用全面和整体的眼光看待学前儿童的发展,使课程内容在纵横两个方向上有机联系起来,发挥整体功能,促进学前儿童身心整体有机的发展。

三、幼儿园课程内容的价值取向

课程内容的基本来源是"学习者的需要""当代社会生活的需求""学科的发展情况",相应地,课程内容的基本取向即"学习者的经验""社会生活经验"和"学科知识"。① 对幼儿园课程内容而言,同样存在三种不同的取向,反映了对幼儿园课程内容的不同理解,在其背后,体现的是不同的教育目的取向。在幼儿园课程编制的过程中,针对课程内容的选择和组织首先涉及的是对课程内容取向的思考,随后才是课程的类型、结构和其他的方面。

(一)课程内容即学科知识

当课程内容的基本来源主要是学科的发展情况时,学科知识就成为课程的主要内容。课程内容历来被当作要学生习得的知识来对待,这些知识采取事实、原理、体系等形式构成一定的科目,不管用什么样的术语表达,重点都放在向学生传授知识这一基点上,而知识的传授是以教材为依据的。将课程内容看作知识的取向,是与将课程内容看作为向儿童传递的知识这一基本点联系在一起的。对课程内容持这一取向,会使课程编制者将课程内容的重点放在学科体系上,会较多地考虑知识本身的系统性和逻辑性,使之成为在教与学过程中的基本材料。

例如,20世纪80年代,我国颁布的两部有关幼儿园课程的教育政策文件:1979年《城市幼儿园工作条例》和1981年颁布的《幼儿园教育纲要(试行草案)》中都传达出了鲜明的理性主义知识观,强调"作业"和"上课",认为课程的本质是知识,课程即教学科目或教学科目的总和,非常重视学科内部的逻辑联系,而非学科之间的关系,更不是作为教育对象的儿童的兴趣和需要,明显体现了课程重知识的取向。在幼儿园课程中,尽管较少采用儿童使用教材的形式。但是,对课程内容持这一取向,会使课程编制者将课程内容的重点放在为教师教学编制的教材上,通过教师在教学过程中实施教学计划、教学大纲和运用教材,将系统的知识和技能传递给儿童。

---

① 钟启泉,汪霞,王文静.课程与教学论[M].上海:华东师范大学出版社,2015:69.

课程内容即知识的取向,实质是从学科体系出发,强调向幼儿传授各领域的知识体系,突出体现"教材"中规定的内容。将课程内容看作是预设的东西,规定了教师应该教什么、儿童应该学什么,其长处在于知识和技能的系统性和可操作性强,使教师在教育、教学过程中有据可依。基于这些优点,课程内容即学科知识的取向在幼儿园课程编制过程中被广泛采用。把课程内容的重点放在教材上,有利于考虑各领域知识的系统性,明确教与学的内容,从而使教学工作有据可依。但是,这一取向使课程内容成为课程编制者规定儿童必须接受的东西,而不一定是儿童需要和感兴趣的东西;教师很容易把课程内容作为预设的内容而被动地传授,并把它当成是"任务"去完成,而不再赋予其他新的意义与内容。同时,由于学科的逻辑性,对于幼小年龄的儿童来说,可能会觉得课程内容枯燥。为了弥补该课程内容取向的弊端,课程编制者和教师经常会想方设法地运用各种教学技术和技巧,对教材进行加工和改造,试图使教材能引起儿童的兴趣。例如,现阶段我国多数省市地区以主题课程为主,仍会参考一些教材,然后将幼儿的兴趣和问题有效地纳入主题,从而重新整合教材内容。

(二) 课程内容即经验和活动

进入20世纪90年代,出台的与学前教育相关的政策数量较多,涉及幼儿园课程的政策主要包括1989年《幼儿园工作规程(试行)》和《幼儿园管理条例》、1996年《幼儿园工作规程》、2001年的《幼儿园教育指导纲要(试行)》、2012年的《3—6岁儿童学习与发展指南》以及2016年修订的《幼儿园工作规程》等,进一步规范了学前教育事业及学前教育课程的发展,加之国内外课程改革与管理新思想、新观念的出现,学前教育课程模式也开始丰富起来,分科课程与主题课程模式并行,全国出现了各种类型的教材,幼儿园课程相关政策对课程的规定,体现了从"课程即知识"逐渐转向"课程即活动和经验",认为课程是学习者通过活动获得经验的过程。

当课程内容的基本来源主要是当代社会生活的需求时,社会生活经验就成为课程与教学的主要内容。博比特曾明确指出课程与教学应当对社会的需要做出反应,并通过研究成人的活动,识别各种社会需要,把它们转化成课程目标,再进一步把这些目标转化成学生的学习活动。后来,查特斯和塔巴(H. Taba)等人,基本上都采用这种方式,形成了著名的"活动分析法"课程编制技术。

将课程内容看成是学习活动的取向,把关注点放在儿童"做"些什么方面,强调课程与社会生活的联系,强调儿童在学习中的主动性。英国教育家怀特海(A. N. Whitehead)指出"教育只有一种教材,那就是生活的一切方面",明确地说明了这种价值取向的本质。课程内容的这种取向对"课程内容即学科知识"提出了挑战,批评这种取向关心的只是向儿童呈现什么内容,告诉儿童一些基本事实和方法,而不关注儿童自己在活动过程的参与。学习活动的取向重点是放在儿童做什么上面,而不是放在教材的领域知识体系上面。以活动为取向的课程内容,特别注意与社会生活的联系,强调幼儿在学习中的主动性和学习兴趣,它关注的不是向幼儿呈现些什么,而是让幼儿积极地参与各种活动。例如,在瑞吉欧的方案教学中,强调让幼儿通过参与科学发现活动的过程来了解一些基本的现象和规律,并主动地发现问题、解决问题。

当课程内容目标的基本来源主要是学习者需要时,学习者的经验就成为课程的主要内容。凡是倡导经验课程的课程理论流派大多都把学习者的经验置于课程内容的核心或重要地位。例如,20世纪上半叶杜威倡导的"进步教育论"及相应的自然主义经验课程理论,20世纪70年代以来流行的当代人本主义经验课程理论等。学习者的经验实际上既不等同于一个领域所涉及的内容,也不等同于教师所从事的活动,而是指学生与外部环境的相互作用。因此,课程内容即经验的取向把课程内容看成是儿童的学习经验,认定儿童是主动的学习者,决定学习的质和量的主要方面是儿童而不是教材。换言之,把课程内容视为幼儿的学习经验,必然会突破外部施加给幼儿的东西,因为幼儿是否能够真正理解和获得课程内容,主要取决于他们已有的心理结构,取决于幼儿与环境之间的有意义的交互作用。这种价值取向认为,幼儿已经有的认知结构和情感特征对课程内容起着支配作用,知识是儿童自己"学"会的,而不是教师"教"会的;课程内容应由儿童决定,而不是由课程编制者和组织者支配。幼儿之所以参与,是因为教育环境中某些特征吸引他,幼儿对这些特征做出反应。因此,教师的职责在于建构适宜幼儿能力与兴趣的各种教育情境,以便为每个幼儿提供有意义的经验。对课程内容持这种取向,会使课程编制者关注幼儿园环境的创设,关注儿童学习经验的获得。例如,一些以皮亚杰建构理论为主要理论基础的早期儿童教育课程和教育方案——高瞻课程(High Scope)、瑞吉欧教育体系,就是以此作为课程内容取向的,课程和方案设计者强调的是儿童在与环境交互作用中经验的获得和知识的建构,而不是特定知识的传递,或一般意义上活动的组织和安排。

在幼儿园课程编制中,对课程内容持这种取向,会使课程编制者设计和安排大量的活动,并让儿童在参与活动的过程中去探索和发现。例如,我国教育家陈鹤琴提出的"活教育"的三大目标,其中"做中学、做中教、做中求进步;大自然、大社会都是活教材",反映的就是这种取向。课程内容即学习活动的取向关注了儿童的活动,但是,这些往往是儿童的外显活动,尽管这些活动在表面上可能很活跃,但是,这往往不是儿童对课程内容的同化,不会从根本上引起儿童深层次的心理结构的变化。在学习过程中,每个儿童都在自己原有的水平上获得经验,即使是同样的活动,对于不同的儿童而言,所获得的经验可能是完全不相同的。课程内容的这种取向没有从根本上反映出儿童学习的这一本质。因此,在具体的实践操作中,应该尽量避免只关注幼儿外显的活动和表面上的兴趣高涨现象,而应当关注幼儿深层次的学习和全面发展。

课程内容即学习经验的取向将儿童在学习过程中所获得的经验作为选择和组织课程内容的出发点,这种看法有其深刻的理由,但是,儿童的经验主要还是儿童自己的心理体验,这在很大程度上依赖主观感受,课程编制者和教师都难以把握,必然增加了课程编制与开发的难度,容易使课程内容过分泛化。因为学习经验是幼儿的心理体验,只有他们自己能够了解自己感受与体验的程度,即真正的体验结果。而作为教师无法全面清楚地把握幼儿的心理状况、感受及影响心理的特定的环境及其他因素,这往往会导致课程内容受幼儿的支配而削弱教师对课程内容的控制、引导和评价。

此外,值得注意的是,在以学习经验作为幼儿园课程内容时,需要明确以下基本观念:首先,儿童是课程开发的主体,学习经验的选择过程是尊重儿童个体差异的过程。幼儿园课程内容的选择应具有个性化、人性化的价值,为儿童的终身学习做准备,教师的职责就在于为幼儿的学习和发展创设情境、提供材料和机会,并给予适当和必要的指导。其次,教师和儿童是幼儿园课程的开发者和实施者。教师常常被认为是课程的开发者之一,他们对幼儿的认知发展和生活经验有深入的了解,能够基于日常教育教学,开发适宜于幼儿早期发展的课程,并进行有效的组织与实施。幼儿也可以作为课程的开发者,他们的好奇心、兴趣、困惑能够为课程开发提供思路,在与教师的共同参与中,成为"个体课程与教学内容"的开发者、实施者和体验者。最后,要树立幼儿是知识文化的创造者的观念和幼儿创造着社会生活经验的观念。儿童在选择与学习知识时,是主动地以学习者个人的知识、经验为核心去整合文化,这个整合的过程既是学习接受的过程,也是开发与创造的过程。儿童在接受社会生活经验的同时,也在创造着社会生活经验。

尽管课程内容的这些不同取向对课程内容的关注点各不相同,甚至存在着矛盾,但都有其合理性与局限性,它们都是针对不同的社会要求、课程目标和对幼儿的认识提出并实施的,是不同的哲学观、教育观、儿童观和课程观在具体实施中的体现。在幼儿园课程内容的选择中,不能仅仅强调某一方面的重要性而忽视或轻视其他方面的作用,这样是不可取的。因此,在幼儿园课程编制中,对课程内容选取的理论基础应当多样,这样可以相互兼容、取长补短。根据课程编制者的教育价值观,在学科知识、学习活动和学习经验之间取得平衡。

第二节 幼儿园课程内容的选择

幼儿园课程内容的选择取决于课程的价值取向,当确立了幼儿园课程目标之后,即可展开课程内容的选择。但是课程内容的选择必须具备基本的条件和依据,因此,本节内容将详细的阐述幼儿园课程内容选择的取向、选择的原则和选择的方法。

一、幼儿园课程内容选择的取向

课程内容的不同取向对课程内容的选择具有决定性的影响作用。课程内容即学科知识的取向,将课程内容看作向儿童传递的知识和技能,那么在选择幼儿园课程内容时,必然会注重内容的基础性,将经过认真筛选过的基础知识和基本技能编入教学计划、教学大纲和教材,这些基础知识和基本技能应能在一定程度上反映人类文化遗产中的精华,又是发展中的儿童适应未来社会生活所必需的。

课程内容即学习活动和经验的取向,强调课程与社会生活的联系,强调儿童在学习过程中的主动参与,那么在选择幼儿园课程内容时必然会注重使课程内容贴近社会生活,从而有益于儿童接触社会、了解社会,并初步学习一些与自身社会生活相贴近的知识和技能。把课程内容看成是儿童的学习经验,那么在选择幼儿园课程内容时必然会注重课程内容与儿童发展特征相符合,使课程内容能够通过儿童与环境之间的有意义的交互作用而被儿童同化。也就是说,在选择课程内容时,要充分顾及儿童的兴趣、需要和能力。其实,在选择幼儿园课程内容时,课程内容适合儿童发展特征、贴近社会生活以及顾及基础性这三个方面并不矛盾,只是不同的教育价值取向在涉及课程内容选择的问题时,以不同的方式平衡这三者之间的关系而已。

二、幼儿园课程内容选择的原则

幼儿园课程内容的范围广泛,类型较多。因此,在确定内容范围时,必须考虑哪些是有助于幼儿全面和谐发展的内容。具体来说,幼儿园课程内容的范围是指幼儿园课程内容的基本要素或基本组成部分。因而,幼儿园课程内容的范围包括有助于幼儿发展的基本知识,即生命活动必需的知识,有利于幼儿解决基本的生活、交往问题的知识,帮助幼儿认识自己生活环境的知识,为日后学习系统的学科知识打基础的知识,为成长为未来社会的高素质公民奠定基础的知识[①];有助于幼儿发展的基本态度,即人作为一个社会成员具备的心理品质,如基本的情感和个性、品质方面的内容;有助于幼儿发展的基本行为,即有利于幼儿日常生活顺利进行的基本方式和方法的综合体。

幼儿园课程内容范围广泛,在实际操作中也更为复杂。因此,如何在如此丰富的内容之中,选择适宜于幼儿学习的内容,建造适合幼儿学习的载体,必须明确选择的基本原则。

(一)目的性原则

课程内容是实现课程目标的手段,内容必须紧紧围绕目标来选择。所谓目的性原则就是指在选择幼儿园课程内容的过程中,应充分考虑到通过引导幼儿对所选择的课程内容的学习能有效地实现课程目标,促进儿童身心的发展。在选择幼儿园课程内容时必须把握幼儿园课程目标的要求,一方面要兼顾德、智、体、美诸方面的内容,另一方面也要考虑每一方面在基本知识、基本态度、基本行为上的内容,要全面、整体地考虑内容,不可偏离方向。

值得注意的是,在考虑目的性原则时,首先,德、智、体、美诸方面缺一不可,而且每一方面基本知识、基本态度、基本行为的内容也要具备,不能出现比例不适当的情况,而检查是否全面最有效的方法是将内容与目标作对应比较。其次,在全面的前提下,要兼顾优先。所谓"优先",是指课程设计者对某些内容和活动作价值比较,决定是否纳入课程及其比重和先后次序。其核心内容是课程要特别注意为幼儿理想的发展所需、现实中又特别缺乏的品质提供学习经验,即缺失优先。需要强调的是,不同地区、不同年龄段的幼儿所处的环境不同,已有经验不同,因而教师在选择课程内容

---

① 冯晓霞.幼儿园课程[M].北京:北京师范大学出版社,2000:50.

时应该考虑到现实因素,有所侧重,再考虑在全面的基础上优先选择,达到相对均衡的态势。

贯彻此原则,要求:

(1) 课程设计者要有明确的目标意识;
(2) 课程设计要正确地理解目标和内容之间的关系;
(3) 课程设计要考虑目标达成所需的关键经验。

(二) 基础性原则

《幼儿园教育指导纲要(试行)》指出:"幼儿园教育是基础教育的重要组成部分,是我国学校教育和终身教育的奠基阶段。城乡各类幼儿园教育应从实际出发,因地制宜地实施素质教育,为幼儿一生的发展打好基础。"课程内容应体现这一要求,将基础性凸显出来,并在选择课程内容时遵照落实。所谓基础性原则是指在选择幼儿园课程内容时一定要注重帮助幼儿开展基础性的学习活动,形成其在学习、游戏和生活等活动中所必须具备的基本素质。

冯晓霞教授(2000)指出:"判断所选内容是否具有'基础性'的参照标准,还可以看它是否与儿童现在的生活、学习有直接关系;是否必须现在学,以后再学就失去最佳时机;是否是文化或人类知识中的最基本成分,而且是今后学习所必需的基础;是否具有最大的应用性和迁移性等。"因此,在幼儿园课程中的基础性应当体现出每个领域最基础、最关键的学习经验,即核心经验。所谓核心经验,是指对于儿童掌握和理解某一学科领域的一些至关重要的概念、能力或技能。例如,对于儿童的数学学习领域而言,核心经验就是儿童在这一年龄发展阶段中可以获得的最基础、最关键的数学概念和能力。核心经验强调的是最基本、最核心的数学概念或经验,它在数学上是居于中心位置且连贯的,即在3—6岁儿童的数学认知发展上是具有年龄阶段的持续发展性表现的。如"数概念",作为儿童数学认知发展的一个关键性知识和经验,它在数学上是具有重要的中心地位的,且在儿童的不同年龄阶段会表现出从"唱数"到"手口一致点数"以及"按群数数"等一系列不同的、连贯的持续性发展之特点。

此外,在关注基础性原则的知识经验方面之外,还必须注意要涵盖课程内容的文化性。课程内容应当反映和传递中国优秀的文化传统。幼儿园课程应该着眼于培养能与中国社会文化相适应的人。

贯彻此原则,要求:

(1) 课程设计者应关注儿童的现实生活和经验;
(2) 课程设计者应该关注社会历史文化的发展;
(3) 课程设计者要关注儿童身心发展的规律。

(三) 兴趣性原则

兴趣性原则是基于幼儿学习成效的一种考虑。所谓兴趣性原则,是指在幼儿园课程内容选择过程中,课程设计者应关注和尊重幼儿对学习内容的兴趣,尽量选择儿童感兴趣的课程内容,引导幼儿主动积极地学习。同时,注意通过课程内容的选择来培养幼儿更为广泛而合理的兴趣,以有利于儿童的长远发展。

在选择课程内容时,兴趣性原则促使教育者必须关注幼儿的兴趣。如果幼儿的兴趣与教师所选择的内容相一致时,兴趣就会大大促进他们对课程内容的学习。例如,春季,万物生长,色彩缤纷,幼儿对大自然会产生浓厚的兴趣,此时,安排有关"春天"的主题,就会有效地将幼儿的好奇心、兴趣与幼儿园课程相结合,促进幼儿感知和体验。因此,遵循兴趣性原则,在选择内容时,要从幼儿感兴趣的事物中寻找富含教育价值的内容。幼儿感兴趣的且富含教育价值的内容,自然就是值得选择的课程内容。

贯彻此原则,要求:

(1) 深入研究幼儿的心理特征,掌握幼儿兴趣的内容及其表现形式;
(2) 了解幼儿的生活,从中发现儿童共同的兴趣;
(3) 善于将必要的课程内容"转化"为儿童的兴趣。

(四) 适宜性原则

选择课程内容时,必须考虑教学对象,即幼儿。幼儿的特点、心理发展水平决定了幼儿园课程内容不同于其他任何教育阶段。因此,幼儿园课程内容就是能够促进幼儿发展的内容。适宜性是指人们在社会实践活动中通过主观努力,使自己选择的对象和采取的活动方式方法能因地制宜、因时而变、因人而异,以使社会实践达到较高的效益,更好地实现目标。在幼儿园课程内容选择的过程中,适宜性原则就是指课程设计者在为幼儿选择课程内容时应该努力使选出的内容适合幼儿的年龄特征,适宜于幼儿学习,并能有利于幼儿自主学习,能有效地促进儿童的身心发展。

在教育过程中,对"适宜"含义的理解包括两个方面,即发展适宜性和文化适宜性:一是,要适应幼儿的需要,而且要促进幼儿的发展,简单来说,就是"既要适合幼儿的现有水平,又要有一定的挑战性"。选择在幼儿最近发展区的课程内容最为适宜。考虑幼儿已经达到的发展水平,同时进一步考虑成人和在更具能力同伴的帮助之下幼儿所能达到的潜在水平,适宜的课程内容即处于两者之间。因此,分析和了解现实中的幼儿,是选择课程内容时遵循适宜性原则的关键。在分析和了解幼儿的过程中,首先,需要掌握不同年龄阶段幼儿的一般特点。大量的儿童心理学的已有研究为我们了解幼儿的年龄特点提供了有力的支持。儿童心理学研究的新进展,对于我们深刻把握当前幼儿的年龄特点是至关重要的。因此,学习儿童心理学理论,并不断关注研究动态,有助于我们较为适宜地把握不同年龄阶段幼儿心理发展的一般特点。其次,需要仔细观察现实中的每一个幼儿。每个幼儿所处的环境、自身特点不同,因而表现出极大的个体差异。仔细地观察幼儿的表现,针对幼儿的特点选择课程内容并做相应地调整,才能保证课程内容的适宜性。最后,要考虑儿童所在的地域、民族的社会历史文化渊源和特点,即从文化适宜性的角度考虑幼儿园课程内容的选择。20世纪90年代以后,受后现代思潮的影响,越来越注重课程的"文化""过程""情境"和"个人经验",要注重课程内容的选择,也要体现民族文化传统的继承和创新,以培养儿童的民族文化责任意识和文化自信。

贯彻此原则,要求:

(1) 课程设计者必须充分地考虑课程内容在性质上是否能适应幼儿的年龄特点;

(2) 要认真地考虑所选择的课程内容在儿童学习的过程中能否对儿童的身心起到一定的促进作用;

(3) 充分考虑儿童所处的地域、民族的社会历史文化渊源和特点。

(五) 生活化原则

儿童的学习特点是以无意学习为主,我们能够看到较明显的表现就是儿童对周围生活的关注,并且在生活的情境中学到了很多的知识、技能,可以说,有生活就有幼儿的学习。所谓生活化原则,就是课程设计者在为幼儿选择课程内容时,应该极大的关注幼儿的生活,以幼儿的生活经验为主,尽可能从幼儿的生活中寻找符合课程目标的内容,通过生活化的课程内容,帮助幼儿整理、提升经验,促进其进一步发展。

幼儿学习的典型特点就是直接感知、亲身体验,他们的认识依赖于在具体情境中操作获得的直接经验。幼儿通过动作以及具体事物的接触,在生活中尽情地活动和思考。让幼儿在生活中学习,他们可以较容易地感知事物的特征、理解一些简单的规律,进而在直接感知的基础上获得基本态度、基本行为方面的发展。例如,幼儿对数学领域的学习就需要大量的练习和操作,在幼儿的一日生活中的餐点时间,教师可以提供两种不同形状的饼干,幼儿可以根据自己的喜好选择只拿一种或两种都拿,但每人拿到的数量不能超过 5 块,这就会涉及点数,按数取物,甚至是数的分解与组合的概念,如可能是 2 块圆形饼干和 3 块方形饼干,或者 4 块方形饼干和 1 块圆形饼干,等等。即使是刻意设计的活动也要以幼儿日常生活为素材,尽量与幼儿的生活经验相结合,使得幼儿的计数练习更有意义。因此,在选择课程内容时,要在生活中挖掘课程内容,让幼儿亲身感受,自然学习,即杜威所强调的做中学、玩中学、生活中学。但需要注意的是,生活化的课程内容并不等同于生活本身,要注意课程内容应基于生活而又高于生活。

贯彻此原则,要求:

1. 课程设计者要熟悉幼儿的生活,关注幼儿生活中渗透的核心经验;

2. 课程设计者需要将幼儿的生活与课程的内容有效融合,内容源于生活,具有情境化。

三、幼儿园课程内容选择的依据

幼儿园课程选择必须具备基本的条件及依据,即要明确社会的要求、课程目标的要求,还要分析幼儿的年龄阶段特点、认知发展的基本特点,明确学前教育的基本要求。

(一) 满足幼儿全面发展的需要,有效地发挥各领域的教育作用

在全球化的今天,世界各国有关学前教育质量的讨论都开始指向儿童的全面发展、终身学习和幸福生活,幼儿园课程内容的选定从总体的范围来说,应能满足幼儿身心各方面发展的需要,包括身体、认知、语言、社会性、情感、创造诸方面,并使这几方面得到平衡的发展。在选择和确定内容时,要综合考虑各领域对幼儿某方面发展的特殊教育作用及其对诸方面发展的一般作用。要关注儿童的完整生活的"完人"教育倾向,培养儿童的完整人格,幼儿园课程的目标和内容应基于生命价值取向,回归幼儿的生活世界。如体育、语言、数学、科学、社会、艺术、公民素养、信息技术等,这些内容都对幼儿身心发展的相关方面具有特殊的教育作用,彼此不能替代。在制定教育教学计划时要考虑各领域内容安排的平衡性,而不要只偏重某一领域,这样才有助于幼儿身心全面和谐地发展。

(二)符合幼儿的身心发展特点,才是幼儿必要的和必需的学习内容

人是在不断发展变化的,在不同的年龄阶段都需要学习某些基本的知识、技能及社会行为。幼儿所处的童年时期,有其特殊的学习需要和学习内容,不能把未来所必备的知识技能简单地压在幼儿身上,进行超前教育。也就是说,幼儿学习的内容,应当符合幼儿期的年龄特点和幼儿期的生活,不要把适合在小学学习的东西拉到幼儿期来。此外,课程内容应当聚焦领域的核心经验,为儿童选择基础、必要的学习内容。所谓的核心经验,是指幼儿在一定的年龄阶段中,可以获得的最基础、最关键的概念和能力,核心经验与《3—6 岁儿童学习与发展指南》中关于儿童学习与发展的目标相互照应,澄清了儿童掌握和理解某一学科领域的一些至关重要的概念、能力或技能,核心经验以学科知识为基础,同时关注儿童过程性能力的培养,是儿童日后学科核心素养发展的前提。传统的幼儿园课程内容编排以学科知识为中心,但学科知识的组织常常是不自然、不生活化和非情境化的,这种单纯对学科知识的组织实际上将课程局限在了领域的范围内,没有关注儿童发展过程中更上位的整体素养的发展,领域的核心经验能够为教师进行课程内容的选择和编排提供一定的支持和参照。在幼儿园整合课程的背景下,强调领域之间的相互渗透和融合,厘清领域的核心经验,有利于教师更加清晰地组织具有整合性的课程内容。① 例如,对三岁的幼儿而言,由于他们自我照顾能力有限,情感上还很依赖成人的个别关怀,同时又开始发展自我意识,因此,在内容安排上就需要着重以常规生活和多种自选游戏活动来促进幼儿自理能力的发展,帮助幼儿建立安全感和自信心,而不应侧重学科上的知识学习。如果时机未成熟而勉强幼儿学习,会使他们感受到过多的挫折与失败,导致产生消极的学习态度。

幼儿园教给幼儿的知识,要尽可能是他们能够加以应用的,使幼儿能够感受到"有用"和"有趣"。幼儿能够在自己的生活中应用到的知识,才是对他们有意义的知识。如果他们能够应用所学到的知识来解释某些生活现象或解决某个简单问题,他们就会对学习充满兴趣,从而增强自信心,并养成积极的学习态度。

---

① 黄瑾,田方.学前儿童数学学习与发展的核心经验[M].南京:南京师范大学出版社,2015.

(三)联系幼儿的实际生活经验与兴趣,内容符合社会历史文化的发展

从2001年我国教育部颁布的《幼儿园教育指导纲要(试行)》可以看出,幼儿园教育的总目标和主要内容发生了重大转变,文件中突出强调:幼儿园要"以幼儿发展为本",重视幼儿的自主性和创造力、审美能力的发展,强调教师要为幼儿提供情境化、游戏化和生活化的经验,促进幼儿的主动探索和自主学习。2012年教育部颁布的《3—6岁儿童学习与发展指南》在坚持贯彻《幼儿园教育指导纲要(试行)》的基础上,强调为幼儿终身发展奠定良好的基础,在明确五大领域学习目标的同时强调幼儿一日生活中经验和游戏的重要性和必要性。幼儿园课程的内容只有密切联系幼儿的实际生活,才可以达到内容的时代性与丰富性,进而有助于幼儿的学习、理解和应用。对幼儿来说,学习与生活有关的事物,他们才容易掌握,才能够引起联想,才有学习的兴趣。因此,在提供幼儿学习的内容时,应尽可能地使幼儿看得见、摸得着,要让他们能够亲身感受与体验,正如陈鹤琴先生所说:"大自然、大社会,都是活教材。"如果让幼儿学习生活中接触不到的事物,会使他们感到难于理解。如果勉强教给他们,不仅浪费其精力和时间,而且会降低他们学习的兴趣。

联系幼儿的实际生活经验,要注意由已知到未知、由浅入深、由近及远、由简到繁地逐步扩展幼儿的认识范围,引导他们在实际生活中应用并整理已获得的经验,形成粗浅的前科学概念。

(四)适合幼儿的能力与发展需要,对幼儿的进一步学习具有挑战性

课程内容的选择与安排应既能满足幼儿当前发展的需要,又能促进幼儿能力的提高,为后面的学习奠定基础。2014年我国颁布的《教育部关于全面深化课程改革落实立德树人根本任务的意见》指出:儿童发展核心素养,主要指儿童应具备的,能够适应终身发展和社会发展需要的必备品格和关键能力。对幼儿过难或过易的内容都不利幼儿的学习与发展。恰当的学习内容应使幼儿"跳一跳,够得着"。如让幼儿学习排序,当他能够依据物体的连续量如大小、长短等依次排序,又有了基本的计数能力后,如果再安排排序活动,就可以让幼儿按物体的数量多少进行排序。这个活动不仅让幼儿学习按数量排序的新内容,练习和巩固已有的排序技能,而且能为建立数序的概念积累相关的感性经验。

对幼儿具有挑战性的学习内容,才能激起他们的学习兴趣,才具有促进幼儿发展的价值,从而为其终身学习做好准备。在选择内容时要注意,既要联系幼儿已有的经验,又不是简单地重复旧经验,应该让幼儿在已有经验的基础上,通过努力去习得新的经验。

四、幼儿园课程内容选择的方法

幼儿园课程内容的选择是一项复杂的工作。在对幼儿园课程内容选择的原则、依据等问题探讨的基础上,可以看出幼儿园课程内容选择过程中要考虑多重因素,兼顾社会发展、幼儿园工作、儿童发展、家长等各方面的需要,以保证课程内容的科学性

和适宜性。概括来说，在具体的课程内容选择中有以下基本的方法：

（一）根据学科内容顺序选择内容

我国1981年10月颁布的《幼儿园教育纲要（试行草案）》将课程内容分为体育、语言、常识、计算、音乐、美术六科。在此后的一段时间，强调课程的本质是知识，课程即教学科目或教学科目的综合，幼儿园课程内容主要以学科体系为标准进行选择和组织。2001年我国教育部颁布的《幼儿园教育指导纲要（试行）》，将幼儿园的教育内容划分为健康、语言、社会、科学和艺术五大领域，其中每个领域都有逻辑严密的核心经验，在选择课程内容时可以依据学科（领域）的逻辑，按照一定的学科（领域）联系，整合领域的核心经验。因此，根据学科内容选择内容就需要课程设计者遵循一定的学科逻辑，明确学科所存在的内在规律性，形成"教学大纲"，在关注幼儿兴趣与需要的基础上依据核心经验，提升教学大纲，并逐步地进行梳理、调整和提升。根据学科内容顺序选择内容，要做到心中有教学大纲，眼中有儿童大纲，帮助幼儿在原有水平上获得提高，体现教育的独特价值。

（二）根据儿童的发展需要来选择内容

《幼儿园教育指导纲要（试行）》在教育内容的部分强调：各领域的内容相互渗透，从不同的角度促进幼儿情感、态度、能力、知识、技能等方面的发展……此外，教育内容的选择应该既符合幼儿的兴趣和现有经验，又有助于形成符合教育目标的新经验；既贴近幼儿的生活，又有助于拓展幼儿的经验；既体现内容的丰富性、时代性，又注重幼儿学习的必要性、妥当性以及与小学教育的衔接。这就要求幼儿园课程内容的选择必须注重儿童的身心发展，要以儿童的生活经验为准，遵循各年龄阶段儿童在认知、情感态度、能力、个性和社会性发展方面的一般规律，提出既与儿童原有经验相适宜又有利于儿童主动建构的活动，而且内容范围处在幼儿的"最近发展区"。同时，也要协调好社会生活经验与儿童个体生活经验之间的矛盾，以及学科逻辑与儿童心理发展逻辑之间的矛盾。如小班幼儿对颜色较为敏感，喜欢鲜艳的色彩，因此在小班为幼儿选择一些与色彩感知相关的美术活动，既能让幼儿感受色彩美，萌发幼儿对美的体验，同时其活动形式又深受幼儿喜爱。

（三）根据儿童的兴趣来选择内容

幼儿的年龄特征决定了兴趣是直接支配他们学习的最大内在动力，有了兴趣，幼儿就有了主动参与活动的愿望和积极的态度。因此，幼儿的兴趣和需要也是选择课程内容的重要因素。《幼儿园教育指导纲要（试行）》中指出："善于发现幼儿感兴趣的事物、游戏和偶发事件中所隐含的教育价值，把握时机，积极引导。"教师可以通过观察幼儿，及时捕捉幼儿的兴趣点所在，从幼儿感兴趣的事物中生成教育活动的内容和材料；另外，教师也可以预设一些既有利于幼儿发展需要又是幼儿感兴趣的活动内容。如在户外散步时，幼儿看到地上的西瓜虫，会问老师："这个虫子为什么会卷起来？"这种情况下，教师就可以利用幼儿感兴趣的这个话题，展开一个有关西瓜虫或者类似动植物的主题活动，既顺应了儿童的兴趣，又在此基础上实现了幼儿认知和情感、技能方面的培养目标。

(四)根据当时当地的教学条件来选择内容

在幼儿园课程内容的选择和安排中,还必须考虑幼儿园自身的地域文化和教学条件,以及季节、资源等其他因素。例如,四月份春季特征明显,可适时创设良好的环境条件,开展"春天"的主题,选择与春天相关的课程内容,组织幼儿进行春游等;到十月初,恰逢国庆节,即可顺势开展"我是中国人"的主题活动,选择与国庆节、爱祖国相关的课程内容,组织幼儿举行升旗仪式,学习制作国旗等活动。同时,在内容的选择上还要按照幼儿园所在的地区,园所和班级的具体情况,灵活选择和安排,重视课程内容与幼儿周围生活的联系,善于从所在地区的自然环境、历史背景、社会实施及资源中挖掘课程内容和材料,体现地方性和乡土性。例如,陕西省陕北地区的幼儿园在进行课程内容的选择时,就会适当的将当地的剪纸文化融入幼儿园课程中,既贴近幼儿的生活,又体现了对民族文化的传承。

(五)课程内容的选择兼具文化特性

幼儿园课程的内容不仅要聚焦知识技能,更要考虑文化特性。正如雅思贝尔斯所说:"对幼儿来说,最重要的不是掌握科学,而是以直观的图片和形象来充实他们的精神世界,""教育的过程首先是一个精神成长过程,然后才成为科学获得过程的一部分。"在后现代课程观的影响下,有关课程和文化的探讨愈演愈烈,研究者开始呼吁应该深入思考幼儿园课程的现实样态,一方面,他们指出长久以来注重学科知识的内容有悖于生命价值取向的教育本质,轻视了幼儿学习生命的存在,而课程内容应该是文化本性上的复归。① 另一方面,20世纪80年代以后,外来课程理念和内容的引进,虽促进了我国幼儿园课程改革视野的开阔,但是也在一定程度上出现了文化冲突,甚至有丧失自我文化品性的危机。因此,幼儿园课程内容的选择也应从模仿借鉴逐渐走向继承和发展自我的优秀传统文化,凸显地域和民族文化。② 例如,幼儿园课程内容的选择上应对课程知识进行文化哲学审视,关注民族文化的继承和发展,引导儿童明确文化归属,促进文化认同;农村幼儿园在课程资源的挖掘上应注重区域性、自然性、多样性的统一;少数民族地区的课程内容也应关注文化适宜性,实现生活化与科学性、一元化与多元化的辩证统一。

不同的课程观念会产生不同的课程目标,因而会有不同的课程内容的价值取向,选择内容的方法自然也就不同。以间接经验为主的课程(幼儿园知识系统化教学),其内容的选择往往是以系统化的知识作为内容,课程内容的选择首先是对学科的选择,然后才是对学科内容的选择;以直接经验为主的课程(如活动课程),其内容的选择首先是选择一种活动,然后才从活动中确定相应的内容。

---

① 左瑞勇,杨晓萍. 在文化哲学视域下重新审视幼儿园课程内容的选择[J]. 学前教育研究,2010(9):31-35.
② 邓三英."生活—民族—科学"一体化:民族地区幼儿园课程开发新理念[J]. 湖南师范大学教育科学学报,2015(5):108-110.

第三节 幼儿园课程内容的组织

《幼儿园教育指导纲要(试行)》明确指出:"教育活动的组织形式应根据需要合理安排,因时、因地、因内容、因材料灵活地运用。"这里的教育活动等同于课程的含义,指明了课程组织的基本要求。在完成课程内容的选择后,就要对课程内容进行组织,以达到适宜幼儿学习特点与规律的课程内容的呈现方式,保证高效地实现课程向幼儿的学习经验转化。

幼儿园课程内容组织是指在创设良好的课程环境的基础上,使幼儿园课程活动兴趣化、有序化、结构化,以产生适宜的学习经验和优化的教育效果,从而实现课程目标的过程。① 在对幼儿园课程内容的组织过程中应当遵循一定的原则,确立适宜的组织形式。

一、幼儿园课程内容的组织原则

为使幼儿的各种学习有效地联系在一起,还需要对已选择好的课程内容加以有效的组织编排,使其起到相互强化的作用。早在20世纪四五十年代,就课程内容组织的问题,泰勒曾提出过三个基本准则,它们是连续性、顺序性和整合性。连续性是指课程内容如何直线式地陈述;顺序性是指课程的后继内容如何既以前面内容为基础,又为以后的内容打下基础;整合性是指各种课程内容之间的横向联系。在涉及幼儿园课程内容的组织时,必然也会涉及这三个基本准则。

(一)幼儿园课程内容的组织原则

1. 学科逻辑顺序与心理发展顺序

(1)学科逻辑顺序

所谓学科逻辑顺序,是指根据各学科(领域)本身的系统及其内在的联系组织课程内容;所谓心理发展顺序,是指以适合儿童心理特点的方式组织课程内容。以逻辑顺序组织课程内容,或者以心理顺序组织课程内容,历来都存有争议。

概括来说,主张以学科逻辑顺序方式组织课程内容者,强调学科本身的逻辑顺序,而不是主要考虑这种学科逻辑顺序与儿童有何联系。主张学科逻辑顺序方式组织课程内容,主要表现为分科教育。所谓分科教育,即在幼儿园课程中,常是一种以逻辑顺序组织幼儿园课程内容的方式。分科教育将课程内容分成各种学科,如语言、计算、科学、音乐、美术、体育等,并按每门学科内在的逻辑顺序组织课程内容,使这些内容保持连续性和顺序性。这种课程内容的组织方式往往是以学科专家对学科本身的理解而确定的。

---

① 冯晓霞.幼儿园课程[M].北京:北京师范大学出版社,2000:72.

(2) 心理发展顺序

以心理发展顺序方式组织课程的主张,强调根据儿童发展特点以及儿童的兴趣、需要和能力组织课程,而较少考虑学科逻辑顺序。主张以心理发展顺序方式组织课程内容,主要表现为综合教育。在幼儿园课程中,所谓"综合教育"或"整合教育",常是一种以心理顺序组织幼儿园课程内容的方式。"综合教育"打破学科界限,以儿童心理顺序的方式组织课程内容,使各种课程内容之间保持整合性。这种课程内容的组织方式往往是课程编制者根据对儿童心理特征的理解而确定,并在课程实施过程中根据儿童对课程内容的反应而加以调整。

在实践中,无论是按学科逻辑顺序组织课程内容,还是按心理发展顺序组织课程,都存在相当的困难和问题。即使是学科专家,也很难就某一学科本身的逻辑顺序达成一致的意见,根据儿童心理特征组织课程内容的做法存在更多的问题,这不仅是因为人们对儿童心理特征的认识还很肤浅,最主要因为每个儿童都是一个独立的个体,学前阶段儿童发展的个体差异极大,课程内容要适合每一个心理特征各不相同的儿童就更为困难。

事实上,所谓"分科教育"或"综合教育"只是形式,而究竟是按学科逻辑顺序组织课程内容,还是以心理顺序组织课程内容,才是实质。打破学科界限只是"综合教育"的外显形式,如若在组织课程内容时,仍然过多地顾及每个学科的逻辑顺序,那么,即使学科的界限被打破了,课程内容组织的实质却依然与"分科教育"没有差异,而且,还可能因为对学科逻辑顺序考虑的削弱,而使这种"大拼盘"式"综合教育"反而显得低效或无效。

按学科逻辑顺序或心理发展顺序组织幼儿园课程内容各有其长处和弱点,使两者取长补短,以达到和谐的统一是幼儿园课程内容组织的一种发展趋向,不管其外部表现形态是"分科"的,还是"综合"的,但是其内在的实质却应是逻辑顺序与心理顺序的和谐统一。

2. 纵向组织与横向组织

(1) 纵向组织

所谓纵向组织(或称序列组织),是指按照课程组织的某些准则,以先后顺序排列课程内容。该主张强调学习内容应从已知到未知,从具体到抽象。近年来,一些教育心理学家从心理学的角度提出了新的序列组织原则。例如,加涅认为,人类学习的复杂性程度是不一样的,是由简单到复杂依次推进的。他把人类学习归为八类,按复杂程度提出了累计学习的模式,一般称为层次结构理论。他的基本论点是:学习任何一种新的知识技能,都是以已经习得的、从属于它们的知识技能为基础的。

(2) 横向组织

横向组织,指的是按"广义概念"组织课程内容,即打破传统的知识体系,使课程内容与儿童已有经验连为一体。这种组织原则强调的是知识的广度而不是深度,关心的是知识的应用而不是知识的形式。横向组织面临的挑战是教师要精通或熟悉各领域的内容、幼儿园的课程安排以及评价方式等。

在幼儿园课程中,纵向组织与横向组织课程内容的做法都很常见。纵向组织方式强调知识和技能的层次性,即儿童学习较为复杂的、抽象的知识是以较简单的、具体的知识为基础的,而纵向组织的方式有益于这种从简单到复杂,从具体到抽象的过程的依次推进。横向组织强调的则是各种知识的融合,强调知识的运用,强调知识与儿童成长的联系,而不是知识本身,这种组织的方式似乎与学龄前儿童的发展特征和学习方式更为接近。

3. 直线式组织与螺旋式组织

(1) 直线式组织

所谓直线式组织,是指将课程内容组织成一条在逻辑上前后联系的直线,使前后内容互不重复,直线式组织强调逻辑思维。在"分科教育"等一些课程类型中,也可以明显地看到直线式组织课程内容的方式,按照学科的逻辑体系进行课程内容的组织,能够体现内容的科学性和逻辑顺序。直线式组织可以避免知识不必要的重复,有益于儿童按一定的逻辑思考问题,而且对于一些接受性知识和技能的传递,具有较高的效能。

(2) 螺旋式组织

所谓螺旋式组织(或称圆周式),是指在不同的阶段,课程内容会重复出现,但是这些重复出现的内容在深度和广度上都有所加强。直线式组织与螺旋式组织对儿童思维方式有不同的要求,前者要求逻辑思维,后者要求直觉思维。

学前儿童的思维是以直觉思维为主的。因此,幼儿园课程内容的组织一般较多采用螺旋式组织方式,这种组织方式在"综合教育""单元教学""方案教学"等许多幼儿园课程类型中都能看到。例如,幼儿园各年龄阶段都有与认识四季相关的主题活动,以引导幼儿初步形成有关四季特征及季节更替的知识概念。按照螺旋式的组织方式,小班认识四季可以安排"宝宝不怕冷""大风和秋叶"等,使小班幼儿初步感受四季的明显特征;中班的活动则可以安排"云彩和风儿""美丽的菊花"等,使幼儿进一步感知不同季节的特征,对不同季节的动植物生长有进一步的了解;到了大班,课程内容可进一步深化,可以安排"动物怎样过冬"等活动。综上所述,围绕"认识四季"这一课程内容,各年龄班具体的内容和要求呈现螺旋式上升的态势,从而使幼儿对四季的认识和有关概念的形成不断地加深和拓展。

螺旋式组织则容易照顾到幼儿的认知特点从而加深对领域核心经验的理解,有益于儿童在与环境交互作用的过程中逐步获得经验,原有经验将在新经验的获得中起着连接作用,有利于学习活动的迁移,有利于学习活动的深入,还有益于儿童创造性思维的发展。直线式要求逻辑思维,而螺旋式则要求直觉思维,在幼儿园课程内容组织过程中,这两者也可以根据需要相互结合、取长补短。

二、幼儿园课程内容的组织形式

从不同的角度和需要出发,幼儿园课程有不同的组织方式。从课程哲学观的角度对课程的组织方式进行分类,可以将所有的课程分为学科中心课程、儿童中心课程和社会中心课程。在幼儿园课程中,常见的是前两类课程,此处对前两类进行阐述。

（一）学科中心课程

学科中心课程强调按知识内在性质及其内在结构组织课程内容。学科中心课程这种课程组织形式强调学科是传递知识和技能的最为有效的方式,能以最为系统、最为经济的和最为合理的方式为儿童提供社会历史文化遗产。在这类课程中,教师的主要作用是促进学习活动,幼儿的角色是对教师所提供的内容做出反应。因为有明确的目标,教师按照一系列设计好的方案促使幼儿一步步达到这些目标,从而获得较为系统的知识,所以在传递知识和技能的时候,学科课程一般被认为是可行而有效的。

1989年的《幼儿园工作规程(试行)》的总则部分指出幼儿园的任务是"对幼儿实施体、智、德、美全面发展的教育,促进其身心和谐发展",且幼儿园教育工作的原则是"体、智、德、美诸方面的教育应互相渗透,有机结合"。随着该文件的颁布和实施,20世纪80年代末幼儿园一直是分科课程的模式。在幼儿园课程中,"分科教育"就是一种典型的学科中心课程。也有些课程将多门学科(领域)结合一体,形成了带有综合性质的学科课程。

（二）儿童中心课程

儿童中心课程强调根据儿童的兴趣、需要和能力组织课程内容。从这种课程的命名就可以看出,这种课程关注的重点是儿童,课程内容的组织以儿童为中心,而且内容可以根据儿童兴趣和需要的变化而变化。在这类课程中,幼儿是组织内容时的焦点,通常以幼儿自身的活动为学习的方法,使幼儿从自己的直接经验出发,去解决实际生活中的问题,教师充当顾问及辅助者。因为给幼儿提供了较多自主活动的机会,使幼儿能够获得与环境相互作用的机会。所以,在发展幼儿的动手能力、思维能力以及个性品质方面,儿童中心课程的作用更为突出。

在幼儿园课程中,儿童中心课程并不少见,例如,"综合主题教育""方案教学"等许多幼儿园课程都带有以儿童为中心倾向的色彩。除了按课程哲学观对课程内容的组织方式进行分类外,还有其他多种分类方式,能为人们提供广阔的视野,从其他的角度看待课程内容的组织方式。例如,根据课程的表现形式,可以将课程分为显性课程和隐性课程;根据课程内容的结构化程度,可以将课程分为正式课程和非正式课程(或称为正规课程和非正规课程),等等。

综上所述,在理论上,各种课程内容的组织方式可以在严格的意义上加以分类,但是在实践中,各种课程内容的组织方式并不是非此即彼,有时甚至是可以兼容的。这就是说,在教育实践中,各种课程内容在组织方式上的差异,往往体现在取向的程度上,而不是表现在极端的选择上。

复习与思考

1. 幼儿园课程内容的基本特点是什么?
2. 幼儿园课程内容的选择依据是什么?

3. 简述幼儿园课程内容的组织原则。
4. 请举例说明幼儿园课程内容的直线式组织和螺旋式组织的特点。
5. 结合本章内容,阐述幼儿园课程内容选择的一般步骤。
6. 举例说明或分析如何将本土文化融入幼儿园课程内容的选择和组织。

拓展资料

《中国教师新百科》幼儿教育卷

- 幼儿园课程内容包括以下几个方面:

① 关于周围世界(包括自己)的浅显而基本的认知经验。知识具有多种价值,它不仅能够帮助幼儿认识自己的生活环境,同时还具有发展价值,是智力发展、能力提高和情绪情感发展的基础和前提。幼儿必须掌握的基本知识包括:生命活动必需的知识,如与幼儿健康、安全相关的知识。有利于幼儿解决基本的生活、交往问题的知识,如基本的社会行为规则、规则的意义等。帮助幼儿认识自己生活环境的知识,如自然和社会中常见的事物的名称、属性,幼儿能理解的事物之间的关系和联系等。为今后学习系统的学科知识打基础的知识,如基本的数、量、形、时间、空间等。为成长为未来社会的高素质公民奠基的知识,如简单的环保知识等。

② 关于基本活动方式的行动经验("做"的经验)。人类的活动大致可以分为生产劳动、社会交往和科学实验。每一类活动都有自己的一些基本的方式方法和基本的原理原则。这些基本的活动方式是每一个人都需要掌握的,掌握它们不仅可以提高人的生存能力,也可以让人体验到活动成功所带来的快乐。

幼儿的基本活动大致可以分为生活、交往、学习等,细分可以分为自我服务、身体锻炼、游戏、观察、探索、交流、表达等。各种活动都包含着一些基本的方式方法和技能技巧。例如,如何参与到同伴的活动中去,采用什么方式能够让别人接受自己,如果这种方式不起作用怎么办等,都属于这一类。

③ 关于发展智力、提高能力的经验。发展幼儿智力和能力是幼儿园教育的主要目的之一,因此课程内容中必须包含这一部分,而且应占有相当大的比例。

幼儿的智力和能力常常表现在解决活动中所遇到的问题上,并且在解决问题的过程当中得到发展。解决问题一般要经历以下阶段:发现问题——提出问题——寻找线索——验证假设——得出结论。幼儿的问题解决也经历这几个阶段,需要综合运用观察、分析、批判、动手操作等能力,幼儿有能力发现问题,提出假设。对幼儿来讲,验证假设需要靠"做",如果一个假设被证明是错误的,就需要提出新的假设,再次进行校验,如此循环,直到得出可靠的结论。因此,幼儿园课程内容应该包括那些对幼儿而言"成问题"的内容,让幼儿的智力和能力在解决问题中得到发展提高。

幼儿的问题常常出现在生活、游戏、交往中,如起跳点不一,如何比较谁跳得远;鱼缸里的水变少了,是不是被鱼喝掉了等。这些"问题"就构成了幼儿学习的内容。因此,利用幼儿在生活中经常遇到的或者感兴趣且有价值的问题作为课程内容,既有利于激发幼儿学习的积极性,也有利于发展幼儿的智力,提高幼儿的能力。

④ 对待世界（包括自己）和活动的情感态度。情感态度是伴随着活动过程而产生的体验，类似的体验积累多了，就形成了比较稳定的倾向性。从根本上讲，情感态度不是"教"出来的，它的形成更多是潜移默化的结果，属于隐性课程的范畴。

情感态度形成的途径主要有环境的同化作用、经验的情绪效应和理智的分析。环境的同化作用主要表现在周围人对事物的评价会不知不觉地影响幼儿，使幼儿也持有同样的观点。就经验的情绪体验而言，幼儿对那些使自己体验到愉悦、幸福、自信、满意的事物或者活动会抱有积极的态度，反之亦然。当幼儿认识并真正理解了某种事物或者特定行为的实际含义时，会根据自己的认识对这些事物形成特定的情感和态度，这就是情感态度形成途径中的理智分析。根据这些途径，问题的关键在于选择合适的课程内容，以发展幼儿的情绪情感。

例如，为了培养幼儿的学习兴趣，就应该让幼儿有机会探索他们感到好奇的事物，满足幼儿的好奇心；选择的学习内容要有趣、有悬念，让幼儿在活动中获得愉快的体验，如有趣、惊讶、兴奋等；让幼儿按照自己的想法进行实验；创设良好的学习氛围，让幼儿感到周围的人都对学习抱有非常积极的态度。

- 课程内容分类　目前幼儿园课程内容的分类方式大致有以下几种：

① 按照活动对象的性质划分或者按照学科与心理相结合的方式划分。人民教育出版社出版的《幼儿园教育活动》把幼儿园课程内容分为健康、自然、社会、语言和艺术5个领域，这是以幼儿活动的对象及其所规定的活动类型为标准来划分的。日本1998年修订的《幼儿园教育纲要》将课程内容分为健康、人际关系、环境、语言、表现，结合了学科的逻辑顺序与幼儿的心理发展顺序。

② 按照基本学习课题或者问题领域来划分。国际21世纪委员会在一份重要报告中明确提出，面对未来社会的发展，教育必须围绕4种基本的学习——学知、学做、学会共同生活和学会生存来重新设计、组织。在这种思想的影响之下，有人将幼儿园课程内容分为学生活、学学习、学做人等。

③ 按照幼儿的主要活动形式或者围绕关键经验的活动来划分。欧美一些国家的幼儿园课程根据幼儿的主要活动形式，把内容分为游戏、工作、唱歌、律动、感觉训练、故事、实物观察、烹饪等。一些以皮亚杰理论为指导的学前教育方案，把课程内容视为能给幼儿提供"关键经验"的各种活动。如凯米课程以皮亚杰对经验的划分——物理经验、社会经验、数理逻辑经验，将包含着3类经验的日常生活、传统活动和来自皮亚杰理论启示的活动作为课程内容。

④ 按照幼儿心理发展领域划分。英国的《学会学习》课程的内容是从幼儿身心发展的角度划分的。具体分为7个发展领域：自我意识、社会能力、文化意识、交际能力、动作与感知能力、分析和解决问题的能力、美感与创造意识。围绕上述领域选择适合幼儿的活动和游戏并加以组织，就构成了幼儿园课程。

有关幼儿园课程内容的划分方式还不止上述这几种。问题的关键不在于对课程内容如何分类，而在于各种课程框架之下的内容是否可以保证幼儿的基本学习，是否能够为幼儿的发展提供适宜的学习经验。

第五章　幼儿园课程的组织与实施

获取本章
拓展资源

> **导　言**

　　幼儿园课程有其内在的规律及特点,幼儿园课程的组织与实施不仅是幼儿园教育教学的中心工作,同时也是实现幼儿园内涵发展的根本所在。幼儿园课程的组织与实施,有其固有的价值取向、原则、特点及改革策略。我们需要深入了解幼儿园课程组织与实施的过程,并能够结合自身的专业学习经历,对不同阶段、不同层面的幼儿园课程组织有更深刻的理解,能够对幼儿园课程实施有更全面的思考,努力将幼儿园课程建设与我们自身的专业实践紧密结合,这不仅有利于在今后的专业发展过程中促进我们自身"课程素养"的持续提升,而且也能够实现幼儿园课程改革与幼儿园教师专业发展的同步前行,并最终导向儿童的学习与发展,最大化地实现幼儿园课程的教育价值。

　　本章包含四节内容,第一节重点介绍幼儿园课程组织的内涵、影响因素和幼儿园课程组织的类型;第二节重点分析幼儿园课程组织的基本原则,具体包括目标性原则、生活化原则、游戏化原则、园本化原则、综合化原则以及活动化原则;第三节重点介绍幼儿园课程实施的内涵、价值取向和影响幼儿园课程实施的因素等;第四节重点分析幼儿园课程实施的三大基本策略,具体包括自上而下的策略、自下而上的策略和从中间向上策略。

> **学习建议**

　　1. 围绕"内涵、特点、原则、因素、取向、策略"等关键词,对相关文献开展学习研讨,从而加深对幼儿园课程组织与实施的认识与理解。

　　2. 重点学习和探讨幼儿园课程组织的基本原则。

　　3. 成立学习小组,研讨幼儿园课程组织与实施过程中会遇到的突出难题,以及在幼儿园课程组织与实施过程中应有的价值立场。

　　4. 深入思考幼儿园课程实施的三大策略,结合幼儿园教育教学工作的特殊性,重点分析幼儿园课程实施策略的适切性与建设性。

> 学习目标
>
> 1. 知悉和理解幼儿园课程组织与课程实施,并明晰二者之间的关系。
> 2. 理解并掌握幼儿园课程组织的内涵、影响因素及类型划分。
> 3. 理解并掌握幼儿园课程实施的内涵、价值取向及策略举措。

第一节 幼儿园课程组织内涵及影响因素

幼儿园课程的组织与实施是落实课程方案、推进课程改革的动态过程,也是以课程计划为依据全面组织实施幼儿园教育教学活动的实践过程,具体包括幼儿园课程组织的内涵、影响因素及组织原则,幼儿园课程实施的价值取向、影响因素及策略等。

课程组织是幼儿园核心的教育过程,是幼儿、教师、幼儿园教育情境三大要素共同构成的教育过程,也是系统化、结构化、合理化的教育过程。幼儿园课程组织既包括如何选择、设计课程内容,也包括幼儿园课程组织原则与指导方式等。

一、幼儿园课程组织的内涵

幼儿园课程具有丰富的教育内容及资源,如何科学有效地组织课程内容,就显得愈发重要。幼儿园课程组织即是在一定的教育价值观的指导下,将幼儿园各种课程要素合理地进行排列组合,形成幼儿园的课程结构,指导幼儿园教育教学活动的全面展开,从而实现幼儿园课程目标。幼儿园课程组织强调创设良好的课程环境,使幼儿园课程活动兴趣化、有序化、结构化,以产生适宜的学习经验和优化的教育效果[①]。课程组织不仅是对既定课程计划的严格进行,也是一个课程的"再设计"过程,要求幼儿园教师能够开展富有创造性的劳动。

二、幼儿园课程组织的影响因素

(一)学习者

按照国内外现行的医学以及心理学的分类,学前儿童心理发展年龄阶段分为以下几个阶段:婴儿期(又称乳儿期),包括新生儿期(0—1个月)、婴儿早期(1—6个月)、婴儿晚期(6—12个月);先学前期(1—3岁)(又称幼儿早期);学前期(又称幼儿期)(3—6岁)。学前儿童含义有广义和狭义之分,广义的学前儿童是指从出生到上小学之前(0—6岁)儿童,狭义的学前儿童指进入幼儿园开始到上小学之前(3—6岁)的儿童。幼儿园课程组织中的学习者一般是指狭义的学前儿童。

---

① 冯晓霞.幼儿园课程[M].北京:北京师范大学出版社,2001:72.

学前儿童身心发展的规律与特点,是幼儿园课程组织的出发点,提升幼儿园教育教学活动质量的关键所在。总的来说,学前儿童的心理具有感性因素强,情绪易受环境影响,认知的动作性、具体性、形象性突出,活动性大,好奇心重,探索欲强,兴趣浓厚等特点。其中,3—4岁儿童心理发展的特点是生活范围扩大、认识依靠行动、情绪作用大、爱模仿等;4—5岁儿童心理发展的特点是活泼好动、思维具体形象、开始接受任务、开始自己组织游戏等;5—6岁儿童心理发展的特点是好问、好学、抽象能力明显萌发、开始掌握认知方法、个性初具雏形等。

(二) 教育者

以幼儿园教师为主体的教育者控制着幼儿园课程理念的落实、目标的达成以及具体的组织过程。对于学前儿童来说,幼儿园教师所开展的课程教学活动,不仅直接影响其日常的学习生活,也影响其学习与发展的状况。幼儿园教师需要有正确的教育观、儿童观、课程观、评价观等,并能够透过日常的教学活动,对幼儿产生直接的影响。

幼儿园教师需要遵循幼儿身心发展的规律及特点,通过课程教学活动的创新实践,在生理、心理和社会等层面促进学前儿童的全面健康发展。同时,能够根据儿童发展的不平衡性与差异性,做到"因材施教",科学地组织幼儿园课程教学活动。事实上,幼儿园教师是课程组织的主要承担者,幼儿园教师专业能力水平是幼儿园课程组织的关键所在。课程组织过程即是在幼儿园、家庭、社区等情境下,幼儿园教师所组织实施的课程教学活动,如教育活动前的准备工作、教育活动中的有序实施与互动以及教育活动后的总结反思。

(三) 教育情境

教育情境是幼儿园课程组织的物质环境、资源及媒体等,它既是学前儿童学习与发展的前提条件,也是师生共同建构的教育基础。依托良好的教研情境,幼儿园教师主动选择或编制"教育方案",整合开发"教育资源",提升幼儿园课程教学活动的科学性、艺术性等。

三、幼儿园课程组织的类型

以课程哲学观为基础对课程的组织方式进行分类,可以将所有的课程分为学科中心课程、儿童中心课程和社会中心课程。由于学前教育阶段的特殊性,在幼儿园较常见的主要有学科课程、活动课程和核心课程等三种类型。

(一) 学科课程

学科课程强调按知识内在的逻辑与性质及其内容结构组织课程内容、安排课程活动。一般而言,学科课程是传递知识和技能最为有效的媒介,能够以最为合理的方式为儿童提供社会文化方面知识的学习。在幼儿园学科课程组织实施中,教师的主要作用是促进学习活动,幼儿的角色是对教师所提供的内容做出反应。教师按照一系列设计好的方案促使幼儿一步步达到这些目标,从而获得较为系统的知识。在幼儿园课程组织过程中,学科课程不仅体现为某一类的学科课程,也包括带有综合性质的分领域学科课程。

(二)活动课程

活动课程强调根据幼儿兴趣、需要和发展水平,以幼儿从事某项活动的动机为中心组织课程内容。活动课程不同于学科课程,它主要围绕幼儿生活经验与学习经验,将知识与技能的相关内容综合起来,在做中学、玩中学,引导幼儿逐步获得这些知识与技能。在活动课程中,幼儿是组织内容时的焦点,通常以幼儿自身的活动为学习内容,鼓励幼儿从自己的直接经验出发,去解决实际生活中的问题,教师充当顾问及辅导者。活动课程不仅有利于促进幼儿的自主学习活动,而且有利于提升幼儿的动手能力、思维能力等。

(三)核心课程

核心课程强调根据社会问题的教育主题来组织幼儿园课程内容,目的在于通过核心课程使幼儿获得完整的生活经验,从而增强幼儿对生活的适应性,提升其社会领域的知识与技能。核心课程所关涉的社会问题,一般是指幼儿生活的各种问题,包括认知的、情感的和态度的等。根据相关社会问题,幼儿园教师预先选定课程主题、明确课程目标与计划,选择适宜的课程内容及资源,充分调动幼儿的需要、动机和兴趣,引导幼儿主动参与、积极互动。从某些方面来看,核心课程打破了学科课程的界限,克服了活动课程的局限,使幼儿在社会生活的情境中,能够运用相关知识与技能,来尝试解决相关问题,这就会较好地引发幼儿的主动学习、发现学习与合作学习,并扩展生活经验,从而促进其身心全面和谐地发展。

第二节 幼儿园课程的组织原则

20世纪40年代,美国著名教育家拉尔夫·泰勒明确提出了课程组织的三原则,即连续性、顺序性和整合性。连续性是指直线式地陈述主要的课程内容,并且对其进行反复叙述,逐步加深;顺序性则要求每一后继内容应以前面的内容为基础,同时又对前面的内容加以深化、拓展;整合性则强调保持各种课程内容之间的横向联系,以便有助于学生获得一种统一观念,能够将看法、技能和态度统一起来,并且能将所学的内容整合进个体的行为中。

聚焦到幼儿园课程组织层面,既需要在课程组织一般原则的指导下,保证幼儿园课程组织与实施的整体性与全局性,也需要回归到幼儿园课程的特殊性,在课程组织中遵循目标性原则、生活化原则、游戏化原则、园本化原则、综合化原则等,从而保证幼儿园课程组织与实施的科学性与可行性。

一、目标性原则

在课程组织与实施的过程中,确定课程目标具有举足轻重的意义。课程目标不仅有助于指明课程编制工作的方向,也有助于课程内容的选择与组织,并可作为课程实施的依据和课程评价的准则。课程目标是根据教育宗旨和教育规律而提出的课程的基本价值和任务指标,课程目标是对教育目的、教育方针和政策的具体反映。课程组织是教育目标能否实现、教育方针与政策能否落实的关键环节。课程组织的所有过程都必须紧紧围绕教育目标来进行,选择有利于教育目标实现的课程组织方式。这是课程组织的第一原则,即目标性原则。

幼儿园课程的组织与实施需要明晰幼儿园教育的目标及任务,把握幼儿园教育目标的中心内涵和精神实质。《幼儿园教育指导纲要(试行)》中明确提出,"第一,幼儿园教育应当贯彻国家的教育方针,坚持保育与教育相结合的原则,对幼儿实施体、智、德、美诸方面全面发展的教育,全面落实《幼儿园工作规程》所提出的保育教育目标。第二,幼儿园教育的内容是全面的、启蒙性的,可按照幼儿学习活动的范畴相对划分为健康、社会、科学、语言、艺术等五个领域,也可以按其他方式划分。各方面的内容都应包含知识技能、情感态度、活动方式方法等多方面的学习。第三,幼儿实际的学习是综合的、整体的,幼儿园教育内容范畴的划分是相对的,教育过程中应依据幼儿的学习特点进行整合处理,以使幼儿通过真实而有意义的活动生动、活泼、主动地学习,获得完整的经验,促进身心全面和谐的发展。"

幼儿园的教育内容是全面的、启蒙性的,可以相对划分为健康、语言、社会、科学、艺术等五大领域,同时也可以根据需要做其他不同的划分。各领域的内容相互渗透,从不同的角度促进幼儿情感、态度、能力、知识、技能等方面的发展。事实上,五大领域的划分是相对比较成熟、科学的分类,它有利于教师按知识的性质来选择相应的教育内容、方法,并促进幼儿学习品质的提升。具体而言:

健康领域的终极目标是促进幼儿身心健康发展,具体关涉到四个方面的目标:第一,身体健康,在集体生活中情绪安定、愉快;第二,生活、卫生、习惯良好,有基本的生活自理能力;第三,知道必要的安全保健常识,学习保护自己;第四,喜欢参加体育活动,动作协调、灵活。事实上,幼儿健康包括身心两方面,身体健康以发育健全、具备基本的生活自理能力为主;心理健康则以情绪愉快、适应集体生活为主,两者之间密不可分。因此,身体健康与心理健康的和谐是该领域目标的根本所在,幼儿健康行为的养成是健康教育的核心,我们应该在安全前提下,强调保健与锻炼并重,注重健康行为的形成。

语言领域的目标是提高幼儿语言交往的积极性、发展幼儿语言能力,关涉到五个方面的目标:第一,乐意与人交谈,讲话礼貌;第二,注意倾听对方讲话,能理解日常用语;第三,能清楚地说出自己想说的事;第四,喜欢听故事、看图书;第五,能听懂和会说普通话。

社会领域的目标是增强幼儿的自尊、自信,培养幼儿关心、友好的态度和行为,促进幼儿个性健康发展。具体关涉到五个方面的目标:第一,能主动地参与各项活动,有自信心;第二,乐意与人交往,学习互助、合作和分享,有同情心;第三,理解并遵守日常生活中基本的社会行为规则;第四,能努力做好力所能及的事,不怕困难,有初步的责任感;第五,爱父母长辈、老师和同伴,爱集体、爱家乡、爱祖国。

科学领域的目标是激发幼儿的好奇心和探究欲望,发展认识能力。具体关涉到五个方面的目标:第一,对周围的事物、现象感兴趣,有好奇心和求知欲;第二,能运用各种感官,动手动脑,探究问题;第三,能用适当的方式表达、交流探索的过程和结果;第四,能从生活和游戏中感受事物的数量关系并体验到数学的重要和有趣;第五,爱护动植物,关心周围环境,亲近大自然,珍惜自然资源,有初步的环保意识。

艺术领域的目标是丰富幼儿的情感,培养初步的感受美、表现美的情趣和能力。具体关涉到以下目标:第一,能初步感受并喜爱环境、生活和艺术中的美;第二,喜欢参加艺术活动,并能大胆地表现自己的情感和体验;第三,能用自己喜欢的方式进行艺术表现活动。

需要指出的是,幼儿园课程组织与实施过程中所关涉的教育目标是分层次的,有总的教育目标,有分领域、分阶段的教育目标及任务。其中,幼儿园教育目标是具有方向性和指导性的,必须牢牢把握清楚准确;分领域、分阶段目标是承上启下的目标,相对于教育的总体目标而言,它是小目标,但相对于教育活动的具体目标来说,它又具有一定的总体性。不同层次的教育目标相互制约,共同制约着课程组织的具体过程。

二、生活化原则

幼儿园课程生活化与基础教育回归生活的理念是一致的,是现代教育理念变革的典型表现,而生活化是幼儿园课程的根本特性。在幼儿教育领域里,关注幼儿的生活是传统的教育理念,关注幼儿生活也是由幼儿教育保教并重的特点引发的。在很多教育工作者的观念中,所谓关注生活,就是注重生活保育,注重幼儿的吃、睡等日常生活环节。这种生活观是一种片面的生活观,与幼儿园课程中的生活化相去甚远。事实上,幼儿园课程中的生活化,即是让幼儿园课程回归幼儿生活,而回归幼儿生活的本质是承认、尊重生命的存在和生命成长的现实和需要,让幼儿在一个真正属于他的、能让他的生命得到萌发的现实的感性的和能真正彰显其主体性的环境中生活和学习。[①]

一方面,幼儿的"生活"实质上都是"教育生活"。幼儿在幼儿园的生活可分为物质生活、精神生活、个体生活、集体生活等。物质生活是那些与幼儿身体生长发育有密切关系的生活,如饮食、睡眠、沐浴、体检等;精神生活则较多地指那些为促进幼儿心理生长的生活,如教育活动;个体幼儿独自进行活动构成个体生活;两人以上幼儿共同进行的生活可视为集体生活。幼儿园的一切活动都和教育目标相联系,即都是教育性活动。另一方面,幼儿园课程组织中的生活化不是要把教育与日常生活等同起来,混为一谈,而是要加强教育与生活的联系,对贴近幼儿生活的内容加以选择,帮助幼儿更好地组织生活经验,获得较好发展。加强教育与生活的联系,即是加强教育

---

① 虞永平.生活化是幼儿园课程的根本特性[J].学前课程研究,2008(10).

同自然界、社会生活、家庭生活等现实世界的联系。①

《幼儿园工作规程》中明确提出:"合理地综合组织各方面的教育内容,并渗透于幼儿一日生活的各项活动中,充分发挥各种教育手段的交互作用""幼儿园日常生活组织,要从实际出发,建立必要的合理的常规,坚持一贯性、一致性和灵活性的原则,培养幼儿的良好习惯和初步的生活自理能力。"《幼儿园教育指导纲要(试行)》中也明确指出:"幼儿园应为幼儿提供健康、丰富的生活和活动环境,满足他们多方面发展的需要,使他们度过快乐而有意义的童年""幼儿园教育应尊重幼儿身心发展的规律和学习特点,充分关注幼儿的经验,引导幼儿在生活和活动中生动、活泼、主动地学习"教育活动内容的选择应"既贴近幼儿的生活,又有助于拓展幼儿的经验"。

幼儿园课程的生活化,要求关注我们的生活世界尤其是幼儿生活世界,依靠幼儿的生活过程来组织与实施课程。从幼儿的眼中看世界、看社会、看生活,从自然与社会的现实生活中发现和寻找有价值的课程资源,进而引导幼儿获得积极的、愉悦的体验与认识。同时,幼儿园课程的生活化,要求我们将知识、技能及品德还原为经验。幼儿对知识、技能及品德的学习和发展,不能借助概念和理论,一定要将知识、道理和技能还原为产生它们的实践探索过程,让幼儿在行动中学习,在行动中感受,在行动中发展。例如,生活的变化很大程度上是由自然界的变化引起的,而时令、节气是自然界变化的具体化。于是,植物、自然现象、气候变迁等与时令、节气有关的方面就成为人们生活不可缺少的参照系。幼儿对这些自然规律感受真切,但难以理解,因而易生好奇。由于幼儿理性思维水平低,要摆脱时令变化进行理智活动实在太难。利用自然界的事物和现象进行教育,正好适合幼儿感性为主的特点。②

此外,幼儿园课程的生活化,要求我们关注幼儿的兴趣和需要。不能反映幼儿的兴趣和需要的课程就不可能是生活化的课程。只有体现幼儿的兴趣和需要的课程才能彰显促进幼儿发展、促进幼儿生命的成长的特性。因此,关注了幼儿的需要和兴趣,就是关注了幼儿园课程的核心价值。幼儿园课程设计者的基本条件就是对幼儿身心发展特点和兴趣、需要的把握。这种把握不是关注抽象的、文本上的幼儿,而是关注现实的、眼前的、活生生的、具体的幼儿,去观察他们,接近他们,了解他们,理解他们,促动他们。③

三、游戏化原则

游戏化是幼儿园课程的特性,幼儿园课程本来就应该游戏化,幼儿园教育本来就具有游戏特征。所谓课程游戏化不是把幼儿园所有活动都变为游戏,而是确保基本的游戏活动时间,同时又可以把游戏的理念、游戏的精神渗透到课程实施的各类活动中④。通俗地说,课程游戏化就是让幼儿园课程更贴近幼儿,更生动一些,更有趣一

---

① 石筠弢.学前教育课程论[M].北京:北京师范大学出版社,2014:145.
② 石筠弢.学前教育课程论[M].北京:北京师范大学出版社,2014:146.
③ 虞永平.生活化是幼儿园课程的根本特性[J].学前课程研究,2008(10).
④ 虞永平.课程游戏化只为更贴近儿童心灵[J].幼儿教育,2015(25).

点,活动形式更多样化一点。

《幼儿园工作规程》中明确指出:"幼儿园应当根据幼儿的年龄特点指导游戏,鼓励和支持幼儿根据自身兴趣、需要和经验水平,自主选择游戏内容、游戏材料和伙伴,使幼儿在游戏过程中获得积极的情绪情感,促进幼儿能力和个性的全面发展;注重扩大幼儿游戏和活动空间,幼儿园应当有与其规模相适应的户外活动场地,配备必要的游戏和体育活动设施,创造条件开辟沙地、水池、种植园地等,并根据幼儿活动的需要绿化、美化园地。"由此可见,幼儿园课程游戏化的内涵主要体现在:第一,幼儿园课程需要全面加强游戏化,让课程教学充满游戏精神,相关的教育教学活动是自由的、自主的、创造的、愉悦的;第二,幼儿园课程游戏化不是个别环节的游戏活动,也不是某类课程的游戏活动,而是在幼儿园全部课程活动中包括一日生活、环境创设等方面都要充满这种游戏精神,但并不是用游戏去替代其他实施途径,不是把幼儿园所有活动都变为游戏;第三,幼儿园课程中的自由游戏时间要保证,不能被"教学"及其他教师直接指导的活动所替代;第四,幼儿园需要在空间布局、设施设备以及外部环境创设等方面为课程游戏化保驾护航。

事实上,游戏化对于幼儿园课程的组织与实施具有重大价值,但在具体的课程教学实践中采纳游戏形式的多少,要根据儿童年龄特点而定,不能一概而论。对于幼儿园教师的课程教学实践活动来说,需要具有正确的游戏观、课程观和专业发展观。《幼儿园教师专业标准》中明确指出:"提供符合幼儿兴趣需要、年龄特点和发展目标的游戏条件;充分利用与合理设计游戏活动空间,提供丰富、适宜的游戏材料,支持、引发和促进幼儿的游戏;鼓励幼儿自主选择游戏内容、伙伴和材料,支持幼儿主动地、创造性地开展游戏,充分体验游戏的快乐和满足;引导幼儿在游戏活动中获得身体、认知、语言和社会性等多方面的发展。"

四、园本化原则

幼儿园课程园本化是推动课程改革的基础,是体现课程适宜性的关键所在。课程园本化是指幼儿园组织及其成员,根据《幼儿园教育指导纲要(试行)》等相关文件的精神和幼儿园自身发展的实际需要,充分利用园内外的各种教育资源进行课程选择、课程重组、课程管理的过程。课程园本化的目的是在于满足本园和幼儿发展的需要,使课程的实施与幼儿园的实际情况、幼儿发展的需求相吻合,真正满足幼儿园和幼儿发展需要的过程。事实上,随着幼儿园课程编制的发展,幼儿园既需要在课程编制中回应共同的专业挑战与任务,也需要立足园所的实际状况,选择最适合的教育内容与形式,进而制定园所的课程计划。

20世纪80年代以来,幼儿园争相学习借鉴蒙台梭利教学法、瑞吉欧方案教学、高瞻课程(High-scope)等西方幼儿园课程。但是,在学习借鉴这些西方课程和境外课程的过程中,很多幼儿园仅仅是简单模仿或机械照搬,以致出现了严重的跟风现象①。当下国学经典学习热潮中,相当一部分的幼儿园都相继开设了国学启蒙课程,但其课程内容上的浅层化、课程形式上的同质化以及课程效果上的空洞化现象,也集中体现了简单模仿、照搬移植的课程建设倾向。与此同时,幼儿园课程组织与实施中的植入倾向表现为:将幼儿园园所文化与办园理念等强行地植入到课程编制之中,注重课程文本体系的完善,迎合当下幼儿园的阶段性评估需求。这种幼儿园课程组织倾向往往重视课程改革的文本呈现,而忽视课程改革的实践探索,忽略幼儿园教师对课程的理解与领悟,漠视幼儿的学习与发展。

事实上,幼儿园的课程组织与园所文化是内在关联的有机整体,缺一不可。课程的组织与实施需要园所文化的引领与助推,而园所文化则需要有效的课程组织与实施来支撑与践行;在课程组织与实施的过程中可以不断发掘园所文化、深化办园理念,而园所文化与课程底蕴是课程改革与创新的生长点与内在驱动力。但是,幼儿园课程的组织与实施,不是简单模仿、照搬移植,也不是简单植入、强行推动。幼儿园课程组织与实施,需要充分考虑到园所文化的独特性,在课程建设中体现园所文化的优势与特色。此外,幼儿园之间仍然存在着类型上的不同、层级上的差异,农村与城市幼儿园之间、公办园与民办园之间、示范园与新建园之间,其课程组织与实施的起点不同、力度不同、成效不同。因此,不同类型、层级的幼儿园需要找寻适宜的课程建设方案,选择适宜的课程发展策略。

一般而言,幼儿园课程的园本化有两种基本样式,即"课程园本化实施"与"课程园本化开发"。前者主要指在以幼儿园教师为主体进行的创造性使用统一课程文本资源的课程教学活动,它是对现成课程资源的本土化;后者则是以幼儿园成员为主体所进行的课程部分或全部重组并加以实施的课程实践活动,它是幼儿园自己编制全新的课程。事实上,由于幼儿园课程权力主体的特殊性,幼儿园所有的课程都是园本的。因此,幼儿园课程的园本化包括了发生于幼儿园之中的所有的课程选择、课程园本化实施与课程创编活动②。

遵循幼儿园课程园本化的基本原则,在《幼儿园教育指导纲要(试行)》和《幼儿园工作规程》等文件精神的指导下,结合幼儿园自身发展的优势与特色,幼儿园可以自由选择适宜的课程类型、课程模式及课程资源;可以对自主选择的课程文本予以改编、整合、补充或拓展,从而提高课程教学活动的适切性与实效性;可以通过"主题学习"和"综合活动"的形式,进行园本化的课程整合,并以儿童的兴趣、需要、动机及其学习和生活经验为课程编制的基本出发点。主题活动需要整合多领域教育内容,以推动幼儿多方面的发展;对于办园水平高、课程改革深入的幼儿园,还可以着力进行

---

① 左瑞勇,杨晓萍.在文化哲学视域下重新审视幼儿园课程内容的选择[J].学前教育研究,2010(09).

② 李云淑.关于园本课程、课程、本化、园本课程开发等概念的辨析[J].上海教育科研,2011(08).

幼儿园课程体系建设及创新实践,彰显幼儿园的办园优化及课程特色。

五、综合化原则

幼儿园课程组织的综合化,既符合课程发展趋向,也符合学前教育领域自身的改革诉求。综合化是课程组织的一种指导思想,而非某种单一组织形式。它是指以有机整合的教育方式,统整教育内容,发挥课程的综合功能,实现学习者整体和谐发展的目标。[①]

幼儿园课程组织的综合化,首先表现为课程目标层面的综合化。幼儿园课程目标不以具体的教育计划或任务为中心,而是以3—6岁儿童的学习与发展特点为核心理念,形成幼儿园课程发展中的儿童观、课程观、活动观,在整体性的观念体系下对相关的教育观念或观念性的主题领域予以综合化的呈现。其次表现为课程内容层面的综合化。幼儿园课程内容需要从儿童的生活世界出发,利用幼儿反应的心理特征予以综合与加工。幼儿对外部世界的感知是整体性的,记忆是联想式的,注意是连锁式的。同时,幼儿对外部世界的感知又容易出现刻板、具体、片面的印象,难以形成事物之间、现象之间的联系。因此,课程内容的综合化有利于发展幼儿园的综合思维和心理综合机能。再次表现为课程组织方式的综合化。幼儿园课程组织的方式需要根据课程目标与内容,尤其是根据幼儿群体的实际状况,选择适宜的教育方式或手段。例如,集体教学、户外游戏、主题活动、远足及参观活动等,在具体的课程组织中可以运用"发现法""问答法""讨论法""表演法"等教学法,从而更好地实现既定的课程目标,实现教育累积效应的综合化,最终促进幼儿的综合性发展。

六、活动化原则

课程组织的活动化是从活动的角度来探讨如何组织幼儿园课程,探讨如何利用幼儿园的课程教学环节让学前儿童心智活动活跃起来,进而促进学前儿童认知、情感和意志等方面的发展。事实上,活动是幼儿的天性,幼儿就是在不同类型、不同主题的活动中,感受生活本身的学习活动,体验学习本身的乐趣。幼儿园课程组织中的活动化并不在于说明活动形式是什么,而在于说明活动性本质。活动性是活动化要达到的目标,它不仅仅表现为活动本身的外部特征,更主要的则是引起学习者内部心理活动——活跃的思维、想象,积极的兴趣、动机,高昂的情绪,旺盛的求知欲,主动的态度,创造的需要等。因此,课程组织的活动化是要从活动角度来探讨如何组织课程,其本质是通过调动儿童积极进行外部活动引发积极的内部活动。这种内部活动不仅是智力预演,也是情感调节、态度形成、知识结构化过程。[②]

幼儿园课程组织的活动化,就是通过"做中学"的教育活动,激发学前儿童的主动性,促进其认知、情感和意志等方面的全面发展。幼儿园课程组织中的活动化,不仅

---

① 石筠弢.学前教育课程论[M].北京:北京师范大学出版社,2014:158.
② 石筠弢.学前教育课程论[M].北京:北京师范大学出版社,2014:147.

仅重视学前儿童的心理特征,也重视幼儿园教育的情境性,强调幼儿园课程组织活动化的意义性与可行性,并指向学前儿童的学习品质与主动发展。需要指出的是,活动化组织原则是幼儿园课程组织的基本原则之一,但不是唯一性原则。事实上,一切课程组织都要寻求活动形式。活动化是一种思想,一种组织的指导思想,它不必然要求必须有完整的活动过程。相反,活动化以充分调动儿童主体性为最高原则,组织的灵活性是活动化的必然要求。①

第三节 幼儿园课程实施

课程实施是幼儿园课程建设的重要组成部分,任何一种类型或领域的课程理念、课程规划、课程设计等都会遇到课程实施的问题。课程实施并不是简单地执行幼儿园既有的课程计划,而是对幼儿园课程进行再规划、再设计、再创造,这是幼儿园课程改革实践的内在需求。在幼儿园课程实施的过程中既有价值层面的引导与规约,也会涉及许多的课程因素。因此,幼儿园课程的实施需要充分考虑多种因素的影响,并采取适当的策略和有效的措施实现课程改革的预期,完成课程既定的目标与内容等。

一、幼儿园课程实施

在世界各国课程改革的历程中,课程最终效果不佳的原因往往不是改革方案本身造成的,而是改革的理念与措施没有得到具体的落实或在落实过程中出现了偏差。正如课程专家富兰(M. Fullan)所说,"在过去 25 年里进行的教育改革很少有在实践中获得所希望的实施效果"。② 事实上,幼儿园课程实施是一个动态的过程,它不只是对幼儿园课程设计方案的落实,更是幼儿园与幼儿园教师在执行一个课程方案的过程中的一种课程决策,并根据幼儿园的实际的情况对课程进行合理调适。富兰认为,"在研究课程实施问题时,不应当将方案中所规定的课程看作是一成不变的,不应当用固定的方法来看待课程的实施,而要用动态的、变化的方法看待课程的实施"。③

幼儿园课程实施过程不等于简单地重复课程方案,也不应该是既有课程方案的照搬。理想状态下的幼儿园课程实施,应当综合地考虑各方面的因素,包括幼儿、幼儿园教师、家长、幼儿园、社区、家庭等,然后对幼儿园课程实施予以合理定位、有效调控、动态调整。对于在幼儿园课程实施中可能会遇到的各种问题,也需要事先做了比较周密的考虑,尽可能减少不切实际的或不可能实施的设计因素,充分实现课程设计

---

① 石筠弢.学前教育课程论[M].北京:北京师范大学出版社,2014:152.
② FULLAN M G. The New Meaning of Educational Change[M]. 2nd ed. New York: Teachers College Press,1991:65.
③ FULLAN M G. The New Meaning of Educational Change[M]. 2nd ed. New York: Teachers College Press,1991:105-107.

者、执行者、评价者之间力量的整合,从而保障幼儿园课程实施效果达到预期要求。

二、幼儿园课程的取向

幼儿园课程实施的取向即是指对幼儿园课程实施过程本质的认识,以及支配这些认识的相应的课程价值观。课程实施的取向集中表现在对课程计划与课程实施过程关系的不同认识上①。幼儿园课程实施的取向问题,一般会涉及从什么角度来认识幼儿园课程的实施,从什么层面来分析和解决课程实施过程中所出现的问题或矛盾,以及从什么地方入手来研究幼儿园课程实施等。幼儿园课程实施同样具有三种基本的价值取向,即忠实取向、相互适应取向和创生取向。

(一) 忠实取向

所谓忠实取向,是将课程实施的过程看作忠实执行课程计划的过程,课程实施者要忠实地反映课程设计者的意图,从而达成预定的课程目标。基于忠实取向,幼儿园课程实施过程中,通常需要关注两个方面的问题:其一是动态地了解和掌握课程目标或计划的实施程度,为课程实施掌舵方向;其二是确定有利于或不利于课程实施的因素,为课程实施保驾护航。忠实取向就是将幼儿园课程建设目标和内容看作是既定的、明确的,课程实施就是如何将这些课程任务予以完成,从而达到预期的课程目标。

忠实取向在本质上是受"技术理性"支配的,课程的设计者负责规定课程的目标、内容与方法,而课程实施者的任务就是将这些规定的课程落实,以达到确定的教育目标。两者的吻合程度越高就说明课程的实施越有成效。幼儿园课程需要较为严格地遵循既定的课程目标,并以此作为课程评价的依据。作为主要的课程执行者,幼儿园教师需要忠实地实施课程设计者的课程方案,并在课程实施中接受相应的专业支持和监督。

(二) 相互适应取向

所谓相互适应取向,是将课程实施的过程看作是课程计划者与实施者之间通过协商而相互适应的过程。基于相互适应取向,课程实施不可能预先规定精确的实施程序,课程实施的过程应由实施者自己把握和决定,由实施者根据自己的实际情况做出最为适当的选择。然而,课程的设计者和政策决定者似乎忽略了这样一个事实,即"人们在实际中做了什么和没有做什么是一个关键性的变量"②。相互适应取向认为,课程不仅是一套程序,还包括教育实际情景中的各种因素,这些因素会影响甚至改变课程实施。

基于相互适应取向,幼儿园课程实施的过程也应是一个协商调适的过程,既需要考虑已有的、明确的课程目标,更需要考虑课程实施者,如幼儿园教师的专业兴趣和

---

① 张华.课程与教学论[M].上海:上海教育出版社,2000:327.
② FULLAN M G. The Meaning of Educational Change[M]. 2nd ed. New York: Teachers College Press, 1991:54.

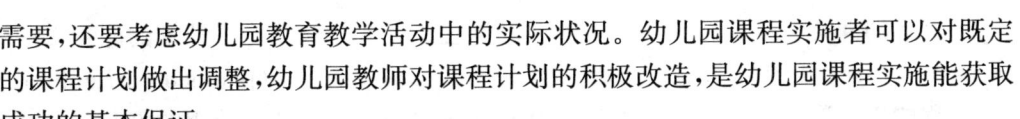

需要,还要考虑幼儿园教育教学活动中的实际状况。幼儿园课程实施者可以对既定的课程计划做出调整,幼儿园教师对课程计划的积极改造,是幼儿园课程实施能获取成功的基本保证。

相互适应取向在本质上是受实践理性支配的,幼儿园的课程建设就是一个复杂的、不可预知的变化过程,无论既定的课程计划与任务是否与预期达成一致,过程性所开展的课程协商与调适,都会成为幼儿园课程建设中有意义的组成成分。幼儿园教师可以根据具体的条件和自己对课程的理解,对课程进行调整和改造。"课程从来没有像计划的那样完全地实施过。一些人将这种修正看作是没有很好地实施,而另一些人则将这种修正看作是实施的一部分。"①人们可以从不同的层次来认识和研究幼儿园课程实施过程中的调适,使课程在实施过程中达到最佳效果。

(三) 创生取向

所谓创生取向,是将课程实施的过程看作是课程实施者们自身创造的过程。课程并不是在实施前就固定下来的,课程实施过程也是制定课程的一部分,课程是由教师和学生共同参与的教育实践的结果。课程实施是在具体教育情景中创生新的教育经验的过程,而已有的课程计划只是为这个经验创生过程提供平台而已。基于创生取向,幼儿园教师成为课程开发的主力军,他们与学前儿童一道开展创造性的教育活动。幼儿园教师可以在幼儿园课程实践中,根据自己的专业情况以及幼儿的生活经验,来确定课程的目标与内容,并最大化地激发和调动幼儿的学习情趣与体验。事实上,创生取向赋予了幼儿园教师更大课程权力,但同时对于幼儿园教师提出了相当高的专业诉求。

创生取向在本质上是受"解放理性"支配的。基于创生取向,幼儿园课程是幼儿园教师与儿童共同创造的经验,这些经验有儿童生活的经验、学习的经验,更多的是幼儿园教师和儿童在"做中学""玩中学"所获得的经验与体验。在这样一种课程实施的过程中,幼儿园教师具有相当大的课程权力,儿童具有相当大的自由空间,在兴趣解放、空间释放的理想状态下,对于儿童的学习与发展而言,无疑具有重要的价值。因此,在创生取向看来,幼儿园课程变革就是幼儿园教师专业成长和儿童个性成长相关促进的过程,幼儿园课程实施需要接受、理解和认同幼儿园教师与儿童的主体性和创造性,强调个性自由和解放,将课程创造和开发的过程视为个性成长和完善的过程。

事实上,在幼儿园课程实施过程中,根据影响幼儿园课程实施的各种因素以及它们之间的关系,选择和定位课程实施的基本取向,是保证课程能有效实施的关键。课程实施的忠实取向、相互适应取向和创生取向并不是非此即彼的。课程实施的取向往往是包括这三个取向在内的连续体上的某个特定的位置,如图5-1所示。

---

① SNYDER J,BOLIN F,ZUMWALT K. Curriculum Implementation:Handbook of research on curriculum[M]. New York:Macmillan Publishing Company,1992:427.

创生的课程	修改的课程	计划的课程
(enacted curriculum)	(adapted curriculum)	(planned curriculum)
课程的创生取向	课程的互相适应取向	课程的忠实取向

→ 对实施预定的课程计划的强调

← 对课程实施中创造适合个性发展的教育经验的强调

图 5-1　三种取向在内的课程实施的连续体

课程的忠实取向和课程的创生取向分别是课程取向连续体的两个极端，它们分别实施的是计划的课程和创生的课程，而课程的互相适应取向则在连续体的中间，实施的是修改的课程。课程实施取向之间的差别，表现为程度上的差别，越往忠实取向这一端，课程实施就越强调实施预设的课程计划，越往创生取向这一端，课程实施就越强调在课程实施中实施者们共同创造适合个性发展的教育经验。对课程实施取向的选择和定位，其依据并非是孰优孰劣、孰是孰非，而是其适合性。权衡课程实施生态环境中的各种影响课程实施的生态因子以及它们之间的关系，是选择课程实施取向的基本出发点。①

三、影响幼儿园课程实施的因素

影响幼儿园课程实施的因素主要有内外两个层面，内部层面的影响因素包括文化、组织、人员等因素，外部层面则包括政府、社会、社区、公众、家长等因素。但是概括起来，影响幼儿园课程实施的因素主要包括以下几个方面：

（一）幼儿园课程与文化

幼儿园课程的实施，既会受到社会文化环境的影响，也同自身的园所文化紧密相关。对外部层面的文化因素而言，社会主义核心价值观是影响幼儿园课程实施的主旋律，需要符合幼儿园课程规律的基础上，践行主流的文化价值观，这是幼儿园层面"立德树人"工作的具体要求。当然，在幼儿园课程实施的过程中，功利主义价值观依然会对幼儿园教育教学活动产生一定的影响，尤其是"幼升小"的社会风气，会加剧部分幼儿园"小学化"的课程倾向。因此，幼儿园的课程实施需要弘扬正气，抵制不良文化的侵扰，这是幼儿园课程实施的方向性保障。

（二）幼儿园课程与行政部门的导向

各级政府部门对学前教育的关心和支持是幼儿园课程实施不可或缺的重要因素。学前教育事业的健康快速发展离不开政府部门强有力的指导与支持，尤其是教育行政部门对幼儿园的课程建设活动予以的指导、规范与评估反馈等。事实上，如果

---

① 张华.课程与教学论[M].上海：上海教育出版社，2000:336.

没有教育行政部门的支持、协调和关心,任何幼儿园层面的改革也就很难顺利地进行。同时,幼儿园自身的课程建设也需要紧随各级教育行政部门的改革趋向与政策导向,这是幼儿园课程组织的重要内容和基本要求。一般而言,各级教育行政部门对幼儿园课程实施的影响,主要通过对课程的审定、推行、监督和评估等。

(三) 幼儿园课程实施者的专业化水平

幼儿园课程实施者的主体包括幼儿园园长、幼儿园教师等,他们的专业化水平是幼儿园课程改革的关键所在。幼儿园课程实施者对于既有课程理念、目标、内容等方面的认识与理解,对课程计划与任务的执行与达成,对课程实施中存在问题的回应与解决,对课程设计方案的动态调整等,都会直接影响到幼儿园课程改革的质量与效能。上述层面的状况是幼儿园课程实施的关键所在。因此,幼儿园课程实施者的专业水平和能力,在相当程度上决定幼儿园课程实施的可行性和有效性。如果幼儿园课程实施者的水平不高、能力不强,也就很难能达到幼儿园课程实施的良好状态。

(四) 幼儿园课程实施的运行机制

在所有的幼儿园课程管理及运行机制中,最重要的是需要良好的课程实施氛围和工作关系,这需要幼儿园园长在文化与制度层面予以关注和提升。幼儿园课程实施中最大的问题是人的因素,而对于幼儿园教师的激励与规约,只能通过制度设计与人文关怀等予以达成。因此,幼儿园需要优化课程实施的工作流程、建立科学的激励机制和人性化管理模式,从专业的角度促进幼儿园教师课程组织的能力水平,使得幼儿园课程建设进入良性的发展轨道,从而使幼儿园课程实施得以顺利进行。

此外,幼儿园课程编制者与实施者之间的沟通,对于课程实施能否获得成功往往起关键性作用。幼儿园课程编制者能与课程实施者之间实现良好的沟通,才能让课程实施者真正理解幼儿园课程变革或教育活动实施的要义,并通过协商和合作,相互适应和妥协,共同促进幼儿园课程的顺利实施①。

第四节 课程实施的策略

考虑到课程改革可能由不同层面的教育机构发起,麦克尼尔(J. D. McNeil)总结了三种课程实施策略,即自上而下策略、自下而上策略和从中间而上策略。②

一、自上而下的策略

自上而下的策略是以国家和地区为中心的,由国家或地方一级的教育机构发起,

---

① 朱家雄. 幼儿园课程的理论与实践[M]. 上海:华东师范大学出版社,2014:111.

② MCNEIL J D. Curriculum: a comprehensive introduction[M]. 5th ed. New York: Harper Collins College, 1996.

并强调学校或幼儿园课程实施与之相应的标准一致,否则改革将会受到阻碍或只是暂时得到实施。自上而下策略的技术性很强,一般表现为两种形式:

其一是研究与发展策略,是国家或地区性课程改革中普遍采用的策略,强调国家或地区等上层机构要创设条件使学校和幼儿园管理者与教师充分认识改革的价值。对于幼儿园课程建设而言,实施者不仅需要重视课程改革的价值,还需要明晰幼儿园课程改革的理念、目标及路径,将会使幼儿园获益,并面向全体幼儿园教师开展关于课程改革的培训。但是,当前幼儿园课程改革很难达成共同的标准,这就使得部分幼儿园教师在课程计划的执行过程会出现偏差甚至扭曲。

其二是多因素策略。为克服研究与发展策略带来的弊端,更多地关注政治的、社会的、经济的因素,并且通过社会形式、教师的领悟力和技术来克服单一因素变革的局限。雷伯曼等人的研究提出了"发展、参与、支持"三个关键性的概念。[①] 具体到幼儿园课程实施层面:第一,幼儿园教师面对课程改革时的观念转变,并根据教师观念发展所处的不同阶段,给予不同的专业支持与帮助;第二,强调幼儿园教师参与课程决策,幼儿园教师需要对自己的日常工作予以审视与思考,并开展专业性的切磋与交流等;第三,幼儿园加大对课程实施的物力、人力支持,并为幼儿园教师提供计划、展示、评论和修订的充足时间。

二、自下而上的策略

不同于自上而下的策略,自下而上的策略是以教师的课程意识为出发点,结合当时当地的热点问题,由教师自主开展的课程创新实践。自下而上的策略具体包括四个方面的内容:第一,教师具备的课程意识及问题意识,由教师识别出有课程价值的问题,进而结合课程方案,开展理论与实践两个层面的研究与探索,从而进一步明晰课程计划;第二,围绕新的课程主题、目标及内容,教师采取课程行动,尝试在课程教学活动中寻找解决问题的办法;第三,教师开展专业群体的交流与探讨,共同协商和优化课程方案,并保证课程方案的具体实施;第四,教师开展相关的课程的评估,并围绕课程理念和目标进行课程反思,从而为后续的课程建设提供新的课程经验等。

对于幼儿园课程实施而言,自下而上的策略注重以幼儿园教师为课程实施的主体,以幼儿园教师所关注的生活或社会问题为起点进行课程改革,将相关主题或问题融入幼儿园的课程教学活动之中,从而提升幼儿园课程的创新性与实践性。但这种策略对于幼儿园教师的专业化水平提出了很高的要求,这与目前的幼儿园教师队伍的整体状况存在一定的差距。同时,自下而上的策略,尽管有利于激发活力、鼓励创新,但在课程实施的保障层面也具有一定的难度,其一是时间问题,幼儿园教师技能和素质的转变不是短时间内能够实现的,必须经过长期的学习与培训;其二是幼儿园教师之间需要大量的沟通、研讨与互动,这点在一定程度上受制于幼儿园教师的群体

---

① LIEBERMAN A, MCLAUGHLIN M. Networks for Educational Change: Powerful and Problematic [J]. Phi Delta Kappan, 1992(9): 673-678.

的实际状况;其三是需要有幼儿园的课程专家参与其中,只有具备课程专家在理论与实践层面的专业支持,幼儿园课程实施才能顺利进行。

三、从中间向上策略

从中间向上的策略是基于对前两种策略的分析与扬弃而产生的。自上而下的策略过于依赖外部驱动,尤其是标准的参照,容易造成课程实施的僵化与刻板性;自下而上的策略则过于依赖个人或专业群体的内部驱动,尤其是问题的聚焦,容易造成课程实施的泛化与随意性。基于此,从中间向上的策略,试图整合前两种策略的优势,既能够在课程实施外部驱动层面达成目标、注重效率,也能给在内部驱动层面激发活力、鼓励创新。而且从中间向上策略是以学校或幼儿园作为课程改革的基本单位,进而推动课程改革的全面深入。

从中间向上的策略要使学校或幼儿园成为课程实施的主体,一方面要着眼于整体的课程发展,更重要的是要聚焦于课程实施的主体——教师,通过为教师创造条件推动与协助教师参与变革。① 具体而言:第一,帮助教师注意来自校(园)外的信息,利用这一点作为改革的诱因;第二,鼓励教师带着这样的观念,在课程改革的过程思考如何运用新信息;第三,通过教师互相交流提供机会来促进新观念的广泛传播;第四,通过向校(园)内和校(园)外的人宣传来促进新思想的普及、推广。

复习与思考

1. 幼儿园课程组织与实施的特殊性体现在哪些方面?
2. 幼儿园课程组织与实施应遵循的基本原则该如何理解?
3. 你对幼儿园课程取向有何认识与思考?

---

① KAREN S L, ROBERT A D. Knowledge Use and School Improvement [J]. Curriculum Inquiry, 1988(18): 33-62.

第六章 幼儿园课程评价

获取本章
拓展资源

导　言

　　课程评价是对课程的价值做出判断的过程。幼儿园课程评价是借助对幼儿园教育活动中目标、内容和方法等教育实践活动的调查和分析,揭示幼儿园课程的价值与效果,为现有幼儿园课程的发展与完善,或开发新的幼儿园课程提供有效的信息。幼儿园课程评价在幼儿园课程设计与实施的过程中具有十分重要的作用,一个好的幼儿园课程需要通过评价不断地调整与完善,以达到不断接近教育理想的效果。幼儿园课程评价的目的在于:了解幼儿的实际发展状况,使教师能够针对幼儿的需要、特点、个体差异,决定教育活动的目标、内容、活动形式及指导方式等;了解课程的目标、内容、实施过程和幼儿整体的发展状况,从而评价课程是否符合教育目的和适合幼儿发展。幼儿园课程评价可以诊断、修正幼儿园课程、对各种幼儿园课程的相对价值进行比较、预测幼儿园教育的需求,确定幼儿园课程目标达成的程度。

　　本章包含四节。第一节介绍了幼儿园课程评价的含义与作用,第二节阐述了幼儿园课程评价的依据与原则,第三节围绕幼儿园课程评价的过程与要素进行了论述,第四节重点对幼儿园课程评价的主要模式进行了介绍。

学习建议

　　1. 可在查询梳理相关文献资料的基础上,结合个人的理解与观点,采用头脑风暴的学习方式,由学习者将对"课程评价"和"幼儿园课程评价"的含义与作用的个人理解提出来,小组开展专题讨论,进一步领悟幼儿园课程评价的含义与价值。

　　2. 可结合教育见习,以及幼儿园课程评价实践案例的阅读和讨论,以小组为单位,收集幼儿园教师或园长对幼儿园课程评价的含义与作用、幼儿园课程评价的过程与要素的看法,并对这些看法进行评价。

　　3. 尝试围绕幼儿园课程评价开展实地调研,以小组为单位,调查分析某一所幼儿园课程评价的主要模式,谈谈对这种模式的认识,还可以尝试和幼儿园教师一起探索改进幼儿园课程评价的方法和策略。

第六章　幼儿园课程评价

> 学习目标

1. 理解幼儿园课程评价的含义与作用。
2. 理解幼儿园课程评价的依据与原则。
3. 理解并掌握幼儿园课程评价的过程与要素和主要模式。

第一节　幼儿园课程评价的含义与作用

一、幼儿园课程评价的含义

课程被视为教育理论界含义极为模糊不清的术语之一,评价也被视为社会科学领域极具争议的概念之一,课程评价作为一个复合名词,其含义的复杂和多元在所难免。钟启泉在《现代课程论》中指出,"评价这一概念本身含有复杂而广泛的意义。而且,由于以课程的计划、实施、评价的全过程为对象,其评价因素多样而复杂,所以,课程评价的概念不能说是明确的。"[①]目前学界对于课程评价含义的理解,仁者见仁,智者见智。桑德斯从要素、过程等方面,对课程评价的含义进行了界定,他认为课程评价指"研究课程某些方面或全部的优缺点和价值的过程,课程可以包括教育经验的设计、需要、过程、材料、目标和环境政策各类支持措施以及结果"。[②] 桑德斯的界定有助于我们理解课程评价的含义。我们尝试将课程评价理解为,运用一定的方法,对正在进行的课程活动的组成要素及其过程进行资料收集并对价值做出判断的过程。

幼儿园课程评价,是根据一定标准,在搜集、分析资料的基础上对构成幼儿园课程的目标、内容、实施过程和实施效果等做出价值判断的过程。[③] 幼儿园课程评价即借助对幼儿园课程活动中的目标、内容和方法等活动过程的调查和分析,揭示幼儿园课程的价值与效果,为现有幼儿园课程的发展与完善,或为开发新的幼儿园课程提供有效的信息。

二、幼儿园课程评价的作用

幼儿园课程评价是改善幼儿园课程的主要方法。幼儿园课程评价在幼儿园课程设计与实施的过程中都起着十分重要的作用,《幼儿园教育指导纲要(试行)》中将教育评价列为独立的第四部分,并明确指出,管理人员、教师、幼儿及家长均是幼儿园教

---

① 钟启泉.现代课程论[M].上海:上海教育出版社,1989:348.
② SANDERS J R. Curriculum Evaluation Research[A]//LEWY A. The International Encyclopedia of Curriculum[M]. New York: Pergamon Press, 1991: 409.
③ 胡惠闵,郭良菁.幼儿园教育评价[M].上海:华东师范大学出版社,2009:126.

育评价工作的参与者。由此可见,幼儿园课程评价的重要性。幼儿园课程评价的目的在于:了解幼儿的实际发展状况,使教师能够针对幼儿的需要、特点及个体差异,决定教育活动的目标、内容及活动形式、指导方式等;了解课程的目标、内容和实施过程,以及幼儿整体的发展状况,从而评价课程是否符合教育目的和适合幼儿。幼儿园课程评价可以诊断、修正幼儿园课程、对各种幼儿园课程的相对价值进行比较、预测幼儿园教育的需求,确定幼儿园课程目标达成的程度。一个好的幼儿园课程需要通过评价不断地调整与完善,以达到不断接近理想的教育目的和教育效果。幼儿园课程评价的作用大致有以下几个方面:

(一)满足幼儿全面发展的需要

幼儿园课程评价的终极目标旨在促进幼儿身心全面和谐发展,幼儿是课程的直接感受者、体验者、生发者和受益者,在幼儿园课程评价过程中,依据观察、测验和档案袋等方法分析幼儿的学习与发展过程,准确把握幼儿的最近发展区,给予其及时的指导,有助于促进幼儿健康成长。《幼儿园教育指导纲要(试行)》中明确指出:"教育评价是幼儿园教育工作的重要组成部分,是了解教育的适宜性、有效性,调整和改进工作,促进每一个幼儿发展,提高教育质量的必要手段。"

(二)提升教师的专业发展水平

幼儿园课程评价可以有效提升教师、课程编制者、幼儿园行政管理人员以及其他负责课程编制人员的专业发展水平。满足幼儿教育政策制定者、幼儿园行政管理人员以及社会其他成员获得教育方面信息的需要。作为编制课程的教师、幼儿园课程专业人员、幼儿教育行政管理人员或者其他课程编制人员,通过课程评价的过程,提高课程编制的水准,从而更有利于原有课程的完善或新课程的开发和发展,提升自身专业发展水平。《幼儿园教育指导纲要(试行)》中明确指出:"教育评价是教师运用专业知识审视教育实践,发现、分析、研究、解决问题的过程,也是其自我成长的重要途径。"幼儿园课程评价的主要目标是发展和完善幼儿园课程,而最终的出发点和落脚点则是促进幼儿和教师的发展。在评价过程中,要尊重教师的主体地位,因为任何评价所提出的改进措施或建议要通过教师的活动才能得到落实。用"在发展过程中"的眼光看待教师,所有的问题都是"发展中的问题"。外部评价者要充分与教师沟通,尊重他们的说明与意见,并把这个过程作为一个研讨的过程,共同商讨解决的方法和今后发展的方向,把评价的结果作为发展中的一个新起点。

(三)完善幼儿园课程体系

从幼儿园课程评价对课程实施过程的影响看,它具有鉴定、诊断、改进、导向等作用。由于课程评价具有诊断功能,因此它能被用于及时发现课程中存在的问题,并以此为依据,调整和改进课程,使原有的幼儿园课程更为完善;或者从根本上改革课程,开发和发展新的幼儿园课程。在课程管理的层面上,幼儿园课程政策制定者、幼儿教育行政管理人员以及社会其他成员需要获得有关课程方面的信息,以此作为对幼儿园课程质量的鉴定或推广的依据。幼儿园课程评价的重要作用之一就是检查或鉴定教育目标是否达成,或者判断达到目标的程度。通过课程评价,检验或完善原有的幼儿园课程,或者开发和发展新的幼儿园课程。评价是幼儿园课程的重要组成部分,它的主要目的就是为了改进和完善课程,为幼儿提供更适宜的教育机会和条件,促进幼儿健康和谐地发展。所以,评价要有利于促进教师发展,推动园所不断改进课程、提高教育质量的主动性和积极性,提倡以研究的精神看待幼儿园课程评价。

(四)提升幼儿园教育质量

幼儿园课程评价最重要的作用就是促进保教质量的改进与提升。在评价过程中会发现不足和问题,可以及时地通过信息反馈,促进保教工作的改进,教育质量的提高。在教育过程中及时地评价,可以使课程更适合幼儿的需要,更符合教育目标的要求。幼儿园教育质量与幼儿园课程的适宜性密切相关,对幼儿园教育的核心——幼儿园课程进行价值判断,有助于提升和推进幼儿园教育质量。由于课程评价具有鉴定功能,因此可以通过对课程中各种成分以及它们之间的关系进行分析,或者可以通过对不同课程的比较,对课程的实际效果进行评定,对幼儿园课程是否值得推广、在什么范围内推广以及如何推广等做出结论。通过幼儿园课程评价可以及时发现现行幼儿园课程与预定教育目标之间的差距和问题,对明确幼儿园课程的努力方向,改善幼儿园教育效果,提升保教质量具有很大意义。这如同医生看病一样,先要诊断出病症,然后对症下药。幼儿园课程评价为幼儿园课程的开发和推广提供经验基础和理论支撑,为促进幼儿园教育质量的整体提升提供前提。

第二节 幼儿园课程评价的依据与原则

幼儿园课程评价是对幼儿园课程进行考察和分析,以确定其价值和适宜性的过程。其主要目的在于了解幼儿园课程的适宜性、有效性,以便调整、改善、选择和推广幼儿园课程,提高学前教育的质量。幼儿园课程评价要依据幼儿园教育的相关法规文件,注意诊断性、形成性和总结性评价相结合,以不断提升保教质量,促进幼儿发展和力求客观、公正和规范化等为原则。

一、以幼儿园教育相关法规文件为依据

幼儿园课程评价以《幼儿园工作规程》《幼儿园教育指导纲要(试行)》《3—6岁儿童学习与发展指南》等幼儿园教育相关法规文件为依据,这些文件具有鲜明的方向性和指导性。在《幼儿园教育指导纲要(试行)》中提出了幼儿园课程评价的一些基本观念。

1. 教育评价是幼儿园教育工作的重要组成部分,是了解教育的适宜性、有效性,调整和改进工作,促进每一个幼儿发展,提高教育质量的必要手段。

2. 管理人员、教师、幼儿及其家长均是幼儿园教育评价工作的参与者。评价过程是各方共同参与、相互支持与合作的过程。

3. 评价的过程是教师运用专业知识审视教育实践,发现、分析、研究、解决问题的过程,也是其自我成长的重要途径。

4. 幼儿园教育工作评价实行以教师自评为主,园长以及有关管理人员、其他教师和家长等参与评价的制度。

5. 评价应自然地伴随着整个教育过程进行。综合采用观察、谈话、作品分析等多种方法。

6. 幼儿的行为表现和发展变化具有重要的评价意义,教师应视之为重要的评价信息和改进工作的依据。

7. 教育工作评价宜重点考察以下方面:① 教育计划和教育活动的目标是否建立在了解本班幼儿现状的基础上。② 教育的内容、方式、策略、环境条件是否能调动幼儿学习的积极性。③ 教育过程是否能为幼儿提供有益的学习经验,并符合其发展需要。④ 教育内容、要求能否兼顾群体需要和个体差异,使每个幼儿都能得到发展,获得成功感。⑤ 教师的指导是否有利于幼儿主动、有效地学习。

8. 对幼儿发展状况的评估要注意:明确评价的目的是了解幼儿的发展需要,以便提供更加适宜的帮助和指导。全面了解幼儿的发展状况,防止片面性,尤其要避免只重知识和技能,忽略情感、社会性和实际能力的倾向。在日常活动与教育教学过程中采用自然的方法进行。平时观察所获得的具有典型意义的幼儿行为表现和所积累的各种作品等,是评价的重要依据。承认和关注幼儿的个体差异,避免用统一的标准评价不同的幼儿,在幼儿面前慎用横向的比较。以发展的眼光看待幼儿,既要了解现有水平,更要关注其发展的速度、特点和倾向等。

二、诊断性评价、形成性评价和总结性评价相结合

课程评价通常可分为诊断性评价、形成性评价和总结性评价。诊断性评价是指在教育活动开始之前,为使其计划更有效的实施而进行的预测性评价,其目的在于了解被评价者的基本情况,为制定教育计划或解决问题收集资料,做好准备。形成性评价是指在教育活动过程中评价活动本身的效果,目的在于了解过程,总结经验,及时改进。总结性评价是指在完成某个阶段的教育活动之后,对其成果做出价值判断,对评价对象达到的目标程度进行评价。"形成性评价关注的是课程问题的起因,总结性评价关注的是课程问题的程度;形成性评价的结果主要是为课程编制者改进课程所用,总结性评价的结果主要是为课程决策者提供制定政策的依据;形成性评价关注的是课程计划的改进,总结性评价关注的是评定课程计划整体效果。"① 在幼儿园课程评价过程中,形成性评价和总结性评价并非是非此即彼的关系。在为幼儿园课程发展而进行的形成性评价过程中,可包含对某个阶段教育的短期效果所做的总结性评价;在以评定幼儿园课程效果而进行的总结性评价中,也可包含一些形成性评价,作为幼儿园课程判断和决策的参考依据。

---

① 施良方.课程理论[M].北京:教育科学出版社,1996:154.

在对幼儿园课程进行评价时,必然会表现出某种基本的取向,反映出课程评价者关注的是幼儿园课程的哪些方面价值。在幼儿园课程评价中,最为常见的取向是形成性评价和总结性评价。形成性评价是一种过程评价,旨在通过对课程发展过程中所获得的材料的分析和判断,调整和改进课程方案,使正在形成中的课程更为完善。形成性评价可以在课程设计阶段和早期试验阶段进行,通过评价,使课程设计和编制者获得有关信息,在教育理论探讨、课程框架构思、教育目标确立等方面发现问题和诊断问题,及时加以修正;形成性评价可以在课程实施阶段进行,通过评价,检查课程在实施中的有效性,逐步修正或改革,逐步使课程定型;形成性评价还可以在课程推广过程中进行,通过评价,使课程的示范和推广过程由于调整和巩固而更切合课程采纳者的教育实践。总结性评价是一种结果评价,旨在对课程实施以后所获得的效果进行评价,以验证课程的成功程度和推广价值。为了充分发挥幼儿园课程评价的积极作用,应该做到诊断性评价、形成性评价和总结性评价相结合。

三、以不断提升保教质量、促进幼儿发展为原则

教师是幼儿园课程的设计与执行者,幼儿园课程评价是检核幼儿园教师所采取的教育措施是否有效地实现了预定目标的手段。在幼儿园课程评价中,教师不应是被动地接受"检查",而应是把幼儿园课程评价作为不断提升保教质量,有效地促进幼儿发展和自身专业发展的一种需要和手段。在组织教育活动的过程中,教师也是课程的主要评价者。把不断提高、改进、完善幼儿园课程作为自己的一种职业价值追求,而不是被动地完成管理者交给的任务。在每一次教育活动结束后自觉对活动过程进行分析与评价,正是教师主体性的反映。如一位大班的幼儿园教师在与幼儿的交往中,发现班上幼儿普遍一遇到问题就来找老师,问这怎么办,那该不该做等。老师对这一现象进行了分析和评估,找到两个方面的原因:一个原因可能是教师的日常教学给幼儿的束缚太多了,使得幼儿"凡事先请示";另一原因可能是独生子女的依赖性,缺乏自信,怕挫折。由此他设计和组织了"我们都是小老师"的系列活动,让每个幼儿表现自己的长处,并教给别人,帮助幼儿建立信心,主动地去做自己能做的事情,取得了很好的教育效果。可见,教育过程中的课程评价活动需要教师发挥自身的主体作用。

四、幼儿园课程评价力求客观、公正和规范化

从一般的意义上说,课程评价理当客观、公正和标准化,课程评价的标准和指标也应规范化。在进行幼儿园课程评价时,需要有能衡量幼儿园课程设计、课程实施状况和课程效果的标尺。课程评价的标准就是这种衡量的标尺,而评价指标则是评价标准的具体化。然而,课程评价是极为复杂的事,它是对课程的价值做出判断,而价值观是相对的,不同的价值观会对同样的课程做出不同的判断,从不同的价值观出发,就有可能运用不同的评价标准和指标作为课程评价标尺;以不同的目的、用不同的方式所做的课程评价也会运用不同的评价标准和指标作为课程评价标尺。如在对

以目标模式设计的幼儿园课程的效果进行评价时,常以课程确定的行为目标作为课程评价指标,这些课程目标本身比较行为化和具体化,从上一级指标到下一级指标,多层次的指标构成一个完整的指标体系,课程目标中所确定的许多具体的、可观察的行为,都是评价这种课程效果的指标。又如在对某一以幼儿经验为主展开的主题活动效果进行评价时,评价指标就不会十分具体,常常会采用无记名方式,让一些评价人员根据其经验,运用等级评定方式,评估各要素在评价指标中的重要程度,并进行加工,以此作为评价该课程效果的依据。在对同一主题活动的实施状况进行评价时,则可在课程评价专家的指导下,以教师为评价主体,由幼儿园园长、其他教师、家长以及其他人员参与评价,分析、发现和解决课程实施过程中的问题,使课程的实施得以改进。客观、不抱成见、无偏见,以评价的标准公正平等地审视,把从各方面所搜集到的资料和数据,客观如实地加以描述,并以正确的教育观对幼儿园课程做出分析和判断。

第三节 幼儿园课程评价的过程与要素

一、幼儿园课程评价的过程

幼儿园课程评价是针对幼儿园课程的特点和组成成分,分析和判断幼儿园课程价值的过程。从较为宏观的层面上看,幼儿园课程评价过程大致可分为以下几个阶段:

(一)确定幼儿园课程评价方案与目标

评价目标直接影响幼儿园课程评价方案的设计,是整个幼儿园课程评价过程的指南。每一项具体的课程评价有着不同的目标,评价方案应对评价目标进行简要、明确、清晰的表述,幼儿园课程评价人员要详细说明幼儿园课程评价的目标,确定他们要评价什么,并由此决定如何设计课程评价方案,为评价操作者提供确切的方向和准绳。

(二)大量搜集幼儿园课程评价相关信息

在此阶段,幼儿园课程评价人员要明确幼儿园课程评价所需的信息来源,广泛搜集相关信息,以及能用于搜集这些信息的方法、途径和手段。

(三)组织并分析幼儿园课程评价材料

首先,此阶段课程评价人员要对所搜集到的信息进行编码、组织、储存和提取,使之有效地运用于评价。其次,课程评价人员要选择和运用适当的分析技术,对经由处理的幼儿园课程评价材料进行解释。

(四)报告幼儿园课程评价结果

幼儿园课程评价人员要根据幼儿园课程评价的目标,决定课程评价报告的性质,包括报告的阅读对象;报告的形式是正式的,还是非正式的;报告的内容是描述性的,还是以数据分析为基础,以及有关幼儿园课程评价报告的其他事项。

二、幼儿园课程评价的要素

幼儿园课程评价是"一种特殊的认识活动,是针对幼儿教育的特点和组成要素,通过收集和分析比较系统全面的有关资料,科学地判断幼儿教育的价值和效益的过程"。[①] 幼儿园课程评价通常涉及以下几个方面:一是对课程目标的评价;二是对课程方案的评价;三是对课程实施过程的评价;四是对课程效果的评价。对幼儿园课程的每一种评价都有可能涉及这几个方面,只是其侧重点有所不同。

(一)对课程目标的评价

有学者提出课程评价方案的目的是针对课程诊断与修订、课程比较与选择以及成效的判断而言的。他们认为评价目标即"通过评价进一步修改课程方案,使之趋于定型;经比较评价,辨明本课程模式与传统分科模式的区别所在;对课程效果加以全面评估,考察其推广价值"。[②] 要识别课程评价是在哪些政策和限制条件下进行的,要决定课程评价在什么范围中进行以及如何安排课程评价的时间,要认定在实施课程评价后所达成的决策程度等。

课程目标是一定的教育目标在课程领域的具体化,课程是实现教育目标的桥梁。课程评价目标通常有以下几种。[③]

1. 需要评估:是在一项课程计划拟订以前,对社会或儿童需要的了解,可以作为课程开发的直接依据。

2. 课程诊断与修订:对正在形成中的课程计划,评价可以有效地找出其优缺点及成因,为修订提供建议。

3. 课程比较与选择:对不同的课程方案,通过评价可以比较其在目标设置、内容组织、教学实施以及实际效果等方面的优势,从整体上判断其价值,再结合需要评估,对课程做出选择。

4. 对目标达成程度的了解:对一项实施过的课程计划,评价可以判定其结果,并通过与预定目标的比较对照,判断其目标的达成程度。

5. 成效的判断:一项课程或教学计划在实施后究竟收到哪些成效,可以通过评价全面衡量,做出判断。这种判断不同于上述对目标达成程度的了解,而是对效果的全面把握,包括对那些预定目标之外的效果的把握。

由于课程开发者不同的教育价值取向,在课程开发的三个基本来源——社会的需要、儿童的需要、学科的要求上各有偏重,便产生出了"社会本位""儿童本位""学科本位"等典型课程观及其他种种折中性质的课程观,同时也产生出多种相应的课程目标形式。这些课程目标表现出不同的特点或呈现方式,如有的是规定性的,在课程之

---

① 周浩波.教育哲学[M].北京:人民教育出版社,2000:35.
② 王坚红.学前教育评价[M].北京:人民教育出版社,1994:278-279.
③ 李雁冰.课程评价论[M].上海:上海教育出版社,2002:7-8.

前预先定下课程结束后幼儿应发生的可见行为的变化,这就是行为目标;而有的是非规定性的、唤起性的,不表明幼儿在学习后会产生什么行为,有的是学习的主题或情景,幼儿围绕它展开个性化的各种反应,如表现性目标;有的是在教育情景中随着教育过程的展开而自然生成的,如生成性目标等。

在不同课程目标下的幼儿园课程实践呈现出各不相同的样态和多种多样的模式,如行为目标对应的"目标模式",生成性目标对应的"过程模式"等。

泰勒为目标模式的确立和发展做出了突出的贡献,这一范式注重"行为",以预先确定的精确、具体、可操作的行为目标来预测学生的变化和评价课程的成败。在我国幼儿园教育中,课程长期以来是这样运作的:以课程目标导向来选择内容、组织教育活动、实施教育评价等,这是比较典型的目标模式。

针对目标模式的种种弊端,20世纪70年代,英国课程专家斯腾豪斯倡导过程导向的课程及评价模式。这种课程认为学习者的行为结果是无法预测的,教育应当引导人去探索知识,让人变得更自由,更有创造力,高度关注学习者兴趣的变化、能力的形成和个性的发展等。目前在幼儿园流行的过程模式课程是20世纪70年代初在西方兴起的,它们有多种形式,既有结构性的方案教学,也有行云流水般自然的课程形式,"课程就是所发生的"(BettyJones,1970)正是其代表性的课程观。表6-1对幼儿园课程目标模式与过程模式的教育观、知识观和课程目标的特点、来源和作用等方面进行了比较。

表6-1 幼儿园课程目标模式与过程模式比较

比较	目标模式	过程模式
教育观	教育是实现既定目标	教育使人更自由、更有创造性
知识观	知识是固定的让人接受的信息	知识是思维的载体
课程目标特点	精细、终极状态	宽泛、动态变化
课程目标来源	分解和对应教育目标	过程中学习者的兴趣
课程目标的作用	控制、束缚	引导
课程关注点	目标达成、结果	过程、学习者的满足
教学方法	讲授、传递	讨论、探究
教师角色	课程的执行者	参与者、讨论主持人
教师要求	技能性强、短期培训	观念和能力要求高、长期学习
学生角色	接受者	建构者、探索者
教学调控手段	目标控制、易操作	过程中的教育原则、难把握
课程效果	明显、快速、满足度低	不明显、长远、满足度高
课程评价	指标明确、评价简易	较模糊,评价较难

评价任何课程模式的好坏都不应当离开它的适宜性。一种课程模式是否能产生理想效果,不仅仅在其本身的理念多么先进,更重要的是要符合教育实际,要具备实施的可能性。目标模式课程之所以能长盛不衰,至今仍然在课程中占着支配地位,其

操作性强、效果明显可见是主要原因。过程模式的许多观点的确表达了教育的理想,但是该模式对教师的要求实在太高,其追求的价值比较抽象,因此从我国目前幼儿园师资状况、社会意识及其文化价值观念、教育条件等来看,要完全采用这一模式几乎是不可能的,如果一股风赶潮流的话,最后的结果可能事与愿违。但是,这并不排除幼儿园可以渐进尝试的可能。"我们可以把生成性目标和表现性目标作为行为目标的补充形式,而不是作为其对立面。事实上,这也符合斯腾豪斯与艾斯纳等人本来的意图。至于具体采取什么形式的课程目标,这取决于课程所要解决的具体问题。一般而言,若重点放在基本知识和基本技能上,行为目标的形式比较有效;若要培养学生解决问题的能力,生成性目标的形式比较有效;若要鼓励学生的创造精神,表现性目标的形式较为适合。"①我们不能简单地评价幼儿园课程模式的优劣,而应更多地思考什么样的儿童适合什么样的课程。在我国现实的条件下,综合地利用多种课程模式,扬长避短,是比较合理而可行的。

(二) 对课程方案的评价

对课程方案的评价需要思考,"课程方案是否依据了科学原理或理论;课程结构是否合理;各个课程要素是否高度一致并符合原先的指导思想等。"②对课程方案本身的评价,主要考察和评定幼儿园课程所持有的基本理念以及所强调的主要价值取向是否与幼儿园所在的社会文化背景相契合,是否与幼儿园教育实际状况相契合;考察和评定幼儿园课程的目标、内容、方法和评价等课程的各种成分是否在课程理念的统合之下形成一个协调的整体,并发挥其总体的功能。

美国西北地区教育实验室认为考察评价方案的准则包括四个方面,分别是③:

1. 关于评价概念是否合适的准则:概念的清晰性和适切性;评价范围的适宜性、适切性、变通性、可行性。

2. 关于收集和加工信息是否合适的准则:可靠性;客观性;代表性;概括性。

3. 关于报告评价结果的信息是否合适的准则:评价结果传达的及时性;评价结果传递的自由度。

4. 一般的准则:伦理的考虑;协议的签订和遵守。

要有效地开展评价,任何课程评价方案都必须明确该项课程评价的目的、对象和准则。虽然幼儿园课程评价方案的内容表述没有硬性的或确定的标准,但无论它有多么灵活,都应尝试着实践先行,探索拟订符合本园实际和需要的课程评价方案,为切实推进我国幼儿园课程评价的发展做出自己的努力。

(三) 对课程实施过程的评价

在幼儿园课程评价中,人们对课程存在不同的价值取向,对课程评价的取向也有

---

① 施良方.课程理论[M].北京:教育科学出版社,2002:89.
② 冯晓霞.幼儿园课程[M].北京:北京师范大学出版社,2001:114.
③ 施良方.课程理论[M].北京:教育科学出版社,2002:164-166.

不同的看法,因此,在评价过程中会运用不同的评价模式,采用不同的评价技术。这就是说,评价过程无法完全被规范化。对课程实施过程的评价,通常包括"幼儿在课程中的反映(主动性、参与程度、情绪等);教师的态度与行为(对儿童的控制程度、管理方式、教育机智和技巧等);师生互动的质量;学习环境(条件和利用方式等)等"。①对课程实施过程的评价,主要是考察和评定课程实施过程中的诸多动态因素,如师生互动的质量、幼儿和教师在课程运行过程中的态度和行为、幼儿园环境的创设和利用,以及动态变化中的各种因素之间的关系等。

"学习故事"(learning story)是一种采用叙事方式对儿童的学习与发展进行观察记录的过程性评价方法,由新西兰幼儿教育专家卡尔教授在对新西兰幼儿教育课程大纲研发过程中首创。我国《3—6岁儿童学习与发展指南》对3—6岁儿童应该知道什么、能做什么,大致可以达到什么发展水平提出了合理期望,指明了幼儿学习与发展的具体方向。目前摆在我国幼儿教育理论与实践领域的一个突出问题是,如何让教师在理解《3—6岁儿童学习与发展指南》的基础上,结合其中的发展目标和年龄指标对幼儿的学习和游戏进行观察、记录与评价,且这种评价必须与目前我国幼儿园课程的价值取向与教育原理相吻合。对广大幼儿园教师来说最艰巨和最重要的挑战是如何准确地评价个体儿童,做好观察记录,并运用评价和观察的结果来开展有效教学、构建幼儿园课程体系。

 **知海拾贝**

  基于以上认识,我们以高校学前教育专业教师、幼儿园园长和幼儿园教师为主体成立了"学习故事"研究共同体,采用协同式行动研究方法,以幼儿自主游戏活动为观察切入点,以新西兰"学习故事"为借鉴,以幼儿园园本课程体系为依托,进行了历时三个周期的"学习故事"评价方法行动研究。

  "学习故事"是一种叙事性的观察记录方式,一个学习故事通常由三个部分组成,包括注意、识别和回应。下面以"学习故事"研究共同体中幼儿园教师所做的观察记录《图形接龙游戏》(笔者有删减,文中儿童姓名均为化名)为例,呈现此评价方法的具体应用及理论分析。

图形接龙游戏②
观察时间:2014年11月20日　上午9:30—10:00
观察地点:智慧屋
观察对象:木木、昊昊、恒恒、康康
所属班级:小二班

---

① 冯晓霞.幼儿园课程[M].北京:北京师范大学出版社,2001:114.
② 张亚妮,王朝瑞,钱琳娜."学习故事"蕴藏的教育精彩[N].中国教育报,2015-03-22.

1. 注意

智慧屋里热闹非凡。孩子们玩起了前些天投放的接龙游戏材料。恒恒用老师以前演示过的方法非常熟练地玩了起来。他用接龙卡片一张一张地对接,形成的图案就像一条长龙。

玩着玩着,他抬头看了一眼木木。木木的接龙卡片排列得像有层次的台阶。恒恒觉得(木木的)和老师演示的不一样,又觉得木木的排列很有趣。就问他:"你是不是摆错了?老师摆出来的是长长的,跟火车一样。""你看我的圆形接圆形,三角形接三角形,很对呀!"木木想了想说道。

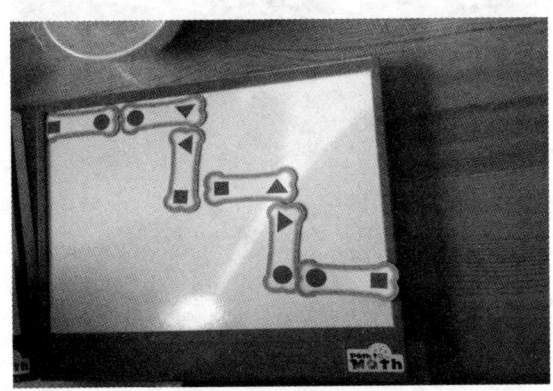

恒恒还是不太认同,自己又接着用老师的办法玩儿了起来。过了一会儿,坐在一旁的昊昊看着木木的"佳作"立即模仿起来。

康康认真观察之后,觉得这种与众不同的变化很有趣,也想摆一个特别的接龙图案。他不想和木木的一样,于是想了想,摆了一个大大的问号。

这时候,恒恒发现了大家的变化,转而向木木求教,请木木也教他怎么用接龙的规则摆出阶梯形。

木木非常热心地和恒恒一起玩了起来。

注意部分主要描述"发生了什么",回答"是什么"的问题。即教师以视频、照片和文字等多种形式采集幼儿在某一时间段或事件中的行为、语言和情绪等细节表现,并据此所做的观察描述记录。重点关注儿童能做的、感兴趣的事情。在本案例中的注意部分,教师用手机及时把幼儿进行图形接龙游戏的精彩瞬间连贯、完整地捕捉下来,并采用白描式的语言对四个幼儿图形接龙游戏的场景进行了描述,记录下了他们接龙游戏时的语言和行为表现,生动呈现了幼儿游戏中发生的学习故事原貌。

2. 识别

恒恒,你是一个遵守规则的孩子。你原则性强,遇到不同意见会判断和思考,不人云亦云。遇到问题或疑惑时也会主动寻求答案。当通过观察和论证确定某一事物是正确的时候也愿意欣然接受。

木木,你是善于思考的孩子。思维的灵活性较强,能够通过事物的表象找准实质性规律。在把握核心原则的基础上敢于创新。能够紧紧抓住接龙游戏的规律,改变普通的排成长龙的接龙模式,创造性地摆出了阶梯接龙的图案。你还善于分享,乐于把自己的好方法教给同伴。今天的你真的很棒!

昊昊,你乐于接受新事物,模仿能力强。虽然你和木木都用了阶梯形状玩接龙游戏,但是老师发现,你们的排列顺序并不相同。你也是开动了脑筋,掌握了好方法的。

康康,你思维的独创性令老师赞赏。你在木木的启发下独立思考,完成了另一种不同的接龙游戏。你善于探索,勇于尝试,在活动中收获了成就感。

识别部分主要分析在该情境中幼儿"什么样的学习有可能发生了",回答"为什么"的问题。即教师对幼儿学习与发展状况进行分析、评价和反思。核心是调动自身已有实践经验以及幼儿学习与发展的相关理论,有针对性地分析幼儿在游戏中分别学习到什么,遇到了什么困难,解决了什么问题,表现出了哪些优秀、可贵的学习品质。在本案例中的识别部分,教师基于对注意部分的深入观察,根据不同幼儿在图形接龙游戏中的个性化表现,把握幼儿的最近发展区,准确识别出幼儿认知发展过程中的同化、顺应和平衡化历程。

3. 回应:

(1) 请4位小朋友向全班的幼儿分享和推广他们的经验,帮助幼儿深入理解图形接龙游戏的特征。

(2) 为了满足孩子们现阶段对接龙游戏的浓厚兴趣,跟家长沟通后,鼓励家长和孩子在家玩各种不同形式的接龙游戏。如词语接龙,卡片接龙,动作接龙等。

(3) 在智慧屋里增加接龙游戏的数量和种类。

回应部分是教师计划"如何支持幼儿这方面的学习",回答"怎么办"的问题,即教师提出进一步促进和拓展幼儿学习与发展的设想和方案。可以从家园合作、环境创设和课程内容等多方面提供回应的策略。在本案例中的回应部分,教师所提供的设想和方案均是建立在注意、识别的基础上,基于当前幼儿的学习兴趣、能力以及学习品质,提出如何丰富游戏材料和认知经验,把这一学习经验与其他形式的学习内容联系起来,如何通过家园合作来进一步促进幼儿学习与发展。

"学习故事"是为了支持幼儿进一步学习所进行的观察评价,它关注幼儿的学习过程,是幼儿园课程体系的重要组成部分。在"学习故事"研究共同体中,通过"学习故事"的观察记录行动研究,教师们在多种不同情景中尝试进行多次观察,迅速地把所学习到的教育理论迁移到自己的教育实践中,以一种更富有情境性、故事性和过程性的方式来观察、记录和评价儿童,并在此基础上为幼儿提供个性化的关注、支持与引导,不断生成和完善幼儿园课程体系。

策略:

一个学习故事通常包含三个部分:注意(notice)、识别(recognize)和回应(respond)。

注意部分是对幼儿的语言、行为和活动所做的客观观察和描述。对幼儿园教师来说,操作起来相对容易,宜选择幼儿自主游戏活动、生活活动时发生的故事为观察的着眼点,因为幼儿自主游戏活动时表现出的学习状态与发展水平最趋于自然和真实,同时教师也拥有时间和精力静下心来走进幼儿的世界,聆听幼儿的故事。一般不宜选择集体教学活动,因为在集体教学活动中教师通常更多关注教学目标的达成和集体教学的效果,相对难以对个体幼儿的语言、行为和行为进行深入地聚集与观察。

识别部分是教师根据自身教育理论与实践经验对注意的事实所做的认识和反思,是主观的判断与评析。对幼儿园教师来说,操作起来相对有难度,需要教师以《3—6岁儿童学习与发展指南》《幼儿园教育指导纲要(试行)》等为依据,以学前儿童心理学、学前教育学等学科教学知识为理论支撑,基于自身教学实践经验对幼儿的学习与发展水平进行准确的把握与分析,发现幼儿的"最近发展区"。

回应部分是教师针对注意到的幼儿的语言、行为和活动,根据自身的认识与判断,提出促进幼儿成长与发展的下一步计划、步骤和策略,通常是具体、有针对性和可行的措施与方法。可以帮助幼儿建构新的学习经验,也可以对现有学习经验进行整合,还可以介绍给幼儿更丰富和复杂的学习内容,或是与幼儿分享和庆祝所取得的学习成果。

一个"学习故事"的注意、识别和回应三个部分之间逻辑关系环环相扣,注意影响着识别与回应,识别决定着回应的方向,识别与回应推动幼儿的学习与发展,在"学习故事"中,幼儿的兴趣和行为是逻辑的起点,教师的识别与回应是对幼儿学习兴趣和发展准确了解基础上的进一步支持与提升。

(四) 对课程效果的评价

幼儿园课程评价是幼儿园课程的重要组成部分,对幼儿园课程具有监控、指向、总结、反馈和改进作用。对课程效果的评价也是课程评价的一个重要功用。课程效果,有的是显性的,有的是隐性的;有的是长效的,有的是短效的;有的是预期的,有的是非预期的。对课程效果的考察和评定,会涉及什么是效果以及如何去衡量效果的问题。

幼儿园课程评价有利于幼儿的全面发展,教师在对幼儿的学习与发展进行评价时要特别注意以下几点:

1. 评价目标要符合幼儿身心整体发展原则

在幼儿教育评价中坚持客观、真实的原则,就是把通过观察、测量、访谈、调查等方法所获得的资料,不带主观臆断地真实记录下来,进行科学、客观地分析与判断,合理地做出评价,并帮助家长了解幼儿的发展进度,增强对幼儿成长的认识,以利于家园合作。评价是要找幼儿的优点,发现和发挥幼儿的潜能,以提供适宜的课程方案,而不是在幼儿中搞"排行榜"。避免偏重某方面而忽略身心其他方面的发展,评价要搜集不同方面的资料,包括对幼儿连续的定期观察和记录、家长提供的资料、幼儿的学习作品等,客观地加以整理和分析,不存偏见。

2. 评价内容及方法要符合幼儿的年龄特点

评价要尊重幼儿的个体差异,最好以幼儿自己的早期表现与现在的情况做比较,不要轻率地对幼儿进行相互比较。评价时要给予幼儿足够的参与机会,要接纳幼儿的看法,发展幼儿的自我评价能力,让幼儿看到自己的优点和进步,增强自信心。

3. 评价的结果要清楚、系统,客观真实

评价中最重要的就是真实,所得到的资料和数据如果不真实,依据它所做出的判断就会是错误的。评价客观、真实,这是对课程评价应持的一种科学态度,也是达到课程评价目标的保证。

第四节　课程评价的模式

在幼儿园课程评价中,有许多可供选择的评价模式和方法,如目标评价模式,背景评价、输入评价、过程评价、成果评价(简称 CIPP 评价模式)和外观评价模式等。

一、目标评价模式

目标评价模式主要是在泰勒的评价原理和课程原理基础上形成的。目标评价模式的主要关注点是确定课程预设的目标与课程实施的结果之间的契合程度。泰勒的评价原理是以目标为中心而展开的,大致可以分为 7 个步骤:

1. 确定目标；
2. 根据行为和内容界定目标；
3. 确定使用目标的情境；
4. 设计呈现情境的方式；
5. 设计获得记录的方式；
6. 确定评价时使用的计量单位；
7. 设计获得代表性样本的手段。

目标评价模式强调评价首先，要从目标入手，明确地阐述目标是课程评价的重要一环，因为这是课程评价者知道课程目标实际达成程度的基本保证。其次，要确定课程评价的情境，使儿童有机会表现出课程目标指向的行为。最后，目标评价模式也特别强调评价的工具和手段，因为它们直接影响评价结果的信度和效度。目标评价模式因为便于操作而又直接见效，曾在课程评价中占领主导地位。目标评价模式强调预期的课程目标，忽视课程实施的前提和过程，以及其他许多与课程预期目标无直接关联的因素；目标评价模式强调评价工具和手段的客观性和可操作性，缺乏对课程目标价值判断合理性的关注，往往将诸如创造性、自主性、好奇性等一些不易测量，却有价值的方面排斥在课程目标之外，因此目标评价模式的运用存在着相当的局限性。

二、背景评价、输入评价、过程评价、成果评价模式

背景评价、输入评价、过程评价、成果评价模式是决策类型评价模式，它由 4 类评价组成，它们是背景评价（Context Evaluation）、输入评价（Input Evaluation）、过程评价（Process Evaluation）和成果评价（Product Evaluation），简称 CIPP 评价模式。CIPP 评价模式的创始人斯塔费尔比姆（Stufflebeam, D. L.）认为，课程评价应该为课程决策提供有用的信息，而不应该将评价局限于评定课程目标达成的程度。

背景评价是为计划决策服务的，为的是确定课程实施机构的背景，明确评价对象及其需要，明确满足需要的机会，诊断需要的基本问题，判断课程目标是否反映了这些需要。简言之，背景评价强调应该根据评价对象的需要，对课程目标做出判断，评定课程目标是否与评价对象的需要相一致。

输入评价是课程计划的可行性评价，它是为构建决策服务的，旨在通过对各种可供选择的课程计划的评价，帮助课程决策者选择达成目标的最佳手段和途径，通过对课程材料、方法、设施、人员等的分析，帮助课程决策者选择适宜的课程资源。在输入评价中，常需考察的问题有：

1. 已经设定的教育目标是否切实可行？
2. 哪些方法、策略和途径有益于达成教育目标？
3. 教师能否有效运用这些方法、策略和途径？
4. 人员配备、时间安排和执行情况的管理能否妥善解决？

过程评价是为执行决策服务的，主要通过对课程实施过程的实际描述，确定或预测课程本身或实施过程中所存在的问题，从而为课程决策者提供如何修改或调整课

程的有效信息。过程评价在课程设计完毕并付诸实施时开始进行,在实施过程中,及时提供有关过程运行状况的信息,发现问题和不足,形成课程改进的决策。

成果评价是为循环决策服务的,为的是测量、解释和评判课程计划的成果,它不只是对课程的最后鉴定,而且是对课程质量控制的一种手段。通过成果评价,收集与结果有关的各种描述和判断,并将它们与课程目标及其背景、输入方面和过程方面的信息联系起来,从而对它们的价值做出解释。成果评价不仅可在整个课程实施结束时进行,也可在课程实施过程中进行。

在实施 CIPP 评价时,评价者可先进行背景评价,确定原课程是需要改变,还是维持现状。如果需要进行持续增进或更新的改革,则应进行输入评价,为构建改革方案的决策提供信息,继而实施新的课程,并进行过程评价和成果评价,根据评价结果,或接受新的课程方案;或终止该方案,重新计划、组织课程方案,再做以上过程的循环。

三、外观评价模式

外观评价模是由斯塔克提出的。斯塔克主张教育者要考察评价的全貌,倡导教育评价的外观评价模式。外观评价模式要求评价者从以下三个方面收集有关课程的资料。

1. 前提因素

即在幼儿园课程实施之前任何可能与结果有关系的条件或因素,如幼儿的年龄、知识和经验、智力状况、教育机构的资源、师资条件、课程内容等。

2. 过程因素

即幼儿园课程实施过程中评价对象的各类活动和交往,如教学活动、游戏、环境气氛以及有关的人际关系,如师幼关系、同伴关系、教师之间关系以及教师与家长之间关系,人与物之间的关系等。

3. 结果因素

即幼儿园课程实施所产生的影响,如幼儿学习效果的改变以及对于教师、幼儿学习环境和设备材料等方面的影响作用等。

外观评价模式要求评价者对以上三个方面因素既要做出详尽的描述,又要进行适宜的评判,描述和评判都有各自的价值,只有将两者结合起来,才能完成对幼儿园课程的全面评价。在具体操作层面上,描述和评判是两大矩阵,前者包括幼儿园课程计划的意图和实际观察到的情况,应注意对各类因素意图的描述与对它们具体观察的描述之间保持一定的逻辑关系,即能够使观察成为符合幼儿园课程计划意图的观察;后者包括标准和判断两个方面,应注意针对与各类因素有关的特点标准,做出适宜的判断。

各种幼儿园课程评价模式在评价理念和评价操作方式等方面都有所不同,每种课程评价模式都有其长处和不足,因此在幼儿园课程评价中具有不同的参考和运用价值。每种课程评价模式只是为课程评价者提供了评价的思路,在操作层面上,评价者则需针对被评价对象的特点和评价所需解决的问题,制定具体的、具可操作性的评价方案。在实际操作中,可根据需要,借鉴多种评价模式的长处,以克服单一评价模式的不足。在评价实践中应根据评价所需解决的问题选用适宜的课程评价模式,根据评价的取向以及被评价对象的特征、评价者的条件、特别是评价的目的选用课程评价模式。换言之,应充分发挥评价者的创造力,从评价的实际需要为出发点,可对单一课程评价模式做合理的修正,亦可从评价内容或方法等方面入手,综合几种评价模式,使课程评价更趋合理和有效。

复习与思考

1. 幼儿园课程评价的模式有哪些?
2. 到幼儿园开展调查,说一说幼儿园课程评价的主体有哪些?他们在评价中分别发挥什么作用?
3. 理论联系实践,说一说如何对幼儿园课程进行评价?

第七章 学前教育经典课程思想及方案

获取本章
拓展资源

导言

纵观世界范围内学前教育课程的发展历程,东西方幼儿园课程呈现出各自的特征及发展轨迹,但都归于儿童的学习与发展、幼儿园教育的社会价值等。在西方学前教育课程发展历程中,最具代表的人物或课程类型主要有福禄贝尔、蒙台梭利、高瞻课程和瑞吉欧课程。在我国学前教育课程发展的历程中,借鉴和参照国际学前教育课程改革是一个不变的轨迹,同时我们也在积极探索适宜中国国情的课程模式,最具代表性的有陈鹤琴和张雪门的课程思想及模式。事实上,无论东西方社会及学前教育发展的差异性如何,每一种课程理念、模式或策略都有其内在的合理性与现实性。对于我们而言,了解和认识不同课程理念背后的历史印记和发展规律,其目的在于更好地审视当前幼儿园课程的改革与发展。我们需要在容纳百川、实事求是的前提下,来重新梳理幼儿园课程发展的历史与走向。

本章包含两节内容,第一节以"西方幼儿园经典课程方案"为主线,介绍和分析了福禄贝尔、蒙台梭利的课程思想,高瞻课程和瑞吉欧课程的发展历程、基本内容以及课程组织与实施等;第二节以"我国幼儿园经典课程方案"为主线,在梳理我国学前教育课程发展历程的基础上,着重介绍和分析了陈鹤琴、张雪门的课程思想、理念、目标、内容及原则特点等。

学习建议

1. 大量阅读学前教育领域的教育名著或代表性教育家思想的相关文献资料,结合东西方幼儿园经典课程方案的脉络梳理,尝试对不同幼儿园课程经典方案进行分析探讨等。

2. 以6种幼儿园经典课程方案的代表人物为学习索引,重点加强对6种幼儿园课程方案的认识与理解。

3. 组织学习小组进行深入的专业探讨,集中探讨6种幼儿园经典课程方案的历史脉络、规律特点及其适宜性等。

> 学习目标

1. 理解并掌握西方和我国有哪几种比较有代表性的课程经典方案。
2. 理解并掌握每一种经典课程方案的代表人物及主要教育思想。
3. 明晰陈鹤琴、张雪门的课程思想与杜威的实用主义课程思想之间的联系与区别。

第一节 西方学前教育经典课程思想及方案

福禄贝尔的课程思想、蒙台梭利课程、高瞻课程以及瑞吉欧课程都是世界各种幼儿园课程方案不同发展形态的典型代表。福禄贝尔、蒙台梭利的课程理论及课程方案是由个人创立,而高瞻课程来源于教育科学研究项目,瑞吉欧课程则由教育机构和社区合作创立。事实上,任何一种课程方案都有其优势和特色,高质量的课程方案是不断发展持续改进的。对于幼儿园课程未来的发展,无论是课程方案本身的完善,还是关于不同课程方案的引介及其比较研究,我们都应该认识到,任何课程方案都不是孤立的,而是相互联系的。因此,我们需要在认识和理解世界各国优秀课程方案的基础上,在科学的理论指导下更理性地认识不同的课程方案,并努力为"本土化"的课程实践提供有力的指导。

一、福禄贝尔的课程思想及方案

弗里德里希·威廉·奥古斯特·福禄贝尔,被公认为是现代学前教育的代表人物,他的教育思想与实践对世界各国幼儿教育的发展起着深远的影响。

(一)福禄贝尔的儿童观

福禄贝尔1837年创办了一所"发展幼儿活动本能和自发活动的机构"儿童游戏活动机构,招收3—7岁幼儿,并运用自己在数学和建筑学方面的专长,为儿童设计了6套玩具,称为恩物,以球、立方体和圆柱体为基本形态,供儿童触摸、抓握。1840年,热爱大自然的福禄贝尔为这个机构创造了一个新词——幼儿园(Kindergarten),这也是这个词汇的来源:幼儿园如同花园,幼儿如同花草,教师犹如园丁,儿童的发展犹如植物的成长。同时,他在欧洲首先给了妇女专业位置——幼儿园教师。

福禄贝尔视儿童为一种自我活动的存在,他倡导活动教学,观察儿童生活,设计游戏的种类及玩具,注重手工作业,企图发展儿童内部的创造力。有关他的教育理论与教育方法,可以说是所有人类教化的普遍原理。

1. 通过活动达到"生命统一",强调劳动与其他活动的教育意义

福禄贝尔在关于劳动等各种活动的表述中,强调了劳动等各种活动的教育意义,

并给予高度的评价。他认为,家庭里的共同劳动和家庭成员之间相互帮助是家庭共同生活的基础。且他认为,做事、劳动等各种活动是人认识自己的唯一途径。他认为,人进行创造,原来仅仅是为了使存在于他身上的精神的东西,上帝的本质,在他自身以外以一定的形式表现出来,这样,他可以认识他自身的精神,认识体现在他自己身上的上帝的本质。这里,反映了福禄贝尔关于他的通过活动达到"生命统一"的哲学思想。

2. 注重遵循儿童发展的连续性与阶段性

福禄贝尔认为人的发展应是循序渐进的,在发展的过程中,前一阶段是后一阶段发展的基础,后一阶段都是前一阶段发展的继续。教育应当尊重儿童的规律,按儿童不同的发展阶段去促进儿童学习,如果不遵循儿童发展的阶段规律,盲目地促成儿童早熟,这样做不但不能促进儿童的发展,相反会从根本上危害、妨碍甚至破坏儿童的持续发展,没有任何教育价值可言。但同时应该辩证地看待问题,肯定儿童发展的连续性并不意味着否定其阶段性。福禄贝尔把受教育者划分为婴儿、幼儿、少年、青年等时期。他认为,教育者不能仅仅根据年龄来划分教育阶段,在划分教育阶段时,还要考虑其智力、情感和身体等因素,即应该根据儿童身体和心理发展的实际水平划分教育时期。

3. 教育适应自然的原则

这是福禄贝尔教育理论体系中的一条重要的原则,他强调教育必须遵循自然的法则,从这一原则出发,要求让儿童从最早期开始就能不受干扰地自然发展。与让儿童不受干扰地自然发展的主张一致,福禄贝尔也重视儿童的创造性教育和个性教育。他认为教育应该是来自儿童个人的兴趣动机,并以儿童个人的力量、经验和活动为基础的活动。福禄贝尔也非常重视儿童个性的发展。他认为,人是积极能动的生灵,有自己的思想,教育应当引导儿童按照自己的思想富有个性地发展。

(二)福禄贝尔课程理论的基本原则

1. 让儿童自主自由地进行活动

福禄贝尔认为,教育的本质在于发展儿童内在的精神力量。因此,成人应相信儿童有自主游戏并从中获得快乐和发展的能力,不要随意干涉和阻止。只有当儿童自由自在的活动时,其内在精神力量才能得到不断地发展。

2. 儿童是在游戏中学习和发展的

福禄贝尔是教育史上第一个承认游戏的教育价值并把游戏列入课程之中的教育家。他认为游戏活动使儿童的生命统一。为此他制订了儿童游戏的整个体系:一是运用他为儿童设计的玩具即"恩物";二是让儿童模仿家庭生活和社会生活中的事物和现象,如在土堆上建造一个花园、一条长凳,种植花草并培育它们等。

3. 重视语言在课程中的重要意义

福禄贝尔受新人文主义思想的影响,认为不论是在语言、数学、艺术的学习中,还是在儿童的活动游戏中,都应强调成人与儿童的对话,通过对事物名称或意义的重复使儿童加深对学习对象的理解,从而获得精神的成长。同时,成人也应积极鼓励儿童用语言表达自己对事物的认识和观点,这样不但可以锻炼儿童的语言表达能力,也能激发儿童进一步探索世界的兴趣。

(三)福禄贝尔的课程内容

在教育史上,福禄贝尔第一次将游戏列入幼儿课程中,他认为,游戏过程对于幼儿来说,是令人愉快的和自由的,在游戏中,蕴藏着巨大的教育价值。游戏是能发展幼儿生命力的活动。

福禄贝尔非常重视儿童的体育锻炼,与所有早期幼儿教育家们的认识一样,他认为健康的精神寓于健康的身体。但福禄贝尔除了重视体育锻炼外,还强调必须向儿童传递相应的健康知识,养成必要的卫生习惯。

福禄贝尔认为儿童有理解动植物内在生命和精神的渴望,其心灵也有自然的天性,由此他建议教师定期带领儿童到户外接触大自然。与儿童共同努力把自然的生命和精神吸收到自己的思想意识中,并让其在自己身上发生作用,保护和培养儿童热爱自然之心。

福禄贝尔强调课程中对力与空间的认识以及儿童对数的认识。他通过数学中的多面体图形来说明自然界的法则。数学在学前课程中的表现就是用直观的方式揭示自然的本质和玩具"恩物"的运用。福禄贝尔认为:一是要把数作为一个连续的整体来表现和观察,同时在练习的过程中要重视语言的作用;二是要在日常生活中应注意随时利用周围的物体引导儿童获得数的一些概念,例如,数玩具,可以让儿童知道"一"和"许多"的概念。

福禄贝尔认为语言是生命的表现。而学前儿童需要精神活动,特别是需要与身体活动一致的精神活动,在活动中被激起的内部生命应立刻有一个外部的事物,使儿童能借其表现自己。福禄贝尔认为适合儿童需要的这个外部事物就是童话、诗歌、寓言、故事等。这些方式的表现都与儿童心理发展过程和情感体验直接联系,当童话、诗歌、寓言的内容符合儿童的生活和审美标准时,儿童就会不断地去听、去模仿,在这个过程中儿童主动地去感受、理解其中的内涵,转化成自己的精神内在,同时也会激发儿童的创造力,借助语言去表达自己的感受,从而提高自己的语言表达能力。

儿童都有自我表现、自我发展和自我观察的欲求。福禄贝尔认为满足这种欲求的方式就是音乐、绘画、雕塑等艺术方式。其主要的课程内容有:音乐是通过纯粹的音响来表现的艺术,其中主要的是唱歌,绘画即通过纯粹的色彩对视觉进行表现的艺术,雕塑即通过物质的造型和塑造空间表现的艺术。他认为设置这些课程的目的不是让儿童成为艺术家,而是使每个人按照各自的本质充分地、全面地发展起来,使每个人懂得观察和鉴赏真正的艺术作品。

(四)对福禄贝尔课程思想的评价

福禄贝尔课程思想有相当的教育价值。首先,他重视知识的经验性和整体性。

其教育目标是培养追随上帝精神并身心统一的人。因此在课程设置方面,他以儿童的需要为前提,设置宗教、科学、艺术、语言等课程,重视儿童的全面发展。在课程内容的选择上,侧重于增加儿童经验性的活动,让儿童充分地接触周围的事物和自然,使儿童加强与同伴的合作,同时获得生活的经验,使内心和外界达到统一,拥有完整的人格。其次,作为性善论者,福禄贝尔同时肯定儿童具有向善的天赋,并设置课程教学加以挖掘,注重教育应从内部到外部,顺应儿童的本性和需要。最后,他还十分重视环境的教育作用。重视幼儿与家庭,尤其是与母亲关系的重要性,通过母爱,会带动幼儿与父亲和兄弟姐妹之间的感情,从而扩展到对人类的爱。在自然环境中,强调儿童一定要亲近自然。

但要指出的是,福禄贝尔的课程观指导思想是唯心的,他的课程理论带有神秘主义色彩,这阻碍了他教育理论的科学发展。特别是他所创立的反映"上帝本质"的游戏体系,设立很多游戏规则,易导致机械主义,不利于发展儿童的创造性。福禄贝尔特别强调儿童必须去认识上帝,掌握宗教知识,认为上帝是终极的真理,这些局限性的内容与他当时所处的时代及家庭环境带给他的影响是密不可分的,但这并不妨碍他对世界学前儿童教育领域产生的积极影响。

二、蒙台梭利的课程思想及方案

玛利娅·蒙台梭利是世界著名的意大利幼儿教育家。1907年,蒙台梭利在罗马的圣罗伦斯区设立第一所儿童之家。随着儿童之家的迅速扩展壮大,她逐步形成了一套教育法及其独特的课程,并取得了极大的成功。事实上,在世界幼儿教育发展过程中,蒙台梭利课程得到了高度的关注与认可,它作为一种独特的幼儿园课程方案被引进或本土化实践,成为世界范围内影响重大的幼儿园经典课程之一,直至今天依然对世界上许多国家的幼儿教育改革发挥着重要作用。

(一)蒙台梭利的儿童观

蒙台梭利儿童观受到卢梭、裴斯泰洛齐、福禄贝尔的教育思想影响,构建了自己的教育思想体系,其观点首先源于她的儿童观。蒙台梭利认为,儿童具有"生命的冲动""吸收性心智""敏感期"等心理特征。

蒙台梭利认为,儿童与生俱来就具有天然的感受力和强大的创造力,而且这些天赋在他们后天的发展中具有关键性意义。她指出,儿童生命力的发展表现为自发冲动,这种自发冲动是通过他们的自发活动表现出来的。因而,儿童生命的冲动是他们个体发展的基本动力,"生命的冲动"是儿童学习的内在驱动力,是可以激发儿童不断产生自发性的学习行为,从而促使其心智的自然生长。这种生命力是积极的、不断发展的,具有无穷的力量。

蒙台梭利认为,人有生理和心理两个胚胎期,其中心理胚胎期是人类独有的。这个心理胚胎期的开始源于新生儿出生之时。婴儿一出生,能从周围环境中获取信息,并且能够无意识地、自觉地形成各种心理活动,这种心理活动好似海绵一样无意识地吸收周围环境中的资源,然后通过"工作"将这些资源转化为有意识的心智。

蒙台梭利在《童年的秘密》一书中,提出了儿童发展也存在"敏感期"的命题,无论是语言、绘画,或是音乐、数学,每个儿童的成长都有敏感期。敏感期是儿童在某个时期对环境中的某些现象具有特殊的感受性。在敏感期内,儿童的学习是轻松的,呈现出事半功倍的效果。敏感期是儿童生长内在秩序的一种表现。

蒙台梭利同时还强调自由教育的观念。她认为,教育就是要遵循儿童生长的内在秩序,让儿童自由探索,发挥儿童的想象力与创造力,从而能自主活动、自由生长。但她所倡导的自由是一种有限制的自由,是与纪律对立统一的自由。自由并不意味着儿童能随心所欲地去做任何想做的事,而是强调去做任何正确的事的自由,即促使儿童的潜能在一个有准备的环境中进行自我建构、自我发展,实现儿童的自我教育,这正是蒙台梭利提倡的"自由教育"的目的。

(二) 蒙台梭利课程结构

蒙台梭利课程体系涉及日常生活、感官、数学、语言、文化、科学、历史、地理、艺术表现等领域。其中,四大领域是蒙台梭利课程的关键内容,即日常生活练习、感官训练、肌肉训练和初步知识的学习(包括阅读、书写和算术)四个方面。[①] 所有内容中,以日常生活练习和感官训练为先,而感官训练在整个课程体系中又占有特别重要的地位。

如表7-1所示,蒙台梭利课程主要是活动课程,具体的活动类型包括日常生活练习、感官训练、体育活动、自由游戏、手工操作、集体活动等。

表7-1 儿童一日生活作息表[②]

9:00—10:00	进校、问好、检查个人的卫生情况;日常生活练习:互相帮助穿脱工作围裙、仔细检查教室;对话时间:儿童叙述前一天发生的事情;宗教活动
10:00—11:00	智力练习、命名练习和感官训练
11:00—11:30	简单的体育活动。进行日常动作练习,身体的正常姿态、行走直线行进、敬礼、注意力的移动、优美地放置物体
11:30—12:00	午餐:简短的祷告
12:00—13:00	自由游戏
13:00—14:00	指导性游戏。如果可能的话,在户外进行。年龄稍大的儿童轮流进行日常生活练习、清洁教室、除尘、把东西按照顺序放好。对话时间:对清洁的检查
14:00—15:00	手工工作:陶土制作、设计等
15:00—16:00	集体性体育活动和唱歌,如果可能的话,在户外进行,参观和照顾动植物

---

① 朱家雄.幼儿园课程(第二版)[M].上海:华东师范大学出版社,2011:209-210.
② [美]斯泰西·戈芬,凯瑟琳·威尔逊.课程模式与早期教育(第二版)[M].李敏谊,译.北京:教育科学出版社,2008:74.

日常生活练习的目的主要在于培养儿童的独立自主能力、学习生活技能,并促进儿童注意力、理解力、协调力和意志力的发展以及良好的生活习惯的养成。为了促使幼儿的日常生活动作熟练化,蒙台梭利十分重视对幼儿的练习,她让幼儿通过坐、起、走、穿衣、脱衣、取物、个人卫生、室内整理、照料动植物等行为的相关练习,使儿童不需别人帮助而能自己处理日常生活上的事项,培养其独立性。同时还发明了种种器具,如螺旋梯、摇椅等,帮助幼儿进行身体素质等方面的训练。

感觉训练在蒙台梭利的教育体系中占最重要的地位,也是她的教育实验的主要部分,《蒙台梭利方法》一书用1/4的篇幅来论述感官教育。蒙台梭利认为,感官训练既为儿童将来的实际生活做准备,又是儿童接受知识和发展智力的基础。感官训练是通过提供吸引视觉、肌肉触觉、听觉、味觉和嗅觉的材料来促进儿童的发展。例如,触觉训练包括辨别物体光滑程度、冷热程度、轻重程度以及辨别物体大小、长短、厚薄和形体的训练。视觉训练的教具有各种几何图形板、立体几何体、颜色板、圆柱体组、粉红塔、长棒等识别物体量度、形状和颜色。听觉训练是通过发音盒等辨别音高、音响和音色的训练。

肌肉训练有助于儿童动作的灵活和协调,也有助于儿童意志的锻炼和合作精神的培养。初步知识的学习包括阅读、书写和算术。蒙台梭利设计了一套算术教学的教具(见表7-2)。让儿童通过视觉、听觉、触觉和发音练习,学习辨别语音和拼音、阅读单词和理解短句等。

表7-2 蒙氏教具①

感官教育的教具	为书写和算式做准备的教具
三套立体嵌板	两张斜面桌和各种各样的金属嵌板
三套尺寸渐变的立体嵌板:粉红色的立方体、棕色的菱柱和彩色棒	砂纸字母卡片
	印有两个字母的不同尺寸的彩色板
几何立体组:棱柱、棱锥、球体	砂纸数字卡片
砂纸触摸板	在一张光滑的纸上用于列举10以上数字的一系列大卡片
不同物件的集合:天鹅绒、缎子和羊毛品	
不同重量的小木板	两盒用于计数的数棒
两盒各有64种颜色的彩色板	图画和彩色铅笔
包含平面嵌板的几何图形拼图橱	用于绑带子、扣纽扣等的架子
三套在纸上粘上几何图形的卡片	
装有不同物体的封闭式圆筒(听觉筒)	
两套音感钟和刻有线条的木板	

---

① [美]斯泰西·戈芬,凯瑟琳·威尔逊.课程模式与早期教育(第二版)[M].李敏谊,译.北京:教育科学出版社,2008:73.

(三) 蒙台梭利课程的实施

1. 为幼儿提供"有准备的环境"

蒙台梭利教育思想的精髓在于观察、理解儿童的需要，为儿童提供有准备的教育环境，鼓励儿童进行自由选择。"有准备的环境"须具备以下条件[①]：适合儿童的发展水平和节奏；能够使儿童自由操作各种活动材料；活动材料的选择和使用有秩序；与成人环境有关联；能够保护儿童并让儿童有安全感；对儿童具有吸引力。"有准备的环境"包括两个方面：物质环境和精神环境。物质环境主要指各种符合儿童身高比例的室内设施以及教师自制的各种辅助材料，精神环境主要是为儿童创设一个有利于其心理健康发展的、温暖的、和谐的人文环境。

"有准备的环境"是一种尽可能减少障碍物，自由的、有秩序的、生机勃勃的、愉快的、适宜的环境，它能促使儿童实现自然发展并有助于幼儿的自我创造和自我实现；儿童能够平安、有序、有规律地生活，不断在生理和心理方面得到发展和完善；儿童充满生气、欢乐、真诚和可爱，毫不疲倦地工作，精神饱满地自主活动；适合儿童的环境，几乎所有的东西都是为儿童而设置的，并适合他们的年龄特点和身体发育特点。

2. 工作的重要意义

"活动，活动，我请你把这个思想当作关键和指南：作为关键，它给你揭示了儿童发展的秘密；作为指南，它给你指出了应该遵循的道路。"[②]这句话中的"活动"，就是指工作。蒙台梭利的"工作"是指那些身心协调、手脑结合的活动。同时，她提出了儿童在工作中要遵循秩序法则、独立法则、自由法则及专心法则。通过对儿童的观察和研究，蒙台梭利认为这些都是儿童在"工作"中所必须遵循的自然法则。

3. 教师角色的建构

教师是引导儿童生命成长的引导者、设计者、教育环境的提供者、儿童工作的观察者、自由活动的保障者及儿童发展的协助者。因此，教师在"儿童之家"被称为"导师"。蒙台梭利认为，教师要为儿童精心设计活动环境，为儿童提供"有准备的环境"；要引导儿童积极、主动地探究环境、操作材料，让儿童参与"工作"，成为活动的"主体"；同时要正确评价儿童的活动，包括儿童的兴趣、水平、发展需求及存在的问题等。

(四) 对蒙台梭利课程的评价

蒙台梭利的教育理论中处处呈现出对儿童的爱、信任和尊重，对教师的要求为细致、耐心地观察，机智及时地指导。蒙台梭利课程模式迄今为止仍在世界范围内有相当的影响，很多内容被广泛地认同。例如，蒙台梭利课程模式强调了个别化的学习，特别是蒙台梭利设计的教具使个别化教学的实施成为行之有效的手段；又如，蒙台梭

---

① 霍力岩，胡文娟. 略论蒙台梭利教育法之精要[J]. 幼儿教育，2008(3).
② [意大利]蒙台梭利. 蒙台梭利幼儿教育科学方法[M]. 任代文，译. 北京：人民教育出版社，1993：18.

利课程模式强调儿童主动学习和自我纠正,能使儿童身心的内在潜能得到充分的发展。皮亚杰在评价蒙台梭利时曾经说过:"蒙台梭利对于智力缺陷儿童心理机制细致的观察便成了一般方法的出发点,而这种方法在全世界的影响是无法估计的。"

每一个课程方案的产生都是时代的产物,其产生一要考察社会背景,二要审思文化背景。毋庸置疑,蒙台梭利教育法本身具有局限性。它最初是以生活在1907年意大利罗马圣罗伦贫民区的儿童为对象,是一种脱胎于智障儿童的训练方案,而且这种训练方法的结构化程度较高,限制了儿童的自由活动,该课程模式中教师的作用是比较被动的和消极的,这不利于发挥教师的主体性。虽然蒙台梭利教育法十分重视对儿童的自我学习、自我修正、自我教育方面的培养,促进儿童个性特征的发展。但其要求儿童按照教具所特定的步骤方法不断进行反复练习,带有相当程度的机械化和形式化的色彩,不利于儿童创造力的培养。同时,蒙台梭利教育法重视儿童自主的学习,但却较少让其参与团队的合作,儿童缺乏与同伴协商合作的机会,儿童的情感陶冶和社会化过程受到忽视,这不利于儿童的社会化发展。

三、高瞻课程的理念及方案

高瞻课程诞生于20世纪60年代的美国,是海伊斯科普教育研究机构开发的,以公立园儿童为主要对象,以帮助儿童学会主动学习为基本价值取向,以系列关键经验为主要学习内容,以计划、行动和反思的活动教学为基本组织形式,旨在让孩子们对周围的自然与社会具有高度热情和广泛兴趣的一种学前教育方案。高瞻课程在我国曾被译为"高宽课程""海伊斯科普课程"等。"高瞻"的英文由两个英文单词——High和Scope组成,前一个词指高度的热情(high aspirations),后一个词指广泛的兴趣(a broad scope of interests),即让孩子们具有高度的热情和广泛的兴趣。高瞻课程模式的含义绝不仅限于此,它是儿童"主动学习""在活动中学习""在获取关键经验中学习"等世界主流学前教育理念的倡导者和践行者,有独到的且有影响力的课程价值、课程框架、课程方法、组织形式和评价指标体系。尽管高瞻课程模式仍在发展之中,仍存在不足或问题,但它是经历了时间和空间检验的优秀幼儿园课程模式,在世界主流幼儿园课程模式的舞台上占据重要地位。

(一)高瞻课程的理论基础

高瞻课程借鉴吸收了皮亚杰、杜威、柯尔伯格、埃里克森、加德纳等人的理论及其研究成果,表现出了兼容并蓄的特点,这也正是其取得成功的原因之一。高瞻课程主要吸纳了皮亚杰的认知发展阶段论和认知建构主义思想。高瞻课程从皮亚杰理论中提炼了两条基本原则:一是人们可以以预测的顺序发展儿童的智能;二是儿童逻辑推理能力的变化是儿童潜在认知结构发生变化的结果。

高瞻课程模式受到皮亚杰建构主义观点的影响,其课程的设计与实施都很重视学生与外部世界的互动。儿童的发展是主动的,儿童积极地与环境互动,探索新鲜的事物,并在与环境的互动过程中建构起新的个人关于外部世界的知识和体验,发展自身的知识和经验,从而使自身认知结构得到进一步的发展。皮亚杰把儿童看成是主动的和好奇的,认为儿童的智慧不是通过指导获得的,而是由儿童自己创造的,因此他提出学校要开展一些互动和实践课程,让儿童自己动手去发现新事物,通过体验与发现进行主动学习。

高瞻课程提出其核心精要——主动学习。在高瞻教育方案中,主动学习被定义为"幼儿通过直接操作物体,在与成人、同伴、观点以及事件的互动中,建构新的理解的知识的学习过程。"在高瞻教育方案开发者眼中,幼儿必须通过自己的主动学习,自己获取经验并建构知识。高瞻课程方案最重要的教育目标就是促进儿童主动学习,促进儿童自我意识、社会责任感、独立意识的发展和有目标地设计生活,把儿童培养成自立、守法的公民。[①]

(二)高瞻课程的内容体系

基于改善处境不利儿童的学习的高瞻课程,为儿童做入学准备是其最初的目标,但在发展中目标是逐步改变的。1995年以前,高瞻课程主要关注儿童认知的发展,而社会性发展、情感发展只是认知发展的"副产品"。1995年后,在高瞻课程的第四次完善中,虽然课程目标仍为培养儿童入学前应具备的认知能力,但"主动学习"从原来的"关键经验"中的一部分成为课程核心。直到20世纪80年代后,"主动学习"从"关键经验"中分离出来,成为该课程模式的核心指导思想,高瞻课程才最终确立了使儿童成为主动学习的人的课程目标。

课程目标由从单一的认知目标走向综合发展的目标,体现出的不仅仅是高瞻课程目标确立的生成性,更体现出了高瞻课程持续改进与发展的张力与生命力。高瞻课程的建立是围绕着8个内容领域的58条关键发展性指标而展开的,这8个内容领域包括:学习品质、社会性和情感发展、身体发展和健康、语言、读写和交流、数学、创造性艺术、科学技术、社会学习。在这8个内容领域内的58条关键发展性指标,这些指标为教师创设学习经验以及与儿童互动提供指导。事实上,高瞻课程的关键发展性指标,旨在帮助成人了解幼儿发展,进而为幼儿创设主动学习的环境、提供发展适宜性的学习活动,通过积极的师幼互动和评价,促进幼儿的主动学习和发展。所谓"关键",指这些经验是幼儿应该学习和了解的有意义的观点;所谓"发展性",是指"学习是循序渐进,不断发展的";所谓"指标",是用来强调教育者需要证据来证实儿童正在学习和发展的那些被认为是为入学或人生做准备的知识和技能。[②]

(三)高瞻课程的组织实施

高瞻课程的组织和实施主要体现在一日活动安排上,主要包括幼儿个别活动、小组活动、集体活动和户外活动。"计划——工作——回顾"是高瞻课程最主要的课程组织与实施形式。

---

① 霍力岩.让孩子们具有高度的热情和广泛的兴趣——走近高瞻课程模式的理论与实践[J].福建教育,2017(25).
② 霍力岩.让孩子们具有高度的热情和广泛的兴趣——走近高瞻课程模式的理论与实践[J].福建教育,2017(25).

1. 每日常规活动

高瞻课程每日例行活动进行的时间架构是比较有特色的(见表7-3),大致可分为"计划——工作——回顾"时间,从而有利于儿童能够自由地探索,解决问题,并能自发地与同伴交流,有利于儿童自主、自立、自信、探索性、创造性等主体性品质的培养。

表7-3 一日常规活动范例表

半日制		全日制	
—8:45	问候时间	6:30—8:30	到达/早餐/全体活动时间
—9:00	计划时间	8:30—8:40	整理时间
—9:50	工作时间	8:40—9:00	大组时间
—10:00	清理时间	9:00—9:15	计划时间
—10:15	回顾时间	9:15—10:00	工作时间
—10:30	点心时间	10:00—10:10	清理时间
—10:45	大组时间	10:10—10:20	回顾时间
—11:00	小组时间	10:20—10:40	小组时间
—11:30	户外时间	10:40—11:30	户外时间
—12:00	团队计划	11:30—11:45	盥洗/洗手/准备午餐
上午半日制		11:45—12:30	午餐/刷牙
—8:40	问候/洗手时间	12:30—1:00	安静活动
—9:00	早餐/刷牙		准备睡觉
—9:10	大组活动时间	1:00—2:30	午餐时间与团队计划
—9:20	计划时间	2:30—3:00	起床/盥洗/点心
—10:10	工作时间	3:00—4:00	计划—工作—回顾时间
—10:25	清理时间	4:00—5:30	户外时间
—10:35	回顾时间		
—10:50	小组时间		
—11:05	户外时间		
—11:30	午餐/离园		
—12:00	团队计划		

高瞻课程最核心的原则是主动学习。主动学习是指儿童通过物体操作并与人、思想、事件互动而构建新经验的学习。没有人可以替代儿童经历、儿童必须亲身经验。主动学习的核心是活动,儿童所开展的活动是建立在个人兴趣和意图的基础上的,活动是成人与儿童之间有意义的互动的社会经验的获得过程。可以说,成人和儿童之间积极主动的互动也构成了高瞻课程的独特的"风景"。高瞻课程的主动学习包括五个要素[①]:第一,材料——课程提供充足的、多样化的、适宜的操作材料;第二,操作——幼儿摆弄、探究、组合和转化材料并形成自己的观点;第三,选择——幼儿选择

---

① [美]安·S.爱泼斯坦.学前教育中的主动学习精要—认识高瞻课程模式[M].霍力岩,郭珺,译.北京:教育科学出版社,2012:13.

材料、玩伴,改变或形成自己的想法,并根据兴趣和需要计划活动;第四,儿童语言和思维——幼儿描述他们所做和所理解的;第五,"鹰架"(成人的支持)——意味着成人支持幼儿当前的思维水平并挑战他们,使其进入新的发展阶段。

(四)高瞻课程的支持系统

在环境与材料层面,高瞻课程的支持系统强调环境的本土化与创新性,强调学习材料的意义性与趣味性。具体而言,高瞻课程与其他课程方案一样都重视环境的重要价值,但高瞻课程并不提供特殊品牌和类型的玩具和设备,而是提供有意义的材料以激发孩子的兴趣,并提倡环境创设的本土化及创造力的发挥。在高瞻课程的教室中,实现关键经验的各种活动往往是以各个"兴趣区"或"活动区"展开的。教师会安排许多特殊的兴趣区以适应孩子兴趣的多样性,兴趣区旨在有意识地将关键经验物化为活动材料和活动情境,让儿童在活动区中充分地与材料、环境和他人的互动以获得学习与发展。

高瞻课程重视师资培养的质量与效能。高瞻课程在早期教育领域的在职培训与专业发展项目中有两大基本类型[①]。其一是为教师和保育员提供的培训课程。课程全面覆盖高瞻课程的内容;其二是面向培训者的培训课程。参加此类课程的人通常是幼儿园主管、教育协调员或课程专家。就师资培训的质量与效果而言,高瞻课程认为教育和培训的数量固然重要,但教育和培训的质量在决定幼儿园教师能力方面更为关键。高瞻课程的师资培训旨在培养"有智慧"的幼儿老师。"一个有智慧的老师不需要依赖脚本课程,因为脚本课程有可能不适合儿童个体或群体。经过适宜教育和培训的教师使用他们学到的知识和技能指导实践,做出对每个儿童以及整个班级最佳的决定"。[②]

高瞻课程重视多种力量的介入,其目的在于通过教育力量与资源的整合,不断提升课程品质。高端课程尤其重视家园共育,在课程中把家长定位为参与者而不是教育的局外者,鼓励家长参与到儿童的活动中,并要求家长注意观察儿童的兴趣,及时记录儿童的进步,积极与老师沟通儿童的情况。高瞻课程提供了多种策略以鼓励家长参与儿童的课程,如提出与家长合作的六种方式[③]:关注家庭、促进合作、以计划→工作→回顾的操作程序为指导、分享对于儿童的观察经验、将儿童家中的活动及其材料纳入课程中、强调成人与儿童间的互动,具体提出了50条与家长联络的途径(见表7-4)。其中许多方式并不是高瞻课程独有的,而是从广泛的成功实践中提取出来的。

[①] [美]安·S. 爱泼斯坦. 学前教育中的主动学习精要——认识高瞻课程模式[M]. 霍力岩,郭珺,译. 北京:教育科学出版社,2012:369-370.

[②] [美]安·S. 爱泼斯坦. 学前教育中的主动学习精要——认识高瞻课程模式[M]. 霍力岩,郭珺,译. 北京:教育科学出版社,2012:355.

[③] [美]安·S. 爱泼斯坦. 学前教育中的主动学习精要——认识高瞻课程模式[M]. 霍力岩,郭珺,译. 北京:教育科学出版社,2012:135.

表 7-4 50条与家长联络的途径①

1. 简讯	2. 家长会	3. 家长研讨会	4. 私人便条	5. 电话
6. 电子邮件	7. 活动日程	8. 家访	9. 家长网络	10. 户外参观
11. 入园指导	12. 家长手册	13. 当课堂志愿者的机会	14. 家长布告栏	15. 家长图书馆
16. 玩具出借处	17. 家长接待室	18. 家长支持小组	19. 继续教育*	20. 家长扫盲项目*
21. 就业培训*	22. CDA培训*	23. 联系家长感兴趣的机会	24. 邀请参加专业会议	25. 参观其他早期教育机构
26. 儿童每日活动安排会	27. 家长—教师讨论会	28. 教室中张贴的有关儿童、家庭、教室的照片	29. 来自儿童家庭的活动材料	30. 咨询委员会或政策制定委员会
31. 读书小组	32. 家庭之夜	33. 家庭聚餐会及野餐	34. 建议箱	35. 家庭活动打折券
你也可以邀请家长参与以下活动与他们加强联络				
36. 帮助布置教室	37. 募捐	38. 制作故事磁带	39. 建造游戏场	40. 整修教室设备
41. 帮助孩子适应入园	42. 准备特别的点心	43. 展示才华	44. 制作游戏用具	45. 从图书馆借书
46. 分享对儿童的观察	47. 一起完成儿童评估	48. 完成对游戏场地的评价	49. 完成对课程的评价	50. 分享在教室里拍的照片和短片
*直接由本项目或将家长引荐给相关的社区服务机构				

(五)高瞻课程的评估体系

高瞻课程具有比较成熟的幼儿发展评估体系,其目的在于考察教师教育效果和儿童学习效果,考察儿童的需要,并为公共政策制定者做政策性决定提供准确的数据。高瞻课程的评估体系包括两方面:

1. 评估儿童

高瞻课程提倡真实评价,对儿童发展水平的评估不是通过考试或者智力测验评估的,而是一种全面的情境性评估。采用的具体方法是持续系统地观察儿童,坚持为儿童做逸事(anecdote)记录,评价者用逸事记录为儿童的行为打分,以这种方式让儿童的学习成为一种"看得见的学习"。观察使用高瞻课程编制的儿童评估工具——COR(Child Observations Record)儿童观察记录表。此外,高瞻课程为阅读领域编制了一套专门的工具——《早期阅读技能评价》(Early Literacy Skills Assessment,

---

① [美]安·S.爱泼斯坦.学前教育中的主动学习精要——认识高瞻课程模式[M].霍力岩,郭珺,译.北京:教育科学出版社,2012:139.

EL-SA),这是以儿童故事书形式开展的标准化的真实性评价,用于对3—5岁学前儿童以及学前班的儿童进行评价。

2. 评估项目

高瞻课程编制的《项目质量评估量表》(Program Quality Assessment,PQA)①,是一个用于评估早期教育项目质量和确定教师培训需要的工具。它是一种综合性的评估,检查早期教育项目质量的所有构成因素,包括教室里的活动与互动、与家长的关系以及机构管理者的实践与政策等。PQA共有63项,包括两个表格,分为7个部分。表格A为教室观察,包括:学习环境(9项)、生活常规(12项)、师幼互动(13项)、课程计划和评价(5项)。表格B为机构观察,包括:家长参与和家庭服务(10项)、教师资格和教师发展(7项)、课程管理(7项)。每一项的评分范围从最低分(1分)到最高分(5分)五个等级(水平)。为了保证评估的可靠性和有效性,每个等级(水平)下都列有具体的行为指标,每个表格都留有空白处用来记录逸事和评分。

(六) 对高瞻课程的评价

依循"建构主义"的教育理论,高瞻课程主张儿童在个人经历和社会互动的基础之上,积极建构自己对于世界的理解,而不是被动地接受成年人灌输的知识和技能。② 高瞻课程的核心在于主动参与式学习,即幼儿园教师与儿童之家的合作、互动、交流等。某种意义上说,高瞻课程模式具有强大的适应性并富有人本主义精神,重视教育环境的重要性。高瞻课程的实施不需要购买特殊的器材,可根据当地环境与文化修建教育设施并选择课程所需材料。

同时,高瞻课程特别强调儿童学习品质的全面提升,强调对儿童学习兴趣的激发,尤其是关注为儿童创设适宜的学习环境,并服务于儿童的游戏活动。高瞻课程不仅能够成功地帮助不同发展水平的儿童以及有特殊需要的儿童,而且能够为来自不同文化及语言背景的儿童提供有效的学习服务,并持续提升其学习品质,具体包括创新精神、好奇心、批判性思维、决策能力、合作能力、坚持性、创造力和问题解决能力等。③

四、瑞吉欧的课程思想及方案

坐落于意大利东北部的小城瑞吉欧·爱米利亚,是艺术、建筑胜地。瑞吉欧是在"文明社会"中诞生的,它为幼教工作者提供的一系列全新的概念,如儿童作为学习者的本质、教师角色、教育机构的组织与管理、人际关系的重要性等,这些新的观念同时

---

① [美]安·S. 爱泼斯坦. 学前教育中的主动学习精要——认识高宽课程模式[M]. 霍力岩,郭珺,译. 北京:教育科学出版社,2012:331-340.
② [美]安·S. 爱泼斯坦. 学前教育中的主动学习精要——认识高宽课程模式[M]. 霍力岩,郭珺,译. 北京:教育科学出版社,2012:04.
③ [美]安·S. 爱泼斯坦. 学前教育中的主动学习精要——认识高宽课程模式[M]. 霍力岩,郭珺,译. 北京:教育科学出版社,2012:06.

也为"文明社会"创造了一种新的教育文化。正如有学者提出:将儿童早期教育机构看作是一种公民的权利,一种文明社会里的内容,一种教学的机会,而且也是一个强大的文明社会、民主和福利国家所需要的组成部分……跟这个城市(瑞吉欧)的名字相连的教育服务系统与其说是一种方法,还不如说是一种态度。从教育生态的视野来看,瑞吉欧教育(课程)似乎已经成为理想中的学前教育形态。

(一) 瑞吉欧课程的理论基础

作为一种理想的幼教方案,瑞吉欧的创始人马拉古兹(Malaguzzi)希望其能体现自进步教育运动以来人们关注儿童本身的精神,特别是皮亚杰、维果斯基等理论中的合理成分。但必须强调的是,瑞吉欧独特和谐的理念并不是对杜威、皮亚杰、维果斯基等教育思想的简单接受或吸取,它是在结合自己文化传统的基础上,通过自己的教育实践不断摸索而形成的。

杜威的进步主义和民主主义思想影响了当时的美国乃至世界范围内的教育。杜威主张教育即生活,教育即生长,教育即经验的改造,由此提倡"做中学",提出了使用问题教学法让儿童在生活中发现问题并解决问题的思想。瑞吉欧的"方案活动"正是对"方案教学法"的高度创造性的改造后的成果,也构成了其课程的重要部分。

考察瑞吉欧的理论源流,必须注意的是,皮亚杰理论对瑞吉欧教育实践产生了重大影响。在瑞吉欧课程中,儿童的创造性表现与表达则是基于皮亚杰提出的认知建构思想。但是,马拉古兹更赞同维果斯基关于"最近发展区"(儿童独立完成的任务与在一个更富有经验的成人和同伴帮助下完成的任务之间的范围)的假说。他指出:"维果斯基的建议至今仍有价值,它使教师的广泛参与合理化。在瑞吉欧,维果斯基的方法与我们对待教与学这一两难问题的态度,以及个体获取知识的生态学方法是一致的。"① 在方案活动中,成人与儿童互动的特征是当教师对儿童的思想做出反应时,教师是经过深思熟虑的,并引导幼儿通过师生互动或生生互动而更好地完成任务。瑞吉欧师生互动、生生互动,正是源于"最近发展区"的思想。

(二) 瑞吉欧课程中的方案活动

马拉古兹在谈及瑞吉欧课程时说:"我们确实没有什么计划和课程。如果说我们靠的是一种值得让人羡慕的即席上课的技巧,那也不正确。我们也不依靠机会,因为我们深信,我们在某种程度上可以期待我们尚未了解的事物。我们确实知道的是,与幼儿在一起,三分之一是确定的,三分之二是不确定的或新的事物。三分之一确定的东西使我们了解或可以帮助我们了解。我们想探讨学习本身是否会变化;学习时间和地点是否合适;如何组织和鼓励学习;如何布置适于学习的情景;哪些机能和认知图式值得支持……我们可以相信的是,幼儿随时准备帮助我们,他们可以为我们提供想法、建议、问题、线索和遵循的路线……幼儿所有的帮助,加上我们对情境的付出,

---

① EDWARDS C, GANDINI L, FORMAN G E. The Hundred Languages of Children[M]. New York: Ablex Publishing Corporation, 1998: 83.

形成了一种十分完美的宝贵资源。"①

方案活动是瑞吉欧课程的主要部分,其目标是"通过发展儿童所有形式的语言来促进儿童的发展,这些语言包括:表现性语言、交流性语言、符号性语言、道德性语言、隐喻性语言、逻辑性语言、想象性语言和关系性语言"②。正是这个比较宽泛的目标,使瑞吉欧课程中的方案活动成为一种"弹性计划"。可以说,"方案源自聆听儿童、思考、与其他成人一起做出的评价,以及随着方案的进展进行的协商"③。这类方案活动可以来自儿童对物质世界或社会的好奇心,某种主张或对一些问题的思考。如影子的形成与变化?光与影的关系?教师也可以在观察儿童的基础上提出问题,发起方案活动。

瑞吉欧方案活动的确定(开始)、发展和结束阶段都是由教师和儿童共同协商而成的。方案开始阶段,教师基于儿童感兴趣的问题入手,协商产生于教师与艺术教师之间。在发现阶段,教师抛出问题给儿童,引导儿童展开讨论。瑞吉欧方案重视师生讨论活动,成人与儿童的平等交流能激发儿童的想法,儿童提出挑战、与其他人分享想法的同时也促使成人向儿童学习。其中,家庭的参与也加强了亲子间的协商。可以说,方案的发展是教师和儿童协商解决问题的过程。

瑞吉欧课程的评估主要是根据方案发展的不同阶段来进行的。总之,评估是在真实的情境下、在方案活动的过程中开展的,是动态生成的。评估是在民主和平等氛围中进行的,其意不在于给儿童贴任何标签,而是面向儿童之间的互动,师生之间、家校之间的互动。正是教师对于儿童持有动态的生成性的评估理念,促使其参与式地推动了活动方案的不断发展和完善。同时,瑞吉欧学校教室的墙上贴满了记录儿童活动过程的各种材料,教师通过运用文字、录像和照片等记录方案活动的过程,教师与儿童、家长一起重温活动过程,收集和分析儿童在活动中所有材料并形成的记录"档案",这种记录持续地贯穿于方案活动始终。记录是一种对儿童的学习和教育活动的说明与解释,它既是学习的过程,又是学习的结果。

瑞吉欧的教师则是处于一种可随时照下或摄下儿童的状态,他们倾听儿童的对话,参与他们的对话,了解儿童的思想和感受。要强调的是,瑞吉欧课程中的记录并不仅仅是一个儿童学习的档案,相反,记录被界定为一个解释的过程。它传递给儿童一种"价值感",而教师也是依据所记录的丰富而翔实的资料来进行评估并提出适宜的课程以支持每个儿童的学习和发展。记录作为一种研究儿童的工具和手段,能够让教师根据儿童个体的参与程度和发展程度对活动进行不断计划、评估和再计划,以

---

① EDWARDS C, GANDINI L, FORMAN G E. The Hundred Languages of Children[M]. New York: Ablex Publishing Corporation, 1998: 61.

② [美]斯泰西·戈芬,凯瑟琳·威尔逊. 课程模式与早期教育(第二版)[M]. 李敏谊,译. 北京:教育科学出版社,2008:298.

③ [美]斯泰西·戈芬,凯瑟琳·威尔逊. 课程模式与早期教育(第二版)[M]. 李敏谊,译. 北京:教育科学出版社,2008:302.

培养教师的研究和过程意识,从而更好地实施课程。此外,记录也为家庭和社区提供了一份详细叙述学校所发生事情的清单,这正体现出了在教育儿童的工作中,家庭和公众都被视为重要的参与者。

(三)瑞吉欧课程中的儿童观与教师观

在瑞吉欧教师的眼里,儿童很有潜力,对儿童保持高度的期望值,因此他们在记录儿童的强项和能力、在组织课程揭示儿童的潜力时,表现积极,并且有着清晰的目标。有人参观完瑞吉欧早期教育后,记下了自己的感受:"瑞吉欧教师相信,把儿童视为贫乏的人这种观点让成人对儿童无所作为;而把儿童视为有能力的人这种观点要求我们为儿童提供最好的环境以及所有可能的经历。"① 瑞吉欧的教师都相信"儿童有一百种语言",瑞吉欧对儿童以各种语言,尤其是艺术的语言,来创造性地表达自己的思维、情感、态度等。马拉古兹认为,"语言"是儿童学习和表现的工具,是一种基本的认识、交流和表现手法。它不仅指文字语言,还包括许多非文字语言,包括动作、绘画、建构雕塑、阴影游戏、拼贴画、戏剧表演、音乐等方式。而视觉艺术的语言作为教师"倾听"儿童的一种极佳方式,因其能够最大可能地把儿童的学习"可视化"并促进儿童经验的交流而备受推崇。"一百种语言"意味着儿童用多种不同的方式或多种不同的符号系统,在不断探索、不断形成假设并不断验证的过程中,记录、理解并表现自己在活动过程中经历的记忆、想法、预测、假设、观察和情感以及最终的问题的解决。这样的学习和表现方式,形成了瑞吉欧课程中最反传统、最具有变革性的特色。

在瑞吉欧教育中,教师是学习者、研究者以及引导者。如前所述,在方案活动中,教师和儿童是共同形成与推动活动发展的共同建构者,这是瑞吉欧教师的一个重要角色。随着方案活动的发展,在不同阶段,教师的角色也随之发生变化并得以丰富化。例如,在方案活动的准备阶段,教师要基于儿童的兴趣、情感和感受,构架出初步的方案活动,并着手引导儿童进行学习。又如,在方案活动的发展阶段,教师要随时记录儿童的活动过程,了解其参与程度,分析儿童的行为,并从中寻求教育契机,推动方案活动的发展方向,这表现出教师作为研究者的角色。方案活动是瑞吉欧儿童的主要学习方式,在方案活动的过程中,教师更多地以参与者、伙伴的身份与儿童一起活动,全身心投入儿童的活动,从而形成了教师的学习者角色。在瑞吉欧课程中,教师在儿童参与方案活动的共同行动之中扮演着复杂而充满变化的角色。这样的角色既是使他们的工作保持动态的核心,又是其进行反思和合作的中心。难能可贵的是,他们并不把自己看作知识的传授者,而是看作一个知识的吸取者和获得者。教师的研究和学习已深入了他们的日常生活,他们不断地对实践进行着反思,并在此过程中不断学习,追求专业成长。

(四)瑞吉欧课程的社会参与

瑞吉欧的"集体学习"中的"集体",不仅仅指儿童,还包括成人,如家长、教师、社

---

① [美]斯泰西·戈芬,凯瑟琳·威尔逊.课程模式与早期教育(第二版)[M].李敏谊,译.北京:教育科学出版社,2008:311.

区成员等。可以说，不同人士的积极"参与"也是瑞吉欧成功的基础。人与人之间的互动意味着要构建一种"参与式"的和谐关系。在某种程度上来看，一种高质量的教育是在协调各种两极关系中主动地、创造性地发展着的。瑞吉欧教育的成功在于使教育中的传统与进步、幼儿与教师、游戏与学习、幼儿园与家庭和社区、个体与集体、历史文化与现实等本来相对对立的种种关系达到"独特的和谐。"① 具体体现在瑞吉欧与社区关系、家庭关系中。

1. 社区参与

参与的概念是瑞吉欧这个小镇居民的"哲学"。基于一个高层次的公民参与的文化价值的基础，社区参与构成了瑞吉欧课程成功经验的核心部分。1971年，社区参与管理在有关学前教育的国家法律中得到确立，其主要形式是建立咨询委员会。每两年，家长、教育者、市民都要为每一所托儿所和幼儿园选举1—2名咨询委员会代表，这些代表服务于市托儿所和幼儿园教育部门，将与市长、市教育主管、早期教育主管、教研员一起合作，负责幼教事业的管理和发展。瑞吉欧描述了咨询委员会的总的原则，即人们首先要具有一种通过持续参与且相互协作的立场。这种立场能够适应文化和社会的变迁，能够促进教育者、儿童、家庭和社区的互动和交流，发挥教育的一致性和一贯性作用，有利于儿童的健康成长。这意味着，社区作为一种"环境"资源，其参与状态良好，会相应促进家庭参与程度与水平的提高。

2. 家庭参与

马拉古兹坚信：对于有关儿童的事和为儿童做的事，最好的学习是从儿童那里以及在儿童的家庭里得到的。因此，瑞吉欧特别强调加强家园联系，要求教师创造机会拉近家园关系，同时注意培养家长间的关系。比如，当一群家长在第一次送儿童注册时，学校就邀请家长和儿童待上一个星期，并鼓励他们一起工作。在瑞吉欧学校里，厨师也参与最初对家长进入学校的欢迎仪式，而且提供食物给家长品尝，让其放心，保证提供的食物让儿童满意。这是一种别具一格的入园过度活动，目的不仅使家长在儿童需要适应的新园所环境里能够参与进来，同时也提供了一个促使家长发展他们之间的关系以及和教师关系的机会，这是一种合作、信任和互惠的关系。往往在开学第一周结束以前，家长有很多机会开始发展这种作为瑞吉欧早期教育基石的关系。

（五）对瑞吉欧课程的评价

瑞吉欧教育将儿童置于课程设计与实施的顶端，他们的儿童观指引着政策制定，园舍设计，对儿童教学过程的设计、记录和呈现，家长/社区的参与等。② 瑞吉欧课程的理论与实践体现着对"儿童的形象"与"童年的文化"的高度重视。事实上，瑞吉欧

---

① 裘指挥.来自瑞吉欧理念的思考——关系和谐中建构幼儿教育[J].学前教育研究，2003(7/8).

② [意大利]卡丽娜·里纳尔迪.对话瑞吉欧·艾米利亚[M].周菁，译.南京：南京师范大学出版社，2014：05.

为人民提供了充满积极参与精神和反思性文化的实践,充满了对文化的尊重、对周围世界所持的开放态度,以及教育立足于与他人的交流和关系之中的理念,等等,这些都是富有生命力的瑞吉欧教育实践的基本特征。① 瑞吉欧课程深深地烙印着马拉古兹的教育智慧与瑞吉欧教育的核心精神,对瑞吉欧课程的学习与借鉴,重在对这样一种智慧与精神的关照,而非某一模式或标准的推广,这是我们学习瑞吉欧课程的根本所在。

第二节　我国学前教育经典课程方案

与国外学前教育课程发展相比,我国学前教育课程发展的历史还不长,但在我国学前教育史上,同样产生了一些著名的教育家和众多精典的课程思想。其中,陶行知、陈鹤琴、张雪门、张宗麟等老一辈是典型的代表。他们致力于学前教育课程的中国化和科学化,反对照抄照搬外国经验,揭露了当时中国幼稚园课程存在的"外国病""花钱病""富贵病",在长期实践探索的基础上,不断总结经验,提出了不少既符合学前儿童学习与发展特点,又适合中国实际情况的课程理论与思想,掀起了我国历史上第一次独立探索和研究适合中国国情的幼儿园课程浪潮,为我国学前教育课程的发展做出了重要贡献。

一、我国学前教育课程的发展历程

我国的学前教育拥有悠久的历史,但作为一个专门的研究领域则起步较晚。自1903年中国第一个公共的学前教育机构——湖北武昌蒙养院产生以来,中国学前教育课程至今走过了一百多年。纵观这百年,学前教育经历了艰难曲折的发展历程。这其中,学前课程的发展与变革是贯穿百年学前教育发展的一条主线。

(一) 20 世纪 30 年代以前:学前课程从产生到初步中国化

20世纪初,我国的学前教育机构开始建立,此时的幼儿教育都是照搬国外的模式,课程也是完全效仿国外。这一阶段,又可以1919年的"五四运动"为界限,划分为两个阶段。第一个阶段是清末民初效仿日本学前课程模式的阶段,第二个阶段是"五四运动"后效仿欧美学前课程模式的阶段。

1. 效仿日本阶段

1903年至1918年,我国的学前教育课程主要是模仿日本的模式。1904年1月13日,中国第一个学前教育法规《奏定蒙养院章程及家庭教育法章程》颁布,其中对蒙养院的课程目标、课程内容和教学方法都做出了具体规定,但其主体内容都是参照日本1899年出台的《幼稚园保育及设备规程》。

---

① 朱家雄.幼儿园课程的理论与实践[M].上海:华东师范大学出版社,2014:197.

1912年,"中华民国"成立后,临时政府进行了一系列的教育改革,颁布了《壬子癸丑学制》,改蒙养院为蒙养园,并将其作为正式学校教育机构的附属部分。1915年又公布了《国民学校令施行细则》,对蒙养园的保教目标、内容、方法、设备等做了规定。这些规定在一定程度上促进了学前课程的发展,课程的计划性、系统性和科学性都得到了很大提高。但是也存在明显的弊端,如课程模式、课程内容严重抄袭国外,课程教法死板机械等。

2. 效仿美国阶段

1919年新文化运动以后,在民主和科学精神的鼓舞下,西方先进教育思想不断涌入,福禄贝尔、蒙台梭利、杜威等人的思想相继对当时的幼儿园课程产生了影响。其中,杜威的"实用主义"教育思想影响最甚。受美国实用主义教育影响,中国进行了一系列的学前课程改革。

1922年,教育部颁布《学校系统改革案》,也称"壬戌学制"。这一学制将幼儿机构定名为幼稚园,同时将幼稚园正式纳入初等教育范畴,确定了学前教育在学制系统中的地位。虽然其未对学前课程做出明确规定,但是其内容可以体现出对学前教育科学性的认识和学前教育地位的提高,也为后来的学前教育课程中国化、科学化的改革奠定了基础。

(二) 20世纪30年代至50年代:学前课程中国化、科学化改革与发展

20世纪二三十年代是中国学前教育飞速发展的时期,然而这一阶段的学前课程体系也存在着突出的问题。陶行知在《创建乡村幼稚园宣言书》中指出国内幼稚园害了三大病:外国病、花钱病、富贵病,明确提出要建设中国的、省钱的、平民的幼稚园。陈鹤琴针对当时外国教会垄断中国幼儿教育的现状,在鼓楼幼稚园多年实验研究的基础上,发表了《我们的主张》一文,提出了15条主张。他认为,"幼稚园是要适应国情的","今日抄袭日本,明日抄袭美国,抄来抄去,到底弄不出什么好的教育来"。因为"我们的历史、我们的环境与美国不同,我们的国情与美国的国情又不是一律"。因此,我们"总应当处处以适应本国国情为主体"。

随着陶行知、陈鹤琴从美国学成回国,20世纪二三十年代掀起了幼儿教育民族化、科学化的实验探索热潮。以陈鹤琴、陶行知、张雪门、张宗麟等为代表的教育家们和幼教工作者在早期教育理论和实践领域进行探究,以独立思考的实践精神,批判和融合了东西方文化的精华,一方面借鉴西方的思想,另一方面又进行本土化探索,提出了很多新的思想,并形成了"单元中心制课程""行为课程"等课程模式,为寻找适合国情的本土化的幼稚教育做出了杰出贡献。

在他们的共同努力和参与下,当时的教育部于1929年公布了学前教育史上第一个课程标准——《幼稚园课程暂行标准》。经1932年和1936年两度修订后,正式颁发了《幼稚园课程标准》,包括幼稚教育总目标、课程范围、教育方法要点三个方面。该标准规定了幼儿园课程范围应涉及音乐、故事和儿歌、游戏与社会、常识、工作、静息、餐点等方面,要求将各科打成一片,实行课程中心制的设计教学,强调让幼儿自由活动和充分利用户外自然和社会环境,注重设备合乎民族性等。把静息、餐点列入课程,充分显示了幼儿园课程的生活性;每项活动都有具体目标、内容大纲及最低限度,体现了全面教育和个性教育的结合。该课程标准一直沿用至新中国成立前,极大地促进了幼稚园课程的发展,开启了我国学前教育课程发展的新时代。

总的来说,20世纪30年代至50年代,中国化与科学化一直都是学前课程改革的主题。学前课程一改盲目照搬照抄、机械模仿国外模式的现状。经由曲折的探索和改革,学前课程在理论上已经确认了儿童的主体地位,认定了幼儿园课程应来源于儿童的日常生活,此时幼儿园课程内容的范围已经比较广泛,而且具体实用。

(三) 20世纪50年代至80年代:新中国学前课程的变革与发展

1. 20世纪50年代至60年代中期:学习苏联,在探索中发展

新中国成立后,政府在借鉴老解放区幼儿教育经验的基础上发展新的幼儿教育。受政治因素的影响,这段时期的幼儿教育是全面学习苏联的模式。在苏联专家的指导下,教育部于1952年制定了《幼儿园暂行规程》和《幼儿园暂行教育纲要》,规定了学前教育课程包括体育、语言、认识环境、图画手工、音乐、计算六科,并明确规定了幼儿园教养活动的具体科目以及各科目的教育纲要。

20世纪50年代,我国的幼儿园课程改革最显著的特点是借鉴了苏联分科教育的经验,实行分科教学和分科课程模式。分科教学自从被引进到我国,得到了充分的发展。这一阶段的分科课程模式,初步奠定了新中国学前教育课程的格局。此阶段的学前分科课程体系虽存在诸多弊病,但其教育目标明确、教育内容系统、教师在教育过程中容易操作。这对当时中国刚刚停止战乱、百业待兴、教育秩序亟待恢复的现实情况产生了积极的意义。时至今日,虽然对学科课程存有诸多批判,然而从教育实践来看仍然有比较根深蒂固的影响。

2. 20世纪六七十年代:遭遇了严重挫折

1966年至1976年间,"文化大革命"使我国的教育事业遭受重创,教育的发展基本处于停滞状态,学前教育也是如此。当时,学前课程发展处于无序状态,甚至原本的课程体系也遭到严重破坏,这是学前教育课程发展的一个空白期。

(四) 20世纪80年代以来:学前课程的进一步改革与发展

1976年开始,我国的教育开始全面恢复,学前教育课程的发展逐步实现了由沿用"苏式"到本土化、多元化的改革阶段的转变。特别是20世纪80年代以来,我国实行改革开放政策,国外幼儿园教育理念、课程理论与模式纷至沓来,在很大程度上促进了幼儿园课程改革。

1981年,教育部颁布《幼儿园教育纲要》,把"幼儿园教学"改为"幼儿园教育",把"作业"改为"上课",把"教养员"改成"幼儿园教师",对幼儿园教育的性质、教育对象的特点、方针和任务、内容和要求、手段和方法等都做了简明扼要的规定。1989年国家颁布《幼儿园工作规程(试行)》,在试行7年后,于1996年经过修订正式颁布,其内容"反映了幼儿教育面向世界、面向未来、面向现代化的精神"。2001年,教育部颁布

了《幼儿园教育指导纲要(试行)》,该文件在国家层面上对包括幼儿园课程在内的幼儿园教育进行宏观把控,规定了幼儿园教育总的教育目标、教育内容和实施原则,并要求地方政府制定相应的指导意见,幼儿园在其基础上,可依据自身的需要确定课程。在课程内容方面,《幼儿园教育指导纲要(试行)》并没有作统一的规定,但是文件以"健康、语言、社会、科学、艺术"五个领域的内容为例,分别阐述了课程目标、内容、要求以及指导要点。2010年,《国家中长期教育改革和发展规划纲要(2010—2020年)》中明确提出积极发展学前教育、促进学前教育事业科学发展,《国务院关于当前发展学前教育的若干意见》也明确规定学前教育要"遵循幼儿身心发展规律,面向全体幼儿,关注个体差异,坚持以游戏为基本活动,保教结合,寓教于乐,促进幼儿健康成长"。2012年,为了帮助广大幼儿园教师和家长了解3—6岁幼儿学习与发展的基本规律和特点,全面提高科学保教水平,教育部颁布《3—6岁儿童学习与发展指南》,在贯彻"终身教育"和"儿童是自主建构者"理念的同时,围绕儿童发展提出了细致的教育建议。在文件指导下,全国各地也自主开展了各种学前课程改革实验,积累了不少成熟经验。

经过不懈的探索,我国幼儿园课程改革从"幼儿园教学"到"幼儿园教育""教育活动",从"分科"到"综合""主题",逐步确立了"以儿童发展为本"的价值核心与课程目标,以及主动活动、自主建构等观念的合法地位,课程框架初具大体。

二、陈鹤琴的"五指活动课程"

20世纪二三十年代,是我国学前课程第一个急速发展期。以陈鹤琴为代表的老一辈学前教育家,在引进杜威"儿童中心"课程的基础上,结合我国的国情进行了本土化的学前课程探索。其中,五指活动课程成为我国当时极具影响且有代表性的本土化学前课程方案之一。

陈鹤琴(1892—1982),浙江上虞区人,著名的儿童心理学家和学前教育专家。陈鹤琴是我国现代化、科学化幼儿教育的奠基人。1914年到1919年,陈鹤琴在哥伦比亚大学师范学院攻读心理学和教育学,师从多位专家。这一段经历,使他对儿童的发展规律有了深刻的认识。当时美国正兴起的以杜威为代表的进步教育运动,对他也产生了深刻的影响。

1919年,陈鹤琴任教于南京高等师范学校,教授教育学和心理学。1923年,陈鹤琴创办了南京鼓楼幼稚园,不久又建立了我国第一个幼儿教育研究中心。他对当时幼儿园课程抄袭外国的现状非常不满,在1927年发表的《我们的主张》中指出:"倘是一些主张都没有,依旧像中国初办教育时候,今日抄袭日本,明日抄袭美国,抄来抄去,到底弄不出什么好的教育来。"1925年到1928年以"适应本国国情为主体"作为指导思想,陈鹤琴在南京鼓楼幼儿园展开了以课程组织法研究为主的实验研究,提出了"课程中心制",并于20世纪40年代初形成了"活教育"课程理论,提出"五指活动"的概念,对当今学前教育改革仍有很大影响。陈鹤琴以5个连为一体的手指比喻课程内容的五个方面,虽有区分,却是整体的、连通的,以此说明他提出的五指活动课程的特征。

20世纪20年代初,我国幼稚园课程主要抄袭外国,而本土的幼稚园课程又像"幼稚监狱"。陈鹤琴针对当时幼儿教育的状况,指出了幼稚园课程的4种主要弊病:① 与环境的接触太少,在游戏室内的时间太长;② 功课太简单;③ 团体动作太多;④ 没有具体的目标。此外还有"儿童在一室内太多,教师少训练,设备太简陋"等。在分析时弊的基础上,陈鹤琴提出了我国幼稚园发展的15条主张,系统地阐述了他关于幼稚园教育,特别是幼稚园课程的观点。他的15条主张是:

① 幼稚园是要适合国情的;
② 儿童教育是幼稚园与家庭共同的责任;
③ 凡儿童能够学的而又应当学的,我们都应当教他;
④ 幼稚园的课程可以用自然社会为中心的;
⑤ 幼稚园的课程须预先拟定,但临时得以变更的;
⑥ 幼稚园第一要注意的是儿童的健康;
⑦ 幼稚园是要使儿童养成良好习惯的;
⑧ 幼稚园应当特别注重音乐;
⑨ 幼稚园应当有充分而适当的设备;
⑩ 幼稚园应当采用游戏式的教学去教导儿童;
⑪ 幼稚园的户外活动要多;
⑫ 幼稚园多采用小团体的教学法;
⑬ 幼稚园的教师应当是儿童的朋友;
⑭ 幼稚园的教师应当有充分的训练;
⑮ 幼稚园应当有种种标准,可以随时考查儿童的成绩。

陈鹤琴对幼稚园教育的15条主张,概括了他对幼稚课程的基本思想,体现了他重视生活和重视儿童的课程价值取向。特别是20世纪40年代末形成的"活教育"理论体系,成为陈鹤琴提出的五指活动课程的理论基础。

1. 目的论:以"做人,做我国人,做现代我国人"为目标

陈鹤琴在其"活教育"的思想体系中,首先提出的是"做人,做我国人,做现代我国人"。

陈鹤琴将幼稚园教育的目标归结为4个方面:第一,在引导儿童做人方面,陈鹤琴强调要培养儿童具有合作服务的精神和同情心,以及诚实、礼貌等其他品质;第二,在身体方面,陈鹤琴认为主要是训练儿童养成各种达成强健体格的习惯,培养儿童一定程度的运动技能;第三,在智力方面,陈鹤琴主张应以丰富儿童的直接经验为主,让儿童充分接触自然和社会,引导儿童对日常事物产生好奇并作穷究;第四,在情绪方面,陈鹤琴指出,除了要让儿童养成乐于欣赏、快乐等积极情绪外,还要帮助儿童克服无端发脾气、矫作、惧怕等不良行为。

2. 课程论:以大自然、大社会为中心选择和组织课程内容

陈鹤琴在其"活教育"的思想体系中提出了"大自然、大社会,是我们的活教材"。

他批评旧教育是"死教育",课程是固定的,教材是呆板的,不问儿童是否了解,不管与时令是否适合,只是一节一节课的教,这样的教育只能培养"书呆子"。"活教育"则反其道而行之,要向大自然、大社会学习。他认为"大自然,大社会,都是活教材""活教育的课程是把大自然、大社会做出发点,让学生直接对它们去学习"。

他主张,书本上的知识是间接的、形式化的,只有大自然、大社会才是知识的真正来源,是儿童学习的活教材。他认为,"活教育"要把儿童培养成"现代我国人",因此必须以儿童现有的生活经验为依据,扩大和丰富儿童对自然和社会的认识和理解,而大自然、大社会提供给儿童的知识是最为生动的、直观的和鲜明的,没有人为的扭曲,切合儿童的生活实际,能激发儿童的兴趣,容易被儿童所接受和理解。当然,他并没有因此而否定书本在教育中的作用,他反对的只是将书本作为学习的唯一材料,主张书本应是现实生活的写照,能够反映儿童的实际生活。

陈鹤琴打破了按学科编制幼稚园课程的方式,以大自然、大社会为中心选择和组织课程内容,形成他所谓的"五指活动":

(1) 健康活动:饮食、睡眠、早操、游戏、户外活动、散步等。
(2) 社会活动:朝夕会、周会、纪念日、集会、每天的谈话、政治常识等。
(3) 科学活动:栽培植物、饲养动物、研究自然、认识环境等。
(4) 艺术活动:音乐(唱歌、节奏、欣赏)、图画、手工等。
(5) 语文活动:故事、儿歌、谜语、读法等。

五指活动课程对5种活动的强调有所侧重。例如,陈鹤琴认为健康活动是第一位重要的,因为强国需先强种,强种先要强身,强身先要重视幼小儿童的身体健康。又如,陈鹤琴还认为幼稚园课程应特别重视音乐,因为音乐可以陶冶儿童的性情,鼓励儿童进取,发展儿童欣赏美和创造美的能力。此外,语言是人际沟通的工具,也是儿童学习的工具,所以也应给予重视。

陈鹤琴认为,虽然这5种活动是分离的,但是它们就像人的5个手指一样,构成了具有整体功能的手掌,幼稚园课程的全部内容都被包括在这5种活动之中。因为儿童的生活是整体的,因此,课程内容是互相连接为整体,而不是分裂的。正如陈鹤琴所言,"五指是活的,可以伸缩,互相联系"。"课程是整个的,连贯的。依据儿童身心的发展,五指活动在儿童生活中结成一个教育的网,有组织有系统,合理的编织在儿童的生活上。"陈鹤琴将其课程内容的组织方式称为"整个教学法"。

3. 方法论:以"做中教、做中学"为课程实施的方法

陈鹤琴在其"活教育"的思想体系中提出了"做中教、做中学、做中求进步",以此作为其方法论的基本原则。

陈鹤琴强调"做",为的是确立儿童在教学活动中的主体地位。陈鹤琴认为"凡是儿童自己能够做的,就应该让儿童自己做""凡是儿童自己能够想的,应该让儿童自己想""你要儿童怎样做,就应当教儿童怎样学"。陈鹤琴强调"做",为的是强调儿童的直接经验。陈鹤琴认为,"活教育"的教学研究对象,以书籍作辅佐参考。换言之,就是注重直接经验。

陈鹤琴具体指出了"五指活动课程"在实施过程中的问题。例如,他提出,教师应拟定要做的活动,计划活动内容分几个步骤进行,但是不要强求预先的计划,要顺应儿童的兴趣,根据实施过程中的具体情况灵活地对计划加以调整和改变。陈鹤琴主张运用游戏的方式实施课程。因为游戏是儿童天生喜欢的活动,在游戏中学习,儿童学得快,参与程度高,效果持久。

4. 对"五指活动课程"的评价

陈鹤琴的"五指活动课程"并非在当时西方进步主义教育影响下的课程的翻版,而是他自己对科学的理解,对儿童与教育的理解,对进步主义教育的批判和继承,特别是对我国社会文化的认识,为我国幼稚园教育创编的幼稚园课程。陈鹤琴的"五指活动课程",不仅在20世纪50年代前曾对幼稚园教育产生过重大的影响,对于20世纪80年代以后的幼儿园课程改革也具有重要的影响作用。

三、张雪门的"行为课程"

张雪门(1891—1973),浙江鄞州区人,我国著名的学前教育专家。早在20世纪30年代,他就与我国的另一位著名学前教育专家陈鹤琴先生有"南陈北张"之称。他一生潜心研究学前教育,特别是幼稚园教育,经过长期的实践和理论研究,写出了近200万字的著作,大大丰富了我国学前教育的思想宝库。这些思想涉及课程的本质、幼稚园课程的内容与来源、幼稚园课程的编制与组织等方面,而他的学前教育课程思想则集中地体现在"行为课程"的理论与思想中。他的幼儿教育思想和实践过去曾对我国,尤其是我国北方和台湾产生过很大的影响,他对幼稚教育的目的、课程和师资培养等方面的论述,有不少地方在今天仍值得我们研究和借鉴。

1. 课程本质:经验与行为

早在1929年,张雪门在《幼稚园的研究》一书中就提出:"课程是什么?课程是经验,是人类的经验。用最经济的手段,按有组织的调制,用各种的方法,以引起孩子的反应和活动。"同时明确指出:"幼稚园的课程是什么?这是给三足岁到六足岁的孩子所能够做而且欢喜做的经验的预备。"此后不久他在《幼稚教育概论》一书中又指出:"课程源于人类的经验,只为这些经验对于人生(个人和社会)有绝大的帮助,有特殊的价值;所以人类要想满足自己的需求,充实自己的生活,便不得不想学得这些经验,学得了一些又想学得了多些,而且把学得的再传给后人。"因此,他认为不应当把课程仅视为"知识的积体",而应是把"技能知识、兴趣、道德、体力、风俗、礼节种种的经验,都包括在课程里"。可见,这一阶段,张雪门先生倾向于将课程视作经验。此后,张雪门先生对于课程的理解发生了变化。

1966年他出版了《增订幼稚园行为课程》一书,明确提出"行为课程"。他说:"生活就是教育,五六岁的孩子们在幼稚园生活的实践,就是行为课程。"他认为这种课程"完全根据于生活,它从生活而来,从生活而开展,也从生活而结束,不像一般的完全限于教材的活动"。它首先应注意的是实际行为,凡扫地、抹桌、熬糖、爆米花以及养鸡、养蚕、种玉蜀黍和各种小花等,能够让幼儿实际行动的,都应该让他们去实际行动。因为"从行为中所得的知识,才是真实的知识;从行动中所发生的困难,才是真实的问题;从行动中所获得的胜利,才是真实的制驭环境的能力"。同时幼儿只有通过这种实际行为,才能使个体与环境接触,从而产生直接经验,这种经验也可以说是人生的基本经验。他还特别说明,"幼童一定先有了直接经验,然后才可以补充想象。"至于游戏、故事、唱歌等教材,虽然也可以给予幼儿模仿和表演的机会,然而并不能代表人类实际的行为。所以,他要求教师一定要注意儿童的实际行为,要"常常运用自然和社会的环境,以唤起其生活的需要,扩充其生活的经验,培养其生活的能力。"他认为"若教师真能做到这样,这便是行为课程了"。

2. 课程的目标

张雪门先生在《幼稚教育概论》中指出:"现在,我们研究幼稚教育,不但要认清教育的意义,更当明白教育的目的。究竟教育的目的,是为儿童心身的发展,还是为完成将来生活的准备,是注重个人的发展,还是注重社会的效率?"他在具体分析了心身与环境、个人与社会、现在与将来的关系之后,认为幼稚教育"应完全以儿童为本位,成就儿童在该时期内心身的发展并培养其获得经验的根本习惯,以适应环境",提出幼稚园课程的目标在于:

(1)满足幼儿身心发展的需要。他认为该目标和当代社会儿童观的内涵相吻合,儿童是个正在发展中的人,身心发展尚不完善,教育应以遵循儿童身心发展的特点和规律出发,从儿童的能力、兴趣出发,同时幼儿园教育也必须要尊重个人发展的差异性,这样才能促进儿童的发展。

(2)培养生活的能力和意识。幼儿是祖国的未来民族的希望,当今社会的发展不再需要所谓的一介书生,而是一大批高素质高技能的社会主义的建设者和劳动者,社会的这一需要让每个人从小就担负起一份建设祖国的责任,从小就需要培养各种生活的能力和意识去适应社会的发展。

(3)养成"扩充经验"的方法与习惯。他主张着重培养儿童"改造旧经验,扩充新经验"的方法,而不是像传统教育总是急于塞进去很多新经验,那样只能适得其反。

3. 课程编制原则

张雪门认为,幼稚园课程应密切联系幼儿生活经验,适合儿童的发展。据此,张雪门确定了一些幼稚园课程编制的原则:

(1)整体性原则。张雪门认为,幼稚园课程不能像小学以致大学一样,分成国文、数学、地理、生活等学科,各有各的时间分配,各有各的统属,而应打破学科的界限,让各种科目都变成幼儿整体生活的一面,构成一种具体的活动。

(2)偏重直接经验原则。张雪门认为,直接经验具有生动、切实的特点,与间接经验相比,显得零碎和低层次。中小学课程多偏重于间接经验的传递,而幼稚园课程应以直接经验为主。"儿童自己直接的生活,发现学习的动机,是非凡的自然。其学习也,不论尝试,不论直接参与,不论模仿,都有切实的内容。"

(3) 偏重个体发展原则。张雪门认为，教育既要适合儿童身心发展的需要，也要培养儿童成为符合社会需要的人，而在幼稚园阶段，教育则应偏重个体发展。

4. **课程内容：来源于儿童直接的活动**

张雪门认为，幼稚园课程应来源于儿童直接的活动，即从儿童的生活环境中搜集、选择和组织材料。可以构成幼稚园课程内容的儿童直接活动有：① 儿童的自发活动；② 儿童与自然界接触而产生的活动；③ 儿童与人、事、物接触而产生的活动；④ 人类智慧活动而产生的合乎儿童需要的经验。但是，幼稚园课程虽来源于儿童直接的活动，却需经过精选，需有客观标准。

此后他于20世纪70年代初出版的《中国幼稚园课程研究》一书中，在总结40多年研究经验的基础上，进一步提出了组织幼稚园课程的一些标准和要求，如"课程须和儿童的生活联络，是有目的有计划的活动。事前应有准备，应估量环境，应有相当的组织，且需要有远大的目标。各种动作和材料全须合乎儿童的经验能力和兴趣。动作中须使儿童有自由发展创作的机会。各种知识技能兴趣习惯等全由儿童直接的经验获得。"在这里，他不仅提出课程须与儿童生活联系；须合乎儿童的能力、兴趣和自由发展的需要，还特别强调了课程须有目的、有计划、有远大的目标。

行为课程内容的选择和组织，是按节气的变化，根据儿童生活环境中会出现的事物，如动物、植物、自然现象、节令、纪念日、家庭、学校、风俗等进行的。"按照每个的中心再来收集和这些中心有关系的文学上、游戏上、音乐上、工作上的材料，编成预定的教材，而且这些教材也要依据儿童和社会两个方面所需要的标准去考核。"

5. **教学方法：单元教学**

行为课程采取单元教学。行为课程以行为为中心，以设计为过程。只有行为没有计划、实行和检讨的设计步骤，算不得有价值的行为；只有设计，没有实践的行为是空中楼阁。单元活动的时限一般为一周。实施前，教师编拟教学计划，根据幼儿的动机决定学习的目的，根据目的再估量行为的内容。行为课程的内容包括幼儿的工作与美术、游戏、自然活动、社会活动、音乐、故事和儿歌以及常识等教材。但在实施时，则应彻底打破各学科的界限。在活动进行中，教师应在各科教材中选择与学习单元有关的材料，加以运用，适当配合幼儿实际行为的发展，使各科教材自然的融汇在幼儿生活中，力求做到从生活中来，从生活而发展，也从生活而结束。采用行为课程教学法，教师在课程进行前要准备教材、布置环境、详拟计划；在课程进行中，教师要随时巡视指导，不重讲解，而着重指导幼儿行为的实践，使幼儿在活动中养成负责守法、友爱互助等基本习惯。行为课程的教学结束后，评量与检讨也是重要的一环，教师可以此了解幼儿在知识、思考、习惯、技能、态度、理想、兴趣等方面的成就，作为改进教学的参考。至于单元的选择，则须配合教育宗旨、教育政策、社会需要及幼儿的能力。

6. **课程实施：强调儿童通过行为进行学习**

张雪门的行为课程中，"行为"一词与"活动""做"是同义的。这就意味着张雪门强调的是让儿童"在做中学"。

行为课程是儿童围绕单元主题进行的活动。这种活动并不是放任的活动,教师要对儿童进行指导和帮助,将儿童的活动纳入计划的轨道。教师的指导包括计划的指导,即根据儿童活动的具体情况适当调整预定的计划,以及儿童活动的机会;知识的指导,即针对儿童活动中知识的薄弱环节给予帮助;技能的指导,即采用暗示、鼓励或示范等方法对儿童进行技能辅导;兴趣的指导,即帮助儿童排除学习中的困难,晓以成功后的喜悦,以激励儿童的兴趣;习惯的指导,即采取正面引导的方式规范儿童的行为习惯,以及态度的指导,即帮助儿童养成正确对待自己不足和别人长处的态度等等。

7. 对行为课程的评价

张雪门依据杜威"教育即生活"的理论和陶行知的"知行合一"思想,创编了行为课程,对我国幼儿园课程改革和发展做出了重大的贡献。幼儿园行为课程是张雪门一生实践和智慧的结晶,其基本思想"生活即教育""行为即课程"对当今学前教育的课程改革有重要的借鉴和启发价值。例如,幼儿园应重视生活在幼儿园课程中的教育价值,开放化的课程观念符合幼儿学习发展的实际。这种生活化的幼儿教育理念不仅给幼儿传授了粗浅的具体的知识,还能培养儿童的学习兴趣、求知欲和良好的学习习惯。同时行为课程目标经历了一个由批判传统的社会中心到倾向于儿童中心,又由中国的社会现实认识到应兼顾社会与儿童个体两方面的发展过程。该目标极度重视幼儿教育的独特性,以幼儿的年龄特征和学习特点为出发点,由于幼儿受生理和心理发展水平的制约,他们对周围世界的认识只能依赖于他们的生活经验。这些内容对当今幼儿教育的实践也有着积极的影响。

复习与思考

1. 试分析福禄贝尔、蒙台梭利、高瞻课程和瑞吉欧课程的主要思想与核心观点。
2. 试分析陈鹤琴教育思想的现实意义。
3. 试分析张雪门的"行为课程"对当前幼儿园课程改革的启示。

参考文献

著作类:

1. [美]艾伦·C.奥恩斯坦.课程、基础、原理和问题[M].柯森,译.南京:江苏教育出版社,2002.
2. [美]安·S.爱泼斯坦.学前教育中的主动学习精要——认识高宽课程模式[M].霍力岩,郭珺,译.北京:教育科学出版社,2012.
3. [美]布鲁纳.教育过程[M].上海师范大学外国教育研究室,译.上海:上海人民出版社,1973.
4. [美]布鲁纳.布鲁纳教育论著选[M].邵瑞珍,译.北京:人民教育出版社,1989.
5. 陈光春.幼儿园课程论[M].北京:教育科学出版社,2014.
6. 陈杰琦,黄瑾.思考幼儿核心经验游戏资源包[M].南京:南京师范大学出版社,2012.
7. [新加坡]陈允成.教育心理学[M].何洁,译.上海:上海人民出版社,2007.
8. 丛立新.课程论问题[M].北京:教育科学出版社,2000.
9. 戴自庵.张雪门幼儿教育文集(上卷)[M].北京:北京少年儿童出版社,1994.
10. 冯晓霞.幼儿园课程[M].北京:北京师范大学出版社,2000.
11. 杭梅.幼儿教育学[M].北京:高等教育出版社,2009.
12. 胡惠闵,郭良菁.幼儿园教育评价[M].上海:华东师范大学出版社,2009.
13. 黄瑾.幼儿园教育活动设计与指导[M].上海:华东师范大学出版社.2007.
14. 黄瑾,田方.学前儿童数学学习与发展的核心经验[M].南京:南京师范大学出版社,2015.
15. 简楚瑛.学前教育课程模式[M].上海:华东师范大学出版社,2005.
16. 栗洪武.学校教育学[M].西安:陕西师范大学出版社,2007.
17. 李雁冰.课程评价论[M].上海:上海教育出版社,2002.
18. [英]迈克尔·西戈.儿童认知发展研究——一种新皮亚杰学派观[M].张新立,译.成都:四川教育出版社,1999.
19. [意大利]蒙台梭利.蒙台梭利幼儿教育科学方法[M].任代文,译.北京:人民教育出版社,1993.
20. 庞丽娟.中国教育改革30年·学前教育卷[M].北京:北京师范大学出版社,2009.

21. 单丁.课程论流派研究[M].济南:山东教育出版社,1998.
22. 施良方.课程理论——课程的基础、原理与问题[M].北京:教育科学出版社,1996.
23. 施良方.学习论[M].北京:人民教育出版社,1994.
24. 上海师范大学《教育学》编写组.教育学[M].北京:人民教育出版社,1979.
25. 上海市教育委员会教学研究室.幼儿园课程图景——课程实施方案编制指南[M].上海:华东师范大学出版社.2013.
26. 石筠弢.学前教育课程论[M].北京:北京师范大学出版社,2014.
27. [英]斯宾塞.教育论[M].胡毅,译.北京:人民教育出版社,1962.
28. [美]斯莱文.教育心理学理论与实践[M].姚梅林,译.北京:人民邮电出版社,2004.
29. [美]斯泰西·戈芬,凯瑟琳·威尔逊.课程模式与早期教育(第二版)[M].李敏谊,译.北京:教育科学出版社,2008.
30. 屠美如.向瑞吉欧学什么——《儿童的一百种语言》解读[M].北京:教育科学出版社,2002.
31. 谢维和.教育政策分析 1999(OECD 教育政策分析译丛).北京:教育科学出版社,2002.
32. 王坚红.学前教育评价[M].北京:人民教育出版社,1994.
33. 王承绪,赵祥麟.西方现代教育论著选[M].北京:人民教育出版社,2001.
34. [美]小威廉姆 E.多尔.后现代课程观[M].王红宇,译.北京:教育科学出版社,2000.
35. 虞永平.生活化的幼儿园课程[M].北京:高等教育出版社,2010.
36. 虞永平.学前课程价值论[M].南京:江苏教育出版社,2002.
37. 张华.课程与教学论[M].上海:上海教育出版社,2000.
38. 张俊.幼儿园科学教育活动指导[M].北京:人民教育出版社,2012.
39. 张焕庭.西方资产阶级教育论著选[M].北京:人民教育出版社,1964.
40. 张泸,张宗麟.幼儿教育论集[M].长沙:湖南教育出版社,1985.
41. 张人杰.国外教育社会学基本文选[M].北京:人民教育出版社,1990.
42. [美]杜威.杜威教育论著[M].赵祥麟,王承绪,译.上海:华东师范大学出版社,1981.
43. 郑健成.学前教育学[M].北京:复旦大学出版社,2005.
44. 周浩波.教育哲学[M].北京:人民教育出版社,2000.
45. 钟启泉.课程论[M].北京:教育科学出版社,2011.
46. 钟启泉,汪霞,王文静.课程与教学论[M].上海:华东师范大学出版社,2015.
47. 周兢,陈娟娟.幼儿园活动整合课程指导[M].南京:南京师范大学出版社,2002.

48. 周兢.学前儿童语言学习与发展的核心经验[M].南京:南京师范大学出版社,2014.

49. 朱家雄.幼儿园课程的理论与实践[M].上海:华东师范大学出版社,2010.

50. 朱家雄.幼儿园课程(第二版)[M].上海:华东师范大学出版社,2011.

51. [日]佐藤正夫.教学原理[M].钟启泉,译.北京:教育科学出版社,2001.

期刊类:

1. 陈杨光.西方课程编制领域诞生发展的几个阶段[J].福建师范大学学报(哲社版),1990(08).

2. 邓三英."生活—民族—科学"一体化:民族地区幼儿园课程开发新理念[J].湖南师范大学教育科学学报,2015(05).

3. 霍力岩,胡文娟.略论蒙台梭利教育法之精要[J].幼儿教育,2008(03).

4. 霍力岩.让孩子们具有高度的热情和广泛的兴趣——走近高宽课程模式的理论与实践[J].福建教育,2017(25).

5. 李梅艳.课程开发的批判模式及其评价[J].黑龙江教育学院学报,2008(08).

6. 李云淑.关于园本课程、课程、本化、园本课程开发等概念的辨析[J].上海教育科研,2011(08).

7. 裘指挥.来自瑞吉欧理念的思考——关系和谐中建构幼儿教育[J].学前教育研究,2003(07/08).

8. 史学正,徐来群.施瓦布的课程理论述评[J].外国教育研究,2005(01).

9. 吴刚平.校本课程开发的思想基础——施瓦布与斯腾豪斯"实践课程模式"思想探析[J].外国教育研究,2000(06).

10. 尹弘飚,靳玉乐.校本课程开发的思想基础[J].西南师范大学学报(人文社科版),2003(02).

11. 虞永平.生活化是幼儿园课程的根本特性[J].学前课程研究,2008(10).

12. 张亚妮,王朝瑞,钱琳娜."学习故事"蕴藏的教育精彩[N].中国教育报,2015-03-22.

13. 张玉梅,周素珍.详论幼儿园课程目标制定的原则[J].内蒙古师范大学(教育科学版),2006(10).

14. 郑国民.制约课程目标取向选择的因素[J].课程·教材·教法,2002(12).

15. 朱家雄.把促进幼儿发展作为课程改革和建设的根本目标[J].幼儿教育,2018(11).

16. 朱家雄.建立公平的竞争机制,积极鼓励和大力支持民办学前教育事业的发展[J].学前教育研究,2003(07).

17. 左瑞勇,杨晓萍.在文化哲学视域下重新审视幼儿园课程内容的选择[J].学前教育研究,2010(09).

外文类:

1. BARNETT W S. Lives in the balance:Benefit-cost analysis of the Perry

Preschool Program through age 27. Monographs of the High /Scope Educational Research Foundation[M]. Ypsilanti, MI: High/Scope Press, 1996.

2. EDWARDS C, GANDINI L, FORMAN G E. The Hundred Languages of Children[M]. New York: Ablex Publishing Corporation, 1998.

3. FULLAN M G. The New Meaning of Educational Change[M]. New York: Teachers College Press, 1991.

4. MCNEIL J D. Curriculum: a comprehensive introduction[M]. 5th ed. New York: Harper Collins College, 1996.

5. OLIVA P E. Developing the curriculum[M]. 3rd ed. New York: Harpercollins Publishers, 1992.

6. ORNSTEIN A C. Curriculum: Foudations, Priciples and Issues[M]. New York: Allyn&Bacon Company, 1988.

7. SPODEK B, SARACHO O N. Issues in Early Childhood Curriculum[M]. New York: Teachers College Press, 1991.

8. SCHBERT W H. Curriculum: Perspective, Paradigm and Possibility[M]. New York: Macmillan Publishing Company, 1986.

9. SPODEK B. Handbook of Research on the Education of Young Children[M]. New York: Macmillan Publishing Company, 1993.

10. STENHOUSE L. An Introduction to Curriculum Research and Development[M]. London: Heinmann, 1975.